普通教学设计

李子运　编著

科学出版社

北京

内 容 简 介

本教材汲取其他多个版本同类教材的通约部分，针对课堂教学，阐述教学设计的一般过程、核心环节和基本内容。教材的章节结构以教学设计一般模式的核心要素作为框架，注重实用性、可操作性和简洁性，旨在让学生掌握普遍通用的教学设计理念、思维和技能，使学生更好地适应教学实践的需要，以期在今后的教学实践工作中更快、更好地上手。

"普遍通用"是本教材的最主要特色和指导思想。所有内容都围绕着这一指导思想组织、设计、整合汇编，注重对国内外关于教学系统设计的经典知识的甄选和提炼。本教材在内容排上避免过于琐碎，以防学生陷入细枝末节而迷茫；在语言描述上避免含糊笼统，以防沦为说教。本教材适合作为师范专业本科生的教材，培养师范生的教学设计基本技能，也适合一线中小学教师阅读参考。

图书在版编目（CIP）数据

普通教学设计 / 李子运编著. —北京：科学出版社，2023.9
ISBN 978-7-03-076325-9

Ⅰ. ①普… Ⅱ. ①李… Ⅲ. ①教学设计-师范教育-教材 Ⅳ. ①G42

中国国家版本馆 CIP 数据核字（2023）第 169229 号

责任编辑：任俊红 张翠霞 / 责任校对：杨聪敏
责任印制：徐晓晨 / 封面设计：无极书装

科 学 出 版 社 出版
北京东黄城根北街 16 号
邮政编码：100717
http://www.sciencep.com

北京建宏印刷有限公司 印刷
科学出版社发行 各地新华书店经销
*
2023 年 9 月第 一 版 开本：720×1000 1/16
2023 年 9 月第一次印刷 印张：14 3/4
字数：297 000
定价：49.00 元
（如有印装质量问题，我社负责调换）

前　言

　　教育技术学是目前教育科学中最活跃、最前卫的学科之一，其中的教材、论文等时常翻新，似乎内容越多，涉及的新概念和新技术就越具有创新性。作为本领域的教授，在看专业期刊上的论文和看学生论文的选题时，也时常有一种时代变化快的感慨。教学设计，作为教育技术学专业核心的课程，其地位相当于山脉群峰中的主峰，其存在意义不在于变幻莫测的绚烂，而在于让人仰止瞩目的壮美。

　　作为高等学校教学工作者，希望学生通过掌握最经典的专业知识并赋予它新意义的方式来达到对专业的领会，而不是陷入无边的不确定性当中。从教廿五载，讲授教学设计课程，国内外学者编著的同名教材尽数购置，比较试用发现，由乌美娜先生主编、高等教育出版社出版的《教学设计》（1994年）一书的框架最适合用于本科生教学。2015年，再次回到北京师范大学，跟随李芒教授学习，李老师也讲授该课程，闲暇之余经常谈及该课程应该教什么、如何教、由什么人来教，于是在撰写博士论文之余，着手编写符合本科学生需求的《普通教学设计》讲义，之所以在读博期间还有这份闲心，是源于对过去从教生活的沉思，源于对创新和实用的认识。在崇尚创新与实用的语境中，倡导经典与传统是困难的，在熟悉这些知识的人们眼中，这种教材是缺乏新意的。创新的意义和价值自不必说，但是如果不知"旧"在哪儿，那么所谓"新"也难免有自说自话的嫌疑。实用，对于急需发展的社会而言，自然是十分必要的。但是高等教育大众化不意味着精英学生的消逝，大学所关乎的是传承千年的学问，高等教育对待未来的方式，有必要与大众当下所关心和所要求的保持适当的距离，大学应是灯塔而不应是镜子，要对永恒做出承诺。大学应引导社会，而不应迎合大众的浅近需求。历时五年，讲义完稿。回到工作岗位，经过试用调整，近成理想的模样，始有信心付梓。

　　党的二十大报告明确提出"加强教材建设和管理"。教材是专业入门的书，其对专业领域公认的"普通学科知识"进行选取，并按照一定逻辑将知识节点组织成有结构的知识群。教材既要客观地反映专业的真实状况，让学生们清楚专业领域的"景点"、"路径"和"边界"，又要让学生和爱好者感知到学科的内在魅力及可探索的价值空间。"教学设计"作为教育技术学专业的最重要的核心课程，须站稳脚跟，任尔流行的、时尚的、国外的思潮涌动袭扰，我自保持"普遍通用"的品格。它存在的意义在于有益于学习者对教育和专业的追求与把握。不同于专著，教材总是难免学匠式地铺陈，不宜加入过多编著者自己的意见，尽量确保教材是思想的权威，但又必须注意不能让学生被权威思想所统治。对于专业的经典知识，无论是编著者还是学习者，都应该保持一种孩童般的耐心，以一种宁静而有限的心态看待它们，像孩童玩游戏一样，一遍又一遍地习之。貌似单调、无趣甚至笨拙的行为，渐成习惯，构成未来思想和行为最为普遍的结构。学校里的晨跑和广播体操就是这样，并不指望学生掌握复杂的身体运动的知识和技能，而是用最少的精力和时间掌握最普通的运动模式。本教材编入了教学设计领域大量的经典知识，经典是学生心智赖以获得洞察力、理解力和智慧的优渥材料，蕴藏着由漫长时光凝固的尊严，能激发学生智识上的成就感和致力于成为传统的一部分的向往。

在教育技术学领域，有"以教为中心""以学为中心"的提法，该提法认为早期的教学设计理论和模式主要是以教为中心的，存在这样那样的问题，需要革命，变成以学为中心的。以教为中心的教学设计被称为第一代，以学为中心的教学设计被称为第二代，在此二者的基础上发展出的学教并重的教学设计被称为第三代。其实，这是精通庸俗辩证法的一代学者的典型思维模式。学校教育的状态，是社会现实和需要的反映，并不存在典型的以谁为中心。历来，教学都讲究教学相长。教学活动中，师生互为存在的条件和前提，是无所谓中心的。大师级的教师，旁征博引、吟咏于知识的殿堂，学生沉浸其中，如醉如痴、如沐春风。如此"神交"乃是教育活动高级境界。当下，个别教师打着教学方法创新、以学为主的旗号，让学生各种汇报，很难不让人怀疑"他不过是在偷懒"。教学方式、方法绝不应该因为其古老而被诟病，古老的东西不正是因为具有跨时空的永恒价值才得以流传至今吗？一般意义上的新旧是依出现的时间早晚而划分的，不应该将"新"等价于有效、有价值和好，仅凭主观的良好动机，并无法将二者的优势结合起来。

笔者多年从事教育技术专业的教学、研究和实践工作，一直关注教学设计理论的发展动态，因此越发坚信，教育是一个"养成"的过程，不可能跨越。技术不应该也不能无休止地提高教育效率、增强教育效果。技术在教育中所发挥的作用，远没有技术乐观主义者所宣称的那么大。客观地说，技术若能减缓文明给学习者造成的巨大的继承之苦，已是善莫大焉了。在教育领域，绝非技术越先进、越高精尖教育效果就越好。

作为教育技术学研究者，笔者深切地感觉到，当前，教育技术学专业本科师范生的培养过于强调技术的训练，缺少教育技术学基本知识习得。硕士研究生入学面试时，问及考生本科阶段读过哪些专业方面的著作，鲜有能明确给出肯定回答。对教育技术本质的认识深度，决定了作为事业的教育技术能做到什么高度。道理很简单，不学习核物理知识，无论如何是造不出核弹的，靠"试误"力图获得意想不到的结果，已经不是适合这个时代的方法。教育技术学专业课程的教学，必须秉持科学理性，满溢人文情怀，以恰似严父慈母对待孩子一般的心境，去看待我们的专业和所从事的教育事业。

本书编写过程中，科学出版社的任俊红、张翠霞女士给予了大量精心的指导，再次表示感谢！

由于笔者水平有限，书中若有不当之处，欢迎各位同行、同学提出宝贵意见，以便及时再版修正。

李子运

2023 年 5 月 5 日

目 录

绪论 …………………………………………………………………………… 1

第一章 教学设计概述 ………………………………………………………… 11

第一节 教学设计的基本内涵 ……………………………………………… 13

第二节 教学设计的指导思想 ……………………………………………… 24

第三节 教学设计的理论基础 ……………………………………………… 33

第四节 教学设计模式 ……………………………………………………… 45

本章习题 …………………………………………………………………… 51

第二章 学习需要分析 ………………………………………………………… 53

第一节 学习需要分析及其意义 …………………………………………… 54

第二节 学习需要分析的方法与步骤 ……………………………………… 57

本章习题 …………………………………………………………………… 64

第三章 学习内容分析 ………………………………………………………… 66

第一节 学习内容基本分类 ………………………………………………… 67

第二节 学习内容的组织和编排 …………………………………………… 91

第三节 学习内容分析的基本方法 ………………………………………… 97

本章习题 …………………………………………………………………… 101

第四章 学习者分析 …………………………………………………………… 103

第一节 学习者一般特征的分析 …………………………………………… 104

第二节　学习风格分析 ·· 112

第三节　学习者初始技能分析 ······································ 122

第四节　非智力因素及其教学运用 ································ 125

本章习题 ·· 134

第五章　学习目标的阐明 ·· 136

第一节　学习目标概述 ·· 138

第二节　教学目标分类理论 ·· 142

第三节　学习目标的编写方法 ······································ 151

第四节　阐明学习目标的局限性 ··································· 158

本章习题 ·· 160

第六章　教学策略的制定 ·· 161

第一节　教学策略概述 ·· 162

第二节　学习的信息加工理论 ······································ 166

第三节　教学活动程序的确定 ······································ 172

第四节　国内外经典教学活动程序简介 ·························· 181

第五节　教学组织形式的确定 ······································ 187

第六节　教学方法的选择 ··· 194

本章习题 ·· 201

第七章　教学设计成果的评价 ······································· 202

第一节　教学方案的评价 ··· 204

第二节　学生行为的评定 ··· 209

第三节　成果评价的具体方法 ······································ 217

本章习题 ·· 223

参考文献 ··· 225

绪　　论

【学习目标】

学完本章后，学生应能做到：
（1）了解学习本课程的意义和总目标。
（2）简述本课程的主要学习内容。
（3）理解本课程的学习方法。

【教学过程】

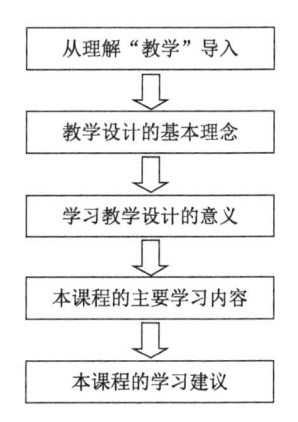

```
从理解"教学"导入
      ↓
教学设计的基本理念
      ↓
学习教学设计的意义
      ↓
本课程的主要学习内容
      ↓
本课程的学习建议
```

普通教学设计也称教学系统设计，简称教学设计。"普通"意为普遍通用，而非一般、不高级之意。教学设计是教育技术学专业最重要、最核心的课程，与教育技术学专业其他课程的关系，如同山脉中的主峰与伴峰。作为教育技术专业的学习者，只有深谙教学设计的基本思想和内容，才能用其统领其他课程内容，教学理论和信息技术才可能在教学实践中真正发挥作用。只有深刻地、全面地掌握了教学设计的理论，才算是合格的教育技术学专业学者。

一、理解"教学"

教学是学校教育中最重要的活动形式，是教师的教和学生的学的统一活动。

如同商业交易活动，从商家的角度看，此活动为"卖"，从顾客的角度看，此活动为"买"，实际上是由两方参与的同一个活动。教学活动也是这样，从教师的角度看为"教"，从学习者的角度看为"学"，教与学是并列的两个活动，这个意义的教学，英文为 instruction。另外一种认识，把学解释为"学问、知识"，教学即教授学问、传授知识的活动，这个意义的教学，英文为 teaching。无论何种理解，其本质不变，教学活动的根本目的在于：促进学生的学习，使学生掌握一定的知识、习得一定的技能，形成符合社会要求的思想品质，身心潜能获得较好的发展。

在教学实践中，为了达到既定的教学目的，完成教学任务，在实际的教学工作中，部分教师会基于一定的基本观念，如人性观、知识观、教育观，推演出自己的教学观，进而转化为教学行动，据此对教学活动做出安排。也有部分教师，依据自己求学过程中受教的经历，模仿自己认可的一些教师的做法，对教学活动做出安排。一般来说，前者多是从教育学著作而来，后者多是从个人经验或者周围的教育习俗而来。例如，有人认可"人之初，性本善"的人性观，持此观念的教师倾向于认为：教育的意义在于使人性中的"善"得以绽放和展开，个体在成长过程中，需要远离邪恶的、不良的事物，在教学过程中会多用鼓励、赞扬、引导的策略，激发学习者内在的善念和潜能。与此相反，有人认可"人之初，性本恶"的人性观，持此观念的教师倾向于认为，教育的作用在于消除人性中恶的成分，施加以善的观念，故而，在教学过程中需要规训与惩罚、抑制和消除其不符合主流价值观的行为和意识。

由于教学中涉及教师、学生、教学目的、教学内容、教学环境、教育政策、教育文化、社会传统等多方面的因素，各要素本身及其之间的关系都是变化的，且这些因素及其变化导致教学事件变得极其复杂，只凭个体经验和直觉做出的主观判断来制订教学计划、安排教学过程、展开教学活动，难以保证预想的教学效果，不利于既定教学目标的实现。因此，需要用科学、系统的方法设计教学，满足现代教育的要求。

普通教学设计为教师提供一套系统计划教学的理论和方法。这里的理论和方法与教学论著作中所言的原理、原则不同，教学设计内容的特点是具有可操作性、可重复性，这一点对于广大教师和师范生而言是很有意义的。表 0-1 展示了教学论和普通教学设计两种话语方式的不同。

表 0-1 教学论和普通教学设计的话语方式

比较维度	教学论	普通教学设计
内容类型	德育	态度的形成或改变、价值内化
	智育	言语信息、智力技能、认知策略
	体育	动作技能

续表

比较维度	教学论	普通教学设计
理论描述	教学应遵循因材施教原则	学习风格与其对应的教学策略
知识点描述(例)	应该巧妙地使用手和脚,使动作协调一致,以使身体在水中快速前进	根据流体力学的原理,物体在流体中所受阻力与其速度的平方成正比,因此,为获得前进的动力,在做对推进有效的动作时要快而猛,做妨碍前进的动作时要舒而缓

二、教学设计的基本理念

教学设计作为一门课程,在发展的过程中,内容不断地丰富,形成了侧重点不同的发展方向。一是朝着更专、更切合当下时代需求的方向发展,如信息化教学设计、自动化教学设计、智能化教学设计;二是朝着更普适、更经典的方向发展,如普通教学设计。本教材侧重于后者,对已有教学设计的知识作精心的梳理、筛选与组织,为本科生的学习提供基础的、核心的、通用的知识内容。

教学活动兼具经验性、科学性和艺术性特征。不学习教学设计理论,固然也可以做教学工作,甚至不乏优秀教师。这一方面需要依赖从教者本身的职业天赋,如表达能力、人际交流能力、逻辑思维能力等;另一方面需要依赖从教经验的积累。但若仅仅依靠在教学实践中的经验积累,不仅需要较长的时间才能成长为专家教师,而且把学生当作教师成长的小白鼠,也是不符合教育伦理的。因此,在从教之前,师范生需要系统地掌握教学设计理念、知识和技能,为未来的教师职业发展奠定专业基础。

(一)教学最优化理念

最优化,反映了人类实践活动的一种普遍现象,即在一定的条件下,包括人力、物力、体制、时空因素等,自己的行为效果达到最佳。最优化理念的核心有目标(objective)、条件(condition)和决策(decision)三部分,优化的目的是:在既定的条件之下,选取一个决策,以期达到某一目标。此理念支持下的行为,概括为三个问题:我要达到的目标是什么?我有哪些条件?我该怎么做?

在各类生产制作活动中,最优化理念体现为要求最低能耗、最小成本、最佳性能、最长使用期限;在精神生产活动上,最优化理念体现为要求最小辛苦程度、最少时耗、最佳体验、最佳效果、最优化理念。这一理念在军事、工程、管理等领域有着极其广泛的应用,在教育领域虽有提及,但应用较少。

在教学设计活动中,最优化是首要的理念,无论是制作教育资源,还是进行教学活动,都尽量做到在既定的条件下,科学、合理地统筹配置物资、智力和时空因素等要素，以获得更佳的教学设计结果。当然，这并不排斥对新要素的引入，比如新的信息技术的使用，也不拒绝对旧有不合理条件的变革或剔除，比如对识记类教学内容、教学方法的变革。

（二）教学设计必须运用系统性思维和方法

"系统"是一个人造概念，用来表征自然界和人类社会中的复杂认知对象，这类对象的共同特点是，由若干个要素构成，可以被视为一个有机整体。系统方法，简单地说就是对组成系统的各要素先进行分析，然后发现它们之间相互作用的关系，通过改变要素自身的存在方式，调控要素之间的关系，从而得出解决问题的方案。教学设计为什么必须运用系统方法呢？

教学活动过程中涉及多个因素，如教师、学生、教材、教学设备、时间、地点等等。其中，教师和学生都是"人"，人这个因素与其他要素不同，人是复杂、善变的，至今没有被完全研究透彻，这就造成了教学问题的复杂性。对于复杂的问题，仅凭经验和直觉是难以精准把握的，现代教育理论主张将科学的方法论作为指导，尽可能有效地达成目标。系统方法，是人们在长期的实践中发现的一种切实可行的理论方法，这一点在教学设计的理论和实践中也得到证实，所以普通教学设计就运用这一科学的方法论。系统方法的运用，要求设计者有系统性思维，因此这一方法不是简单的操作步骤，而是处理问题的思维方式。

（三）教学设计以促进学习者的发展为目的

系统设计的教学，不仅关注知识的传授、技能的训练，还重视学生的素质和能力培养、学习动机的激发与维持、潜能的自我发现，使学习者具有继续学习的能力和愿望，终极目的是促进学习者的发展。

在现行教育体制下，考试的选拔功能将会在相当长的历史时期发挥作用，针对考试竞争而展开的教学活动，具有现实的合理性和价值性。与此相适应的教学设计，也就具有了实践基础和近期合理性。科学合理的教学设计，可以调和教育理想与社会现实之间的矛盾，学习者的发展与考试选拔之间具有很大程度的趋同性，二者之间不完全是对立关系。人口基数庞大，导致生存资源相对不足，教育上的选拔方案，就本质而言，很大程度上等同于社会资源分配方案，无论采用何种选拔方式，都难以做到让所有的人满意，教育的问题是社会价值取向的问题。但是，就教育的本质而言，培养和提升人们的素质是教育最基本、最无可非议的功能，因此，普通教学设计以促进学习者的发展为目的，同时，也关注近期的社会性需求，比如考出理想的分数。社会上知名的教育培训机构，正是瞄准了这一点，以通过考试为目的，展开有效的教学设计。

（四）教学设计必须把学习科学作为自身的理论基础

成功的教学，不在于"刺激—反应"之间短时的、机械的联系，而在于意识、行为和态度相对持久的改变，在于使学习者能够对认知对象存在意义进行感知与生成，在于使学习者有继续学习的能力和愿望。如果是仅教会学生在看到"3+2"时知道说出"5"或者写出"5"，这个并不难，运用行为主义的条件反射理论，精心设计刺激环境 S、适当安排强化作用 S′，马戏团的动物也可以完成这个任务，何况人呢。

实际上，如果仅仅教会学生这些，学生的学习能力和学习愿望并没有得到发展的话，该教学的教育意义是不大的。这样一个数学上的简单加法，重要价值在于要他们理解"数"的含义，理解"加"作为一种关系的意义。这样，学习者才可以在以后的认知活动中去拓展性地运用这些知识，这才是真正意义上的学习。

作为教学设计者，需要理解学习的本质，了解学习的类型，掌握各类学习发生的条件及过程，以此为依据，教学设计才能做到有的放矢、科学高效。教学设计不能仅凭经验和直觉进行主观性的安排。现实的学校教育中存在一种现象，教师习惯性地以自己的认知水平去揣度学生的认知水平，并且在潜意识中以为自己曾经用过的学习方法是最佳的。毋庸讳言，我们教师在自己的学生时代，学业成绩在班级里不一定是最优的。当我们成为教师，在所授业的班级，一定存在比教师更优秀、发展潜力更大的学生。教师需要清晰、客观地认识那些与自己具有差异的学习者，以同理心、同情心、包容心去组织教学活动，要做到这一点，就必须以学习科学为理论基础，切不可凭着自己的直觉，主观地安排教学活动，否则非常有可能伤害到那些与自己异质的学习者。

三、学习教学设计的意义

（一）满足现代社会发展的要求

"效率""效益"在现代社会具有不证自明的合理性，几乎所有行业都有速度和质量两个方面的诉求。在教育行业，提高教学效率、效果和效益，使学生在单位时间内能够学到更多的知识、掌握更全面或更熟练的技能，更大幅度地提高能力和素质，从而使学生的身心获得良好的发展，这是当代社会发展的要求，也是个体的自我期待。

现代社会，信息传播、技术进步、生活节奏日趋加速，个体在社会生产和生活中所接触的事物的智力和科技的含量在提高，就业竞争加剧，职业变动频繁。就人类整体而言，信息的量激增，信息的质变化快，人们在一生当中需要获取、更新的信息量要远远超过前人。这就要求现代教学效率要高、效果要好。教学设计基本思想是，根据社会发展中出现的与教育有关的问题，采取相应的措施进行解决，提高教学效率和效果，促进每一个学习者自身的发展，更好地满足未来社会发展的需要。

现代社会，还有一个非常明显的特征，即对人才的创新性要求高。教学活动在承载着知识传承功能的同时，更突出其对人类物质和精神财富的创造，具有实用性的知识与技能日趋被重视，记诵、吟咏之学日渐式微，经典的讲授式、围绕着考试展开的教学方法，越来越多地被学生参与较多、体现学生主体的教学方法所取代。作为教学设计者，需要体察社会发展的趋势，预知未来社会对教育的要求和期待，以适当超前的思想和技术进行教学设计活动，这样才能保证教学设计活动的价值。

（二）有利于教学工作的科学化

在现实的教学过程中，许多教学活动安排、计划与决策，都是教师凭借个人经验和个人喜好做出的，对有经验的教师和有教育天赋的教师而言，这样做可以取得较好效果，这是由教学的艺术性本质所规定的。但是，谈得上教学艺术的教师毕竟是少数，而且教学艺术性很难传授。就多数教师而言，对其教学行为起支持作用的力量，依然来源于个人的表达天赋和教育习俗。教育习俗是指现时代人们对教育的认知、期待、建议、信仰等，既不是纯粹的事实的知识，也不是纯粹的价值的知识或建议性的知识，而是各种知识形式的错综复杂的综合体。人们无法对教育习俗进行精确的逻辑分析，是一种习惯性力量维持着它们的存在和延续。教育习俗是源自生活的朴素教育信仰，在教育实践中支配着教师的行为。

在师范生培养的历史上，教育学家们设想通过学习教育学和心理学知识突破教育习俗的藩篱，时至今日，教师资格证考试仍然聚焦于教育学类知识的识记，对科学化、技术化的教学方法、策略和手段重视程度不够。教育技术学讲究让教师都能实际操作，在技术层面对师范生予以规训，使其掌握教学设计的理论和方法，结合日后的教学实践，可以更快、更好地完成从新手向专家的转化。

教学设计课程，将重点放在教学活动的前艺术化阶段，将之视为可以操作、控制的科学性活动，建立在系统方法的基础上，用技术化理念解构教学系统，控制其中的要素及其关系，追求教学系统的最优化。

（三）有利于培养学习者的系统思维习惯与科学态度

系统思维，即把认识对象视为由诸多相互联系的要素组成的有机整体，在研究该事物时，将相互联系的各个要素分解开来，分别考察要素，考察要素之间的关系以及作为内部关系之和的结构，考察作为外部关系之和的功能，进而进行整体化干预的一种思维方法。教学设计就是运用系统思维，把教学事件放在系统的形式中加以考察，其特点在于，在决策过程中将原则性与灵活性有机结合，关注整体，抓住关键，灵活有效又不失原则地处置事务。整体性原则是系统思维的核心，这一原则要求人们无论干什么事都要立足整体，从整体与部分、整体与环境的相互作用过程来认识和把握对象。教学设计者思考和处理问题的时候，必须从整体出发，把着眼点放在全局，注重整体效益和整体结果，只要合乎整体、全局的利益，就可以充分利用灵活的方法来处置。

系统思维有利于学习者形成科学态度。教学设计者要善于发现并确定教学问题，积极地去寻求答案。在此过程中，要求教学设计者开阔思路、尊重实证，积极主动地去考虑不同的、有冲突的实证，避免主观臆想。决策时不断对观察到的事实进行评价，做到权衡利弊。教学设计过程中要求设计者积极主动地接受经证实的结论，重新考虑自己的认识，对周围环境和事态的变化敏感，尊重他人的体验。这些都要求教学设计人员要有科学的态度。

四、本课程的主要学习内容

教学问题各式各样，针对这些问题，出现了各种各样的教学设计模式。作为师范生，在未来的教学实践中遇到的问题虽然各不相同，但是会呈现出共同的特征，比如应试与发展的取向问题、学生的差异性问题、教学内容的取舍问题、教学策略的适切性问题、教学评价维度的侧重问题等等。

本教材立足我国教育实践，给出普通教学设计模式。本教材重点关注教学设计理论中最基本的成分和结构，既不具体而微、面面俱到，也不针对某一类问题专题展开。

普通教学设计的基本内容，可以概括为四个问题：为什么教？教什么？如何教？效果如何？四者之间的逻辑关系如图 0-1 所示。

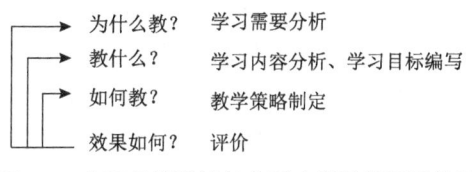

```
→ 为什么教？   学习需要分析
→ 教什么？     学习内容分析、学习目标编写
→ 如何教？     教学策略制定
  效果如何？   评价
```

图 0-1　普通教学设计的主要内容及其逻辑关系

实际上，教学活动是一个有机的整体，教学设计的各部分内容相互交错、彼

此关联，很难截然分开，只是为了满足研究和教学的需要，解析出教学的要素。教学设计课程就是对各要素分别剖析、展开介绍，在此基础上给出建议性的逻辑顺序的课程。

五、本课程的学习建议

普通教学设计是一门教育理论、心理学理论与教学实践相结合的课程，涉及教学领域的多个方面：宏观层面上，包括专业设置、课程开发；中观层面上，包括课程安排、单元计划；微观层面上，包括课堂教学设计、教学软件设计等等。

本科层次的学习者，没有教学实践经验，但在求学过程中经历过很多风格不同的教师，接触过不同学习风格的同学，听说过各种教与学方面的奇闻轶事或者教育方面的传奇故事。学习教学设计之前，这些材料停留在经验层面，没有经过系统分析与理性判断，现在这些经验可以成为学习本课程的素材。因此，对于学习本课程的建议是：

> 把个人经验中与教和学相关的事件和本课程相关教学章节的内容相关联，科学、理性地分析经验事件的应然、实然，分析哪些是观点、哪些是事实，哪些是习俗、哪些是基本规律。

此外，学习普通教学设计还应掌握一定的方法。运用科学合理的方法学习本课程，不仅有助于培养科学思维的方法、提高解决问题的能力，还有助于将来走入社会参加工作之后的专业发展。这种思维和行为方式的训练具有普适性，对各种职业都有价值。本书推荐以下几个方法，以供参考。

（一）广泛阅读教育类典籍名著，加强基础理论的学习

教学设计所涉及的理论有教学理论、学习理论、传播理论等，对上述理论的了解和掌握，非常有利于本课程的学习。每一种理论都有大量的相关书目，建议授课教师给学生推荐每一个领域中经典的名著。

阅读教育经典著作，对师范生有潜移默化的影响。研读中可以领悟到很多教学中不便言传的深意，这对一个人深层教育理念与核心教育素养的形成非常有帮助。经典名著之所以能成为名著，是因为它里面反映了很多深远的道理，揭示了隐性的客观规律，预示着人类社会发展的规律和趋势。同学们可以从这类典籍里看到当时的社会现实、人文风貌、价值观念。每个读者通过名著领会到的思想、理念和道理可能不一样，这正是经典名著的魅力所在，不同于教材的规定性和简约性，所以名著才会经得起时间的洗涤和社会变迁的考验，经久不衰。

（二）以自身为研究对象，内省体察

本课程的学习者默认拥有双重身份，即师范生和准教师。身处受教育的实践当中，学习的同时要有研究的意识，以周围的同学和任课教师为观察对象，以自己为参照对象，思考所学知识与自己的经验是否吻合。这样能使自己清楚地了解自己的感觉、体验与他人的异同点，可以借助课程内容这面镜子反映出自己对教育、教学和学习的看法。内省体察不是一种偶然的感慨，更不是一种挑剔的批判，而是一种有效的、理性的学习本课程的方法。

对大学生而言，学会内省体察是非常有利于自我发展的。对于人文社会学科，不同学习者的经验和理解并不总是相同，要形成教学设计的综合能力，就要首先以自己的理解把握教学设计每个环节和要素的精髓，同时，意识到他人与自己的异同，真正做到举一反三、融会贯通。要明白同样问题发生在不同的学生身上，采取的教学策略是不同的，需要根据教学过程和效果的实际反馈进行实时的调整。

（三）强调理论联系实际，重领会、忌背诵

教学设计是教育教学理论与教学实践联结的桥梁，属于应用性课程，因此不能把教学设计当作一门纯理论内容来学习，重要的是要培养学生运用教学设计的理论和方法解决教育教学中的实际问题的能力。这就要求在学习本课程时必须采用理论联系实际的方法，注重实践教学环节，选择性地完成章后所附的习题，同时做一些模拟教学实践活动，有条件的情况下最好能结合高等学校、中小学的教学改革实践来安排教学设计课程的教学与作业。

六、本章小结

教学设计本质上是一种分析和解决教学问题的系统方法，包括一套相关的教与学的原理、指导原则和创新性做法。教学设计以解决实际教学问题为主导，其核心价值观是以学生为本、对社会负责。

作为一项教学工作，教学设计是一个系统计划的过程，每个环节都需要综合考虑许多相关因素。由于教学设计强调把学习环境作为一个整体来创建，把教学决策建立在科学的基础之上，所以在提高教学质量、促进学习方面，教学设计应该比其他相关领域的研究与实践做得更加专业、更有实效。教学设计追求教学卓越，体现在三个方面：注重教学效果、希望达到切实可行的目标；讲究教学效率，希望在时间和费用上是经济的；追求吸引力，希望学生乐于学习。

要按照一定的标准完成教学设计的各项具体任务，需要具备良好的专业素质，

掌握相关的知识和技能。一名称职的教学设计者应能自觉践行科学发展观，善于系统思考，努力做到教育以人为本，结合当时当地实际解决教学问题，勇于创新实践，追求教学的全面协调可持续发展。

　　学习和掌握了教学设计的基本原理和方法以后，将来能胜任许多方面的工作。学习教学设计还会影响个人的世界观和价值观，有助于培养分析和解决实际问题的能力。

第一章

教学设计概述

【学习目标】

学完本章后，学生应能做到：
（1）阐释教学设计的基本内涵。
（2）用自己的语言叙述教学设计的发展过程。
（3）列举现代教育与传统教育观点的不同。
（4）阐释"系统"与"系统方法"的基本含义。
（5）说明教学设计中如何运用系统方法。
（6）论述传播理论、学习理论和教学理论为什么是教学设计的主要理论基础。
（7）简述教学设计模式的特点，并举例说明其适用范围。
（8）说明教学设计的一般特性及含义。
（9）说明教学设计过程中四个基本要素的含义及相互关系。
（10）描述并画出教学设计的一般模式图。

【教学方法】

讲授为主，辅之讨论

【教学环境】

安装多媒体投影系统的教室

【教学过程】

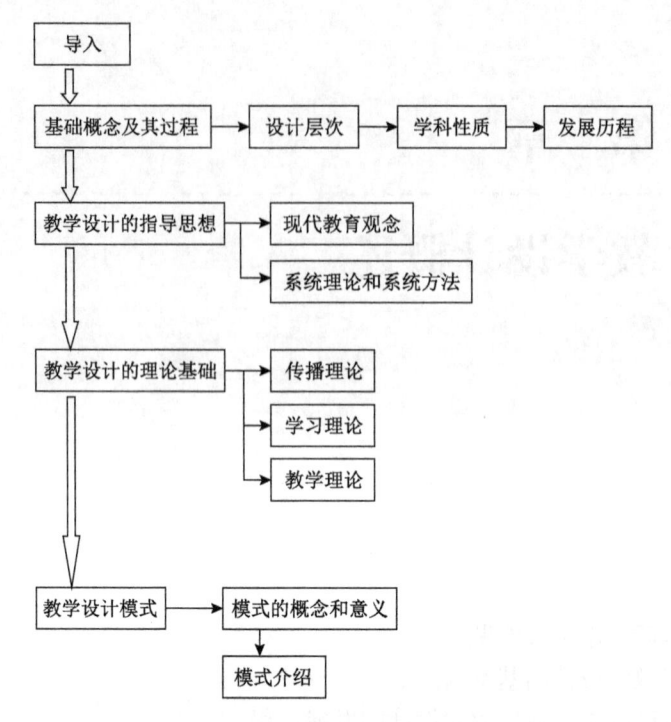

```
                    ┌──────┐
                    │ 导入 │
                    └──┬───┘
                       ↓
         ┌──────────────────┐   ┌────────┐   ┌────────┐   ┌────────┐
         │ 基础概念及其过程 │──→│设计层次│──→│学科性质│──→│发展历程│
         └────────┬─────────┘   └────────┘   └────────┘   └────────┘
                  ↓
         ┌──────────────────┐   ┌──────────────┐
         │教学设计的指导思想│──→│ 现代教育观念 │
         └────────┬─────────┘   └──────────────┘
                  │             ┌──────────────────┐
                  │          └→ │系统理论和系统方法│
                  ↓             └──────────────────┘
         ┌──────────────────┐   ┌──────────┐
         │教学设计的理论基础│──→│ 传播理论 │
         └────────┬─────────┘   └──────────┘
                  │             ┌──────────┐
                  │          →  │ 学习理论 │
                  │             └──────────┘
                  │             ┌──────────┐
                  │          →  │ 教学理论 │
                  ↓             └──────────┘
         ┌──────────────┐   ┌──────────────────┐
         │教学设计模式  │──→│ 模式的概念和意义 │
         └──────────────┘   └──────────────────┘
                            ┌──────────┐
                         →  │ 模式介绍 │
                            └──────────┘
```

　　任何一门课程，都有明确的、区别于其他课程的概念。概念用以揭示研究对象的基本内涵和本质属性，规定概念所指涉事物的外延，标画出研究对象与相关事物之间的关系和彼此的边界，是构成学科理论的基本单位。教学设计作为教育技术学的一个重要研究领域，必然经历由零散知识到系统知识体系、由个体经验到专业技能、由个人兴趣到专业自觉和学科意识的发展过程。认识并理解此发展过程，有助于学习者从宏观视角看清学科的发展脉络和趋势，有意识地、合理地在未来的工作实践中恰当地运用各类教学设计知识，自主拓展适应社会需要的知识和技能，保证学科系统按照自身的规律进行传承与演化。

　　教学设计是 20 世纪 60 年代末以来形成和发展起来的研究领域，其特点在于将教学理论、学习理论、传播理论、媒体和信息技术应用于教学实践，形成可操作的教育技术。这要求教学设计人员必须熟悉相关学科基础理论，掌握教学设计的基本思想，会应用基本的媒体和信息技术手段，认清社会主流价值观所规定的教育目的，遵循教学活动自身的规律，设计出高效的教学系统。本章分别介绍教学设计的基本内涵、指导思想、理论基础和教学设计模式。

第一节　教学设计的基本内涵

一、教学设计的概念及其过程

教学设计是为了完成特定的教学目标，利用系统理论，依照教与学的科学规律，统筹配置影响学习的要素，获得最优化的教学效果。其基本过程包括：在认识教育背景的基础上找准学习需要、确定学习目标，设计出优化的教学方案、优选满足需求的教学策略、试运行解决方案和策略、评价试行结果，并进一步对方案进行修改。教学设计的基本过程如图 1-1 所示。

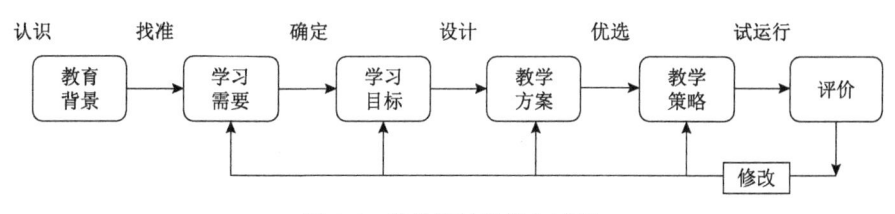

图 1-1　教学设计的基本过程

这一过程可以保证教学设计活动的有效性和价值性。在哲学上，价值被规定为满足需要的程度，因此为了保证教学设计活动有价值，首先要在现实的教育大背景中分析学习需要，进而确定行为目标，其次才是考虑该如何行动，否则行动必然是盲目的和低效的。众所周知，某些社会培训机构曾办得如火如荼，就是因为他们满足了当代社会现实的应试和实用的需求。

教学设计的整个过程包括，从系统的整体性出发，把教学视为一个系统，其中包括教师、学生、教学内容、媒体、教学策略和评价等要素，通过分析要素的特征，分析要素之间的关系，进而设计出合理的要素配置方案，并监控方案运行的过程。教学设计方案的核心成分是教学策略，其中包括宏观策略和微观策略，策略之间讲究辩证关系，共同指向目标并预留出可扩展的空间，以备在教学实施的环节将教师个人现场生成的各类策略穿插于其中，最终达到教学效果整体的生成与优化。

二、教学设计的层次

需求是一切行为的动力。消费者的需求促进制造业和商业的发展，乘客的需求促进交通业的发展，人们自我发展的需求促进教育的发展。任何一个行业，若要顺利发展就必须先做需求分析，之后再有针对性地做谋划，制订策略和方案，这样才是比较科学合理的。教学工作也是如此，通过对学习者的学习需要进行分析，获取有效信息，在此基础上展开教学活动设计与安排。根据需求的层次不同，教学设计通常可以分为宏观、中观和微观三种类型，习惯上也称教学设计的三个层次。

（一）以"系统"为中心的层次

人类个体需要自我发展以适应周围的世界，于是人类社会设计出教育系统，这是最宏观的设计。人类社会发展到现阶段，已无人能全局操控整个教育系统的演化。现在人们所能做的只是干预教育系统内部子系统的运行，包括一个国家的教育体制、区域教育规划、课程、培养方案、课堂教学等。随着社会的发展，已有的教育已不能满足社会对人才的需求，于是出现了新课程改革、高等教育扩招；信息化社会需要国民具有一定的信息素养，国家则在教育系统内设计出信息技术课程；新行业的不断涌现需要高级专门人才，于是大学里随之出现对应的专业；等等。此类设计需要行政管理人员、学科专家、课程论专家、教学设计人员、教师共同来完成。

以"系统"为中心的教学设计属于宏观类型，其特点是涉及面广，操作的难度大，需要行政的力量介入，一旦完成对教育的影响比较深远；其产出的结果是国家或区域的教育规划、教育改革方案、某专业的培养方案及课程设置、课程开发。

需要补充说明的是，关于教学设计与课程开发的关系，人们知识背景不同，对同一事物的认识不尽相同。教学设计专家杰罗尔德·肯普（Jerrold E. Kemp）认为，课程开发是教学设计在课程领域中的运用，它们之间是种概念和属概念之间的关系；而罗米斯佐斯基（A. J. Romiszowski）则认为，课程开发的核心是教育的价值尺度、价值标准，促进师生相互作用的课堂教学与媒体的计划才是教学设计。

我们认为，随着学科的细化，学科的研究对象、研究方法甚至概念体系都出现了"共享"现象，这时候会出现"争夺领地"的现象，为了标识自己的领地，研究者总是竭尽所能地发现、揭示学科的独特性。学科在细化的同时还存在综合化的特点，即相互共在性、渗透性和开放性。

在研究对象、研究方法、问题性质不独立抑或重叠的背景下，学科界限自然是模糊的，但这不等于学术研究分工不再存在。在现代社会，知识复杂化，研究细化，研究角度多样化，这些因素强化了学术分工，在这种背景下，学科之间不可能像原来那样强调自己的独特性。简言之，教学设计和课程开发，具有很大的相似性。师范生在以后阅读课程论类著作的时候要注意体会，加以深化和区分。

（二）以"课堂"为中心的层次

这个层次的设计是为了满足学生达到一定学业水平的需要，在规定的培养方案、教学计划和教学大纲基础上，针对一个班级的学生在特定的教学设施和教学资源条件下进行教学设计。

该层次的教学设计是根据课程教学目标，对教学内容和教学对象进行深度分析，在此基础上得出每个单元、章节的教学目标和各知识点及其之间学习目标层次，以及该课程的知识和能力结构框架。继而根据此目标体系，在分析教学内容和教学对象的基础上，设计教学策略，选择教学媒体，制订课堂教学过程方案、编制形成性练习，以备付诸教学实践。

这个层次的设计范围是课堂教学，其设计工作的重点是，充分利用已有的设施和选择或编辑现有的教学材料来完成目标。只要教师掌握教学设计的有关知识与技能，整个课堂层次的教学设计完全可由教师自己承担完成，充分发挥每位教师的主动性、创造性，同样的教学内容可以而且应该有不同的课堂教学设计方案。

以"课堂"为中心的教学设计属于中观层次，其特点是：可操作性强，对教师个人的教学经验、技能有一定的依赖性；容易与教学实践脱节，最终流于形式，达不到预期的效果。以"课堂"为中心的教学设计，其产出的结果是：一节课的教案；教学单元或章、节的教学计划；某一课程的教学计划。

以"课堂"为中心的教学设计常被人诟病其与教学实践脱节，指导实践无力。一般情况下，课堂教学的教师身处实践系统中，拥有丰富的实践感，但很少把实践作为研究的主题，他们谈论的通常是实践的诸多细节。教学设计者身处实践之外，与实践本身保持着时间、空间、情感上的距离，当教学设计人员谈论教学实践的时候，实践本身立刻被符号化、客观化、对象化，话语中的实践已非实践中的实践。

因此，来自教学实践的指责并非空穴来风，并非教师不了解教学设计，确是因为教学设计理论本身的问题，在以后的设计实践中务必注意"实践中的实践"。

（三）以"产品"为中心的层次

以"产品"为中心的层次的设计，是为了满足教学和学习对物化形态教学资源的需要而开展的研发设计活动。它把各类物化形态的教学资源当作产品来进行设计，教学产品的类型、内容和功能常常由教学设计人员和教师、学科专家共同确定。

简单的教学产品可由教师自己设计与制作，如上课用的 PPT 文档、微型 APP 等；比较复杂的教学产品需吸收专业技术人员参加，如教学网站、教学专题片、教学评价系统、教学管理系统等。以"产品"为中心的教学设计通常包括对产品进行设计、开发、测试、评价、发布、维护等过程。

以"产品"为中心的教学设计属于微观层次，其特点是：有物化形态教学资源的产出；设计和开发两大环节紧密相连，设计既存在于开发之前，又存在于开发过程之中。以"产品"为中心的教学设计，其产出的结果是课件、教育网站、教学专题片等各种有形的物化形态教学资源。

三、教学设计的学科性质、应用范围和特点

（一）教学设计的学科性质

1. 教学设计是一门应用学科

正如其概念中所描述的"依照教与学的科学规律……"，教学理论是发展历史比较悠久的学科，它着重研究教育、教学的客观规律，从"教"的角度出发揭示教学机制，构造基本理论体系；学习理论则是探索人类学习的内部心理机制的理论，着重从"学"的角度研究学生学习的内部机制。这两方面的基本理论为解决教学实践问题、设计教学方案提供了关于教学机制和学习机制的科学依据。

教学设计为了追求教学过程的最优化，在系统分析、解决教学问题的过程中注意把人类对教与学的研究成果和理论综合应用于教学实践。教学设计起到连接学科的作用，一方面把教学理论与学习理论在设计实践中相连接，另一方面把教与学的理论与教学实践活动紧密地连接起来。教学设计的"桥梁"作用如图 1-2 所示。

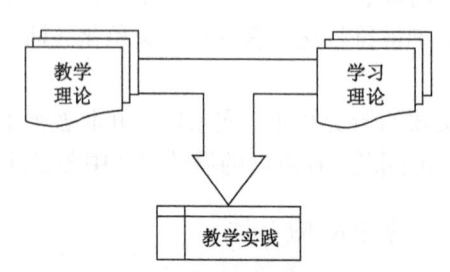

图 1-2 教学设计的"桥梁"作用

作为应用学科，教学设计在实践中不断地检验和发展着学与教的理论。许多教育心理学家致力于教学设计的研究并成为教学设计的专家，多位拥有教育心理学学术背景的国际知名学者，如戴维·乔纳森（David H. Jonassen）、迈克尔·汉纳芬（Machael J. Hannafin）、查尔斯·瑞格鲁斯（Charles M. Reigeluth）、沃特·迪克（Walter Dick）、戴维·梅瑞尔（David Merrill）等无一例外地都关注教学设

计的理论和实践问题。

另外，教学设计的理论和方法，可操作性、实践性和针对性都很强，对教师而言比较容易上手。

2. 教学设计是一门设计学科

设计是有目的的创造性活动，本质在于创造性地计划、决策，促使生成一种可以存在也可以不存在的事物。设计不是发现客观存在，而是运用已知的规律去创造性地解决问题。例如，人类想在海洋深处或在太空开拓自己的活动空间，就需要解决在水中漂浮和在空中悬浮的问题，这时人们所要研究的不是引力、密度、浮力的问题，而是根据引力、密度、浮力与推力之间的关系，去设计一种能达到目的的潜艇和航天器，满足开拓活动空间的需求。

一切设计科学的强大生命力在于，它抓住了设计活动最根本的因素，即人类设计潜能。教学设计就是为了满足教学需要而进行的创造性的教学计划、决策过程。它不是要发现客观存在的、还不曾为人所知的教学和学习规律，而是要运用已知的教学规律，遵循学习规律去创造性地满足学习需要。设计者面向教学实践，生成可操作的方案，以期干预教学系统的运行。实现教学系统的目的，是教学设计活动的一个突出特征。

教学设计和所有的设计科学一样，虽然应用了大量的科学原理、科学知识，但其基本出发点是要告诉人们应当怎样做才能达到目的，应当如何行事才能更有效，侧重于效能。就这一点而言，教学设计不同于艺术设计，艺术设计的意图侧重表现美、创造美；教学设计也不同于工业设计，工业设计侧重在人类自然尺度的基础上使"人之外在"符合人类解剖学、生理学、心理学的特点。教学设计虽然和设计科学其他分支有所区别，但我们却可以从中汲取有意义的理念与方法，从而促进教学设计理论和实践的发展。

3. 教学设计知识体系具有规定性特征

知识体系按性质可分为描述性知识和规定性知识两大类。

描述性知识在于揭示事物客观状态及发展的规律，用数学语言来表达即：在条件 $C(c_1, c_2, \cdots, c_i)$ 下，实施策略 $S(s_1, s_2, \cdots, s_j)$，对出现的结果 $R(r_1, r_2, \cdots, r_n)$ 进行描述。例如：在一个标准大气压下，纯净水加热到 100℃，结果会怎么样。

规定性知识一般是以描述性知识揭示的客观规律为依据，关注达到理想结果所采用的最优策略与方法，用数学语言来表达即：在条件 $C(c_1, c_2, \cdots, c_i)$ 下，为获得理想结果 $R(r_1, r_2, \cdots, r_n)$，需要执行的策略 $S(s_1, s_2, \cdots, s_j)$ 是什么？上述的例子表述为：在一个标准大气压下，要使纯净水沸腾，需要怎么做。具体见表1-1。

表 1-1　描述性知识和规定性知识的对比

内容	类型	
	描述性知识	规定性知识
条件 C	$c_1, c_2, \cdots, c_i$	$c_1, c_2, \cdots, c_i$
策略 S	$s_1, s_2, \cdots, s_j$	?
结果 R	?	$r_1, r_2, \cdots, r_n$

教学设计将满足教学需要的目标作为结果，在一定的教学条件下去选择和设计教学策略，所以它是一种规定性知识。

4. 教学设计是一门方法论性质的学科

教学设计的根本任务是寻求解决教学问题的方案。因此，教学设计理论的研究对象不是教学系统的性质，而是教学系统的设计方法；教学设计理论的研究对象也不是教学规律，而是使实际教学更符合教学规律的方法。

那么，如何使实际教学更符合教学规律呢？这归根结底是一个教学问题的解决过程。所以说，教学设计理论的研究对象是教学问题的解决方法和寻找解决方法的方法。作为方法论性质的学科，其主要任务是提供方法，有很强的规定性。

（二）教学设计的应用范围

教学设计最早萌芽于军队和工业培训领域，到 20 世纪 60 年代，才逐渐被引入到学校教育当中，并作为一门独立的知识体系得到迅速的发展。

目前，教学设计在正规的学校教育、职业教育、企事业培训中广泛地应用。我国在义务教育的文字教材与声像教材的编制中，全国中小学计算机辅助教学软件和数字化教育资源的开发中，职业高中、高等学校的部分课程设置和多媒体资源设计中，以及大、中、小学的课堂教学中，教学设计的理论和技术在逐步被接受，教学设计的实践正愈来愈为人们所重视。

在学校教育中，教学设计常常以现存的课程或一个待开设的课程为出发点。在职业环境里，工作岗位是教学设计的参考和出发点，教学设计从具体的工作任务描述和分析开始，使职业岗位培训中的教学目标非常明确。某些教学设计者试图把教育和职业培训作同样处理，就容易忽视遍布于教育决策中的政治和道德因素以及很重要但却难以具体化、任务化的基本思维方式和情感、道德教育。因此，教学设计理论或模式应用于不同的领域时，需要作适当的变化，以满足不同领域的具体需求。

（三）教学设计的特点

教学设计综合多种学术理论而自成体系，是一种以实现优化学习为目的的特殊的设计活动，这种设计活动具有以下特点。

1. 教学设计的系统性

教学设计把教学本身作为整体来考察，将之视为一个系统，对它进行设计、实施和评价，使之成为具有最优功能的系统。把系统方法作为教学设计的核心方法，是教学设计发展过程中研究者与实践者所取得的共识，无论是宏观教学设计，还是微观教学设计，都强调系统方法的运用。

教学设计过程的系统性决定了教学设计要从教学的整体功能出发，综合考虑教师、学习者、教材、媒体等各个要素，以及其在教学中的地位、作用与相互关系，利用系统分析技术（需求分析、内容分析、学习者分析）来形成制定和选择策略的基础；通过解决问题的策略优化技术（教学策略的制定、教学媒体的选择）以及评价调控技术（形成性评价和总结性评价），使复杂教学问题的最优解决方案逐步形成，并在实施过程中取得预期的效果。

2. 教学设计的理论性与创造性

教学设计作为设计科学的子范畴，它既有一般设计活动的基本特征，同时教学情境的复杂性和教学对象丰富的个体差异性，又使教学设计具有自己的独特性。

首先，设计活动是一种理论的应用，这就要求教学设计必须是在一定理论的指导下进行的，是对学习理论、教学理论等理论的综合实践运用；其次，高度抽象的理论和具有丰富情境、不断发展变化的实践之间存在一定的距离，其间的矛盾总是存在的，理论不可能预见所有的真实情景，现实生活中的问题有时会要求创造性地运用理论，甚至要对理论进行改造、扩充与重构，以适应原有理论未能预见的新情况、新问题。因此，教学设计是理论性和创造性的结合。在实践中，既要依据教学设计理论来进行教学设计，又不能把理论看作教条，而应该在实践中创造性地运用、发展教学设计理论。

3. 教学设计过程的计划性与灵活性

教学设计过程可以通过一定的模式反映出来。教学设计的模式是用流程图的线性程序来表现的，即按照既定的环节流程来组织和安排教学模块。这一点体现的是教学设计过程的计划性。

然而，按照系统论的观点，教学要素之间的关系是非线性的，是相互影响、相互补充的。例如，教师根据教学目标和学习者的特征来选择适当的教学策略和结果评价方法，与此同时，教学策略的实施和效果的评价反过来又促使教师调整教学目标和策略。因此，在实践中要综合考虑各个环节，有时甚至要根据需求调整分析与设计的环节，并要在参考模式的基础上灵活地运用教学设计模式。

4. 教学设计的具体性

教学设计是针对教学实践问题的解决而发展起来的，旨在形成优化的教学系统。由于教学设计面向真实的教学问题，因此教学设计过程是具体的，每一个环节中所做的事，也是教师在工作中必须要做的教学准备。

教学设计最后能否获得期待的效果，有赖于各方面人员对教学问题的把握的精准程度。教学设计人员、学科专家、任课教师、媒体技术支持人员等协同工作，围绕着问题展开讨论、分析。对问题的把握越精准，所设计的方案越具体，对目标的实现就越有把握。

四、教学设计的发展历程

教学设计作为一个活动领域，有着漫长的前学科发展历程。与教学设计理论相关的思想源头可以追溯到古代，先哲们关于知识传授、人的培养、人与社会、人与自然的关系等方面的探讨，对教学设计理论的形成发挥着重要的作用。古代思想的高度综合性，致使许多现代知识都可以在其中找到自己的影子，本节内容不是对专业发展的历史考辨，仅对教学设计的发展历程作简要介绍。

对教与学的活动进行计划和安排历来有之，但说到教学设计研究的思想源头，不得不提到美国的哲学家、教育学家约翰·杜威（John Dewey）和心理学家爱德华·李·桑代克（Edward Lee Thorndike）。杜威在1900年提出，应发展一门连接学习理论和教育实践的"桥梁科学"，它的任务是建立一套与设计教学活动有关的理论知识体系。同时期，杜威提出了教育哲学的若干宗旨，其目的在于发扬这样一种理念，即强调学习与行动的联姻而不是事实的机械背诵，才是学习发生的最佳时机。这在教学设计过程中一直产生着重要的影响，如后来的建构主义教学设计。桑代克提出过设计教学过程的主张和程序学习的设想，其思想到今天依然具有相当大的指导意义。当然，还有一些其他学者的理论，与上述理论共同构成了教学设计研究的思想源头。

作为一个被人们关注的专业研究领域，我们必须承认的一个事实是：教学设计诞生于美国。因为第二次世界大战的爆发，大批富有经验的教育心理学家，如罗伯特·米尔斯·加涅（Robert Mills Gagné）、莱斯利·布里格斯（Leslie J. Briggs）、戴维·梅瑞尔等，被征集去指导与士兵和工人培训相关的教材的研究与开发。这些专家根据从有关学习和人的行为的研究中产生的教学原理开发培训教材，运用有关心理测试的知识去指导以选拔志愿者为目的的测试与评估，还运用行为主义思想指导开发教学资源。

第二次世界大战结束后，这批教育心理学家继续为解决教学问题而工作。20世纪40年代末和整个50年代，心理学家开始将训练视作系统事件，试图开发包括一系列创新的分析、设计和评估程序在内的比较正式的教学系统，解决培训的效率问题。当时，学者们致力于军事项目的研究时，开发出一种详细的任务分析方法论。这些教学设计领域的先行者的工作成果，在加涅主编的《系统开发中的心理学原理》（Psychological Principles in System Development）一书中得到总结，做教育技术史考察的学生可以自行查阅。

20世纪50年代之后，系统方法的运用开始受到心理学家们的关注，而程序化教学运动则成为其中一个重要阶段。1954年，伯尔赫斯·弗雷德里克·斯金纳（Burrhus Frederic Skinner）发表了一篇名为《学习的科学与教学的艺术》（"The Science of Learning and the Art of Teaching"）的文章。在该文中，斯金纳基于操作性条件反射理论提出的强化理论成为程序教学运动的理论基础。作为新行为主义的倡导者，斯金纳认为，人类的学习是不断"刺激—反应—强化"的结果，是通过操作性条件反射对外界刺激做出反应并得到强化的过程。新行为主义教育家们据此设计出了程序教学法和教学机器。在新行为主义教育家们的宣传和推动下，程序教学和教学机器在20世纪五六十年代的美国及其他国家曾盛行一时。

尽管斯金纳是程序教学运动的主要代表，但值得注意的是，教学设计理论早期发展的几位领衔人物，如加涅、罗伯特·格拉泽（Robert Glaser）、戈登·帕斯克（Gordon Pask）等，也都参与了程序化教学的创作和研发，他们后来都不同程度地从行为主义范式转向了某种认知主义范式。

当行为主义心理学在教学设计领域占主导地位时，如何识别与设计目标成为开发程序教材的教学设计人员所急需解决的问题。20世纪60年代早期，罗伯特·马杰（Robert F. Mager）在认识到来自教学人员的这一需求后，着手撰写了《程序教学目标的编写》（How to Prepare Objectives for Program Teaching）一书。该书描述了如何写目标，其中包括对所期望的学习者行为、行为完成的条件以及评判行为的标准的描述。该书的出版为行为主义目标应用的普及做出了贡献。与此同时，本杰明·布鲁姆（Benjamin Bloom）及其同事出版了《教育目标的分类学》（Taxonomy of Educational Objectives），从另一角度推动了有关行为主义目标的研究。他们指出，认知领域中有各种各样的学习成果，可以相应地依据所描述的学习者行为的类型将目标进行分类，而且各种形式成果之间存在着层级关系。行为目标的分类对教学系统设计有着重要的启示。

20世纪60年代初，影响教学设计研究的另一个重要因素就是标准参照测验运动的兴起。标准参照测验是根据学生自身的能力评估其成绩，也就是说，是根据一个详细说明的行为领域去评估个人的状况。标准参照测验可用于评定行为的进入水平，并确定学生能在多大程度上执行由教学大纲所设计的行为。为实现这两个目的运用标准参照测验正是教学设计程序的核心特征。标准参照测验不同于对学生进行横向比较的常模参照测验，它致力于测量一个人能怎样执行一个特殊行为或一整套行为，而与其他人怎样执行无关。

20世纪60年代，系统方法被引入到教育领域。1962年，格拉泽明确地提出"教学系统"概念，不仅清晰地表述了教学系统的组成成分，而且识别出该系统的特性，提出对教学系统进行设计，从而使教学设计作为一个确定的研究领域得以形成。格拉泽在他的《心理学与教学技术》（"Psychology and Teaching Technology"）一文中，清晰地表述了教学设计是位于学习的心理学研究与教育实践之间的一个分支，并强调了专业人员积极投身于教学技术科学发展的急迫需求。显然，格拉泽对这样一种新的研究领域的本质定位是十分清楚的。

1968年，贝拉·巴纳锡（Bela H. Banathy）出版了《教学系统》（*Teaching System*）一书。该书中提出的教学设计模式已十分接近今天的教学系统设计模式，它包括目标的表述、标准测试的开发、学习任务的分析、系统的设计、执行与输出的测试、以改进为目的的变化等。他认为系统具有意图、过程和内容，而且他已经意识到教学系统的意图在于学习而不是教学，因此应重点关注的是学习环境而不是硬性规定的日程安排。巴纳锡进一步指出，系统方式是多重方向的，不是单一方向的。

在教学设计学科的形成中，美国著名教育心理学家加涅功不可没。1965年，《学习的条件》（*The Conditions of Learning*）出版，这在教学设计的历史上是一个重要的事件。在该书中，他描述了五种类型的学习结果，即言语信息（verbal information）、智慧技能（intellectual skill）、认知策略（cognitive strategy）、态度（attitude）和动作技能（motor skill），并指出每一种学习结果所必需的不同的促进相关学习的内外部条件。据此，他又描述了与获得五种学习结果相对应的九大教学事件或教学活动：引起注意、告知学生目标、刺激原有知识的回忆、呈现学习材料、提供学习指导、诱发学生的行为、提供反馈、评价作业、促进保持与迁移。同时，他进一步解释了两者之间的关联。在此基础上，加涅还对智力技能领域中的技能进行层级分析。这种层级分析过程也被称为学习任务分析或教学任务分析，这一分析过程至今仍然是许多教学设计模式的重要特征。加涅在学习分类与层级分析领域中的工作，对教学设计的影响延续至今。

在20世纪60年代探索与尝试的基础上，教学设计的研究领域中开始了运用系统方法构建教学设计模式的尝试。1975年，佛罗里达州立大学开发出"培训的系统方法"和"教学系统开发"，系统化展开设计过程，包括分析、设计、开发、执行、评估五个基本环节，以期涵盖完整的培训与教育环境，使教学设计模式能够灵活地运用于个别化教学与传统教学中，而且十分明确地面向行为目标和标准参照测验的运用。著名的迪克-凯瑞模式（Dick and Carey model）就是在这期间被提出来的，正是这一模式造成教学系统设计范式在教学设计领域中盛行的局面。

20世纪70年代，很多不同的部门对教学设计过程都十分感兴趣，其中军事部门利用教学设计模式进行培训教材的开发，学术领域中的许多教学改进中心试图运用媒体与教学设计程序改进教学人员的教学质量，不少高校开发了许多有关教学设计专业的课程大纲。此外，在商业和工业领域，许多组织也意识到可以利用教学设计改进培训质量的价值。在国际上，如韩国、印度等，也看到可以应用教学设计解决自己国家的教学问题。这一切都导致教学设计范式中各种模式的数量激增，而且要求教学设计模式能在其早期开发与应用的基础上更为现代化。

自20世纪70年代以来，教学设计的研究已形成一个专门的领域，成果日益丰富。教学设计的理论专著和各种相关研究文献大量涌现。例如，加涅等的《教学设计原理》（Principles of Instructional Design）、肯普等的《有效教学设计》（Designing Effective Instruction）、罗米斯佐斯基的《设计教学系统——课程规划与课程设计中的决策》（Designing Instructional Systems—Decision Making in Course Planning and Curriculum Design）、克内克（F. G. Knirk）等的《教学技术——一种教育的系统方法》（Instructional Technology—A Systematic Approach to Education）、瑞格鲁斯的《教学设计的理论与模式——教学理论新范式》（Instructional-Design Theories and Models: A New Paradigm of Instructional Theory）、布里格斯的《教学设计程序的手册》（Handbook of Procedures for the Design of Instruction）等，都系统地介绍了教学设计的基本原理和基本方法。

认知理论对知识结构、元认知策略以及学习者新旧知识整合的研究，引发了教学设计的许多变化。许多认知取向更强的学习理论，如图式理论、先行组织者、发现式学习、形象与结构编码、专门知识的发展、心智模式、符号操作、信息加工理论、情境认知理论等开始发展起来。所有这些理论，都强调学习者头脑中内容的组织对新学习的重要性。认知取向的学习理论的不断发展，促使研究者们去建构和开发相应的教学设计理论与模式，如成分显示理论、精细化理论、基于经验的教学设计理论、基于案例的推理等等。在这些理论的指导下，在教学设计实践中创造的教学设计过程模式也有数百种之多。

在许多发达国家中，教学设计已成为教育技术学科领域中重要的专业内容。教学设计被大面积地应用于教育、教学实践之中，并已成为提高教学质量、使教学改革深入发展的重要手段。

20世纪80年代以来，随着计算机技术的普及以及建构主义学习理论的流行，基于计算机的教学开始逐渐占据教学设计的领域，计算机既被作为教学设计任务自动化的工具，同时也被作为教学设计的重要组成内容。学习者的主体地位被提高到前所未有的位置，建构主义学习理论强调学生是认知过程的主体，是意义的主动建构者，教学设计不仅要考虑传递系统、信息材料、所采用的策略与技术，而且还必须考虑学习者的需要、认知特点、学习风格、经验水平、初始能力，以保证教学设计能符合学生已有的经验和个性化需求。

随着人工智能技术、虚拟现实技术和移动终端设备的发展，教学设计领域也相应地出现了教学设计自动化、泛在学习设计、未来学习技术等研究。

第二节 教学设计的指导思想

社会存在影响着人的思想，思想指导着人的思维，思维决定着人的行为，行为的结果再次改变着社会存在。社会存在、思想和行为三者之间相互作用、相互制约。教学设计作为一类社会活动，必然以当代社会需求所产生的现代教育观念为指导思想，教学设计的价值体现在对当代社会需求的满足上。三者之间的关系如图 1-3 所示。

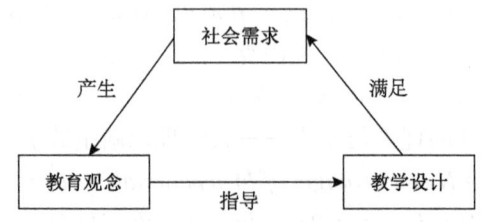

图 1-3 教学设计与社会需求和教育观念之间的关系

教学设计从产生到发展成为教育科学中一门独立的专业研究领域，总是将当代主流的教育观念即现代教育观念作为自己的指导思想。

现代教育观念是社会发展对教育的需求以及教育自身发展的集中体现。现代社会发展到信息时代，社会需求日益多样，教育观念也随之有了很大的变化和更新，并在满足信息化社会对教学效率、效果等急切的需求中得以发展，成为支撑教学设计活动的指导思想。

一、现代教育观念

（一）个性化教育

教育的功能究竟是为社会需求服务（社会本位论）还是为人自身的发展服务（个人本位论），一直是教育史上两种对立的观点。在我国社会和经济发展的现阶段，工业化进程加速发展、人口众多、教育资源相对匮乏，人们接受教育的直接目的主要是谋生，教育难以做到充分顾及学生的身心健康，而陷入社会生存资源竞争的硝烟之中。

然而，教育毕竟是为了人活得更好、更幸福而存在。现代社会化大生产的发展，对人的基本素质的要求越来越高，对普及义务教育程度的要求也越来越高。教育的两种功能逐渐在大生产的基础上得到统一，教育为学生谋生、竞争的功能逐渐向义务教育以后的学段推移。义务教育阶段的普通中小学教育，越来越显现出对公民素质教育的重视，它为社会培养各级各类人才打好基础，为儿童一生的幸福和素质能力发展打好基础。每个人资质、禀赋不同，社会应该尊重多元化，为孩子提供适应其个性的教育空间，使他们的自我价值得到充分体现。

随着社会物质财富的积累，生存压力减小，人们越来越强调发展孩子的个性，这是以人为本的表现，也是人自我发展的需要。珍妮特·沃斯（Jeannette Vos）、戈登·德莱顿（Gorden Dryden）在《学习的革命》（*The Learning Revolution*）一书中提到，或许这个世纪最糟糕的教育改革就是所谓的智力测试，这些方法在测试一定的能力方面起到了很好的作用，但是它们不能测试所有的能力，更糟糕的是，智力测试导致了智力生来不变的观念的产生。智力不是固定不变的。这句话对教育者颇有启示意义，试想：有哪个学生不渴望学得好、考得好？所有的孩子都渴望优秀、渴望成功。孩子如果不聪明，那是因为父母没有给他良好的遗传基因；聪明但是学习不好，那是因为外在的教育方式不适合他。作为教育者，我们应该有这样一种理念：尊重每一个孩子自己的禀赋，尊重多元化发展，只有不合适的教育，没有不合格的学生。

教育技术为人们提供了丰富的学习资源和多样化的教学过程。学习资源的人性化设计为学习者的个性化发展提供了很好的机会。加涅等在《教学设计原理》一书中说，仔细设计的教学旨在激励和支持个别学生的学习，帮助学生的学习必须是有计划的而不是随心所欲的，它所帮助的学习应使每一个学生更接近最适当地运用自己的才能、享受生活、适应物质和社会环境的目标。当然，这不意味着教学计划将具有缩小学生的个别差异的影响。相反，学生之间的差异将会增大。有计划的教学目的在于帮助每一个人，使之按自己的方向得到尽可能充分的发展。

（二）终身化教育

国际21世纪教育委员会向联合国教科文组织提交的报告《学习——内在的财富》中强调"终身教育概念看来是进入21世纪的一把钥匙"，应该"把终身教育放在社会的中心位置上"。现代教育观认为信息时代新知识迅猛增长，新技术广泛应用于生产，不仅现在已参加工作的人的知识水平和技能水平不适应现在的工作和新的产业部门，就是正在学校学习的学生，他们所学的知识和接受的训练，也不可能保证享用一辈子。于是出现了"终身教育"，其基本教育观念是：今后的教育和训练不能只局限于学校教育阶段，它应贯穿于一个人生命的全过程，应当在每个人需要的时候以最好的方式提供必要的知识教育和技能训练。终身教育把人受教育的时间伸延到人的一生，把人受教育的形式扩展为各种形式，既包括学校教育也包括社会教育，既有正规教育也有非正规教育。

总之，社会要在人生的每个阶段都为社会成员提供学习的机会，这是社会发展、经济发展和人自身发展的需要。学习教学设计这个课程，非常适合终身教育的特点和需求。教学设计是教师和培训人员必备的技能，在学校教育、社会化职业培训、闲暇生活教育中发挥着重要的作用。

（三）信息化教育

随着信息化社会的到来，"信息化"成为 21 世纪的社会热词，信息化社会是继农业社会、工业社会之后新的社会形态，信息成为和物质、能量一样重要的三大存在之一。

以开发和利用信息资源为目的的经济活动迅速扩大，逐渐取代工业生产活动的主导位置，而成为国民经济活动的主要内容，信息经济在国民经济中占据主导地位。信息经济是以现代科学技术为核心、建立在信息商品的生产和应用基础上的经济，其发展主要依靠知识创新和技术创新。从当今国际竞争的现实来看，信息化社会的教育需要把培养人的创新精神和创新能力作为教育的最重要的目标。

教育系统作为社会的子系统，自然需要满足信息时代的需求。信息化教育成为教育现代化的一个重要目标，是当前教育信息化的结果。教育信息化是国家信息化战略的重要组成部分，对转变教育思想和观念、深化教育改革、提高教育质量和效益、培养创新人才具有深远意义，是实现信息化社会发展的必然选择。

现代学校教育，应当在现代教育思想和理论的指导下，运用现代信息技术开发教育资源，优化教育过程，促进教育改革，以培养创新型人才为目标，适应信息化社会的教育形态。在信息化社会，培养学生的创新精神和创造才能是教育的重要内容。

（四）创新教育

创新能力是一种天赋还是一种后天习得的能力？对这个问题的理解，不同的人意见不一。作为教育研究者，我们更愿意相信后天努力的作用和价值，更愿意将之视为可以被培养的内容。教育不是从无到有的知识传递，创新能力也不是手把手就能教会的技能。人天生就是一种可能性，像一粒种子，好的教育是在不妨碍其本性的前提下，只提供肥沃的土壤、充足的阳光和水分。好的教师不只是高效的知识传输者，更是学生自主学习的引导者和激发者。好的教育结果不是使学生统一考出高分，而是帮助每个孩子发现自己的潜能，使之成为更好的自己，用自我发展代替知识的容器。

教育正在悄悄发生着一场革命，对教育创新理念的反思并不新鲜，更重要的是如何落实到教学实践中去。在理论层面，混合式学习、表现性评价、核心素养评价等逐渐被普及和接受；在实践层面，体制内高考新政策、自主招生等选拔方式不断深入，体制外不断涌现优秀的民间教育机构。传统课堂学业成绩的测评，主要由教师发起，学生执行，不容易照顾到学生的个体化差异，也没有尊重学生非积累性发展的问题。创新教育观念尊重不同学生之间的差异。

在新兴的课堂教学模式中，学生有足够的自由，从个人兴趣和基础出发，设计出自己的学习方案。什么时间进行学科学习，什么时间来做项目，做什么项目，和谁一起做，为了做项目要补充哪些知识，是通过在线课程还是线下班级授课获取知识等等，这既是对学生学习动力的激发，又是现行教学的有益补充，甚至是完全革命。

二、系统理论和系统方法

（一）系统理论简介

系统观是指以系统论的观点看待事物，以系统理论分析问题，以系统方法解决问题的一整套观念。系统是世界上事物的普遍存在形式，可谓一个古老的概念，但从路德维希·冯·贝塔朗菲（Ludwig von Bertalanffy）开始，系统才真正具有了明确而科学的定义。贝塔朗菲把系统描述为相互联系、相互作用着的诸元素的集合或统一体。系统论是以系统及其机理为研究对象，研究系统的类型、一般性质、运动规律、演化机制的理论，它揭示了系统的整体性、关联性、层次性、动态性、自组织性。

系统不是诸部分无组织的拼合物，而是由各部分组织而成的统一的整体。系统要素之间相互联系、相互作用，不存在独立于相互关系的孤立部分。系统本质属性是由元素集和关系集共同决定的，元素间的相互关系与元素本身一样重要，不可忽略。

以教学系统为例，教师、学生、教学内容、教学媒体为系统的要素；师生关系、生生关系、教师与教学内容的关系等这些关系呈现稳定态势时被命名为"某某教学结构"，也有学者称之为教学模式。

要素之间的关系有时并非对等的，当某个要素靠近核心位置，其他要素与之的关系会较近、较密集。所谓的以"教师"为中心或以"学生"为中心之说，正是此种情况。图1-4为系统结构示意图。

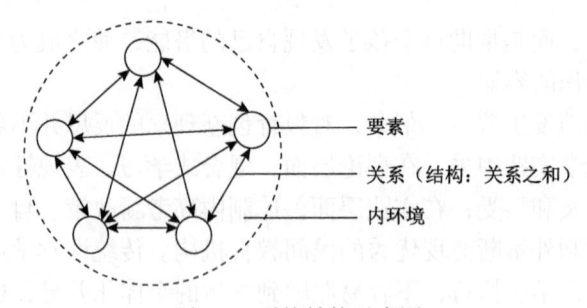

图 1-4 系统结构示意图

系统内部诸要素之间的联系为内部联系，表征这种联系的范畴称为结构，结构是关系的总和，而关系就其本质而言是要素之间有必然的信息交换。

系统与外部环境之间的联系为外部联系，表征这种联系的范畴称为功能，功能是系统符合意志的运动结果。图 1-5、图 1-6 分别为结构的本质、功能的本质。

$S=\sum(E+I)$
S: structure
E: element
I: information

$F=\sum(A+I)$
F: function
A: action
I: information

图 1-5 结构的本质　　　　　　图 1-6 功能的本质

系统的结构是系统保持整体性及具有一切功能的内在根据，也是系统内部各组成要素之间在时空方面有机联系与相互作用的方式。系统的结构具有下列特性：①稳定性。一个系统的结构一旦形成，就总是趋向保持某一状态。②层次性。它包含等级性和多侧面性。前者属于上下级纵向多层次关系，其中低一级系统是高一级系统结构的有机部分；多侧面性是指同一级复杂系统又可以横向展开若干相互联系和相互制约又各自独立的平行部分。③可变性。系统处在环境之中，总要与外界进行能量、物质、信息交换，于是就有可能产生从量变到质变的过程，这就存在着可变性。④相对性。可变性是绝对的，稳定性是相对的。系统与环境、系统与要素之间的关系都是相对的。客观世界是无限的，因此系统的结构形式也是无限的。

系统的功能与结构是不可分割的，系统功能的发挥，既受外部环境变化的制约，也受系统内部结构的制约，这正体现了功能对结构的相对独立性和绝对依赖性的两重关系。系统功能体现了系统与外部环境之间的物质、能量、信息输入与输出的变换关系。

系统是结构与功能的统一，可表示为

$$\text{Sys} = \sum(S+F) = \sum(E+A+I)$$

系统边界之外是系统的外部环境，它是系统存在、变化和发展的必要条件。系统边界将起到对系统的输入与输出进行过滤的作用，虽然系统边界的作用会给外部环境带来某些变化，但更为重要的是，系统外部环境的性质和内容发生变化，往往会导致系统的结构和功能发生变化。因此，任何一个具体的系统都必须具有适应外部环境变化的功能，否则将难以生存与发展。

（二）系统的基本原理

系统原理是系统运行的规律，普遍存在于自然、社会等一切可被视为系统的事件当中。换言之，任何以系统观看待的问题都应遵守系统的基本原理。

1. 整体性原理

系统观的首要内容就是整体性原理。这一原理也是系统科学方法论的第一原则。系统要素之间相互依存、不可分割，如果把系统的各个组成部分分割开了，系统也就不存在了。

从哲学上说，系统观表达这样一个基本思想：世界是关系的集合体，而非实物的集合体，整体性方法论原则就源于这种思想。整体性原理主张，世界是关系的集合体，不存在所谓不可分析的、完全独立的终极单元，关系对于关系物是内在的，而非外在的。

整体性原理要求，从事物的非线性作用的普遍性出发，始终立足整体，通过部分之间、整体与部分之间、系统与环境之间的复杂的相互作用、相互联系考察对象，达到对事物的整体把握。

系统是要素的有机集合而不是简单相加，系统整体的功能不等于各要素的功能之和，系统整体具有不同于各组成要素的新的功能和属性。所谓"三个臭皮匠，赛过诸葛亮"，三个普通人组成一个整体，其功能要大于三个人单独发挥作用的功能之和，即 $P_{123}>P_1+P_2+P_3$，整体大于部分之和。

在教学中学生、教师、教学内容、媒体等共同构成一个整体，为了提高教学效率、效益和效果，必须把它们视为一个教学系统，考虑所有的要素及其之间的关系。任何要素一旦进入教学系统便自然地拥有系统所赋予的属性。教师，在进入教学系统之前只是一个普通的人，无法发挥教师的作用，进入系统之后，与学生们形成师生关系，教师可以毫不利己地将知识传授给学生，做到诲人不倦；学生可以从教师身上尽自己所能地吸收人类知识和人生经验。传统意义上的师徒关系则很难实现这种无私、无偿、无怨、无悔的授业关系，在师徒关系中，徒弟需要"求学"于师长。师生共同形成的学术团队，其智慧、创造性和进步速度都是非常可观的。

任何一个要素都包含若干可分析的成分，随着教学设计理论的深入发展，人们会越来越多地认识和把握这些成分。以教学内容为例，教学内容可以分解为知识、技能、态度，知识可以分解为不同的类型，不同类型的知识又可以分解为信息，信息又具有多种属性。要素本身的优化及其之间关系的和谐，都是以整体功能的最大化为评判尺度的。

从教师的角度分析，教师作为教学系统中的一个子系统，在教学系统中起主导作用，他们必须深刻地了解学生要素、内容要素、方法要素和媒体要素及其相互作用关系。教师实现其功能的条件主要有三个方面：一是教师在所传授的学科领域与学生要有一定的知识水平的差距，因此要求教师不断学习和提高，掌握学科领域的前沿知识；二是要有一定的传授知识的手段和能力，如具有较好的语言表达能力和教学方法，能运用各种教学媒体和教学设施；三是要有一定的调节和控制教学活动的能力，包括对自身、对学生和对师生关系的调节和控制等。总之，教学系统中的教师应该精通专业、熟悉教材、了解学生，具有端正的教学态度和良好的传播技能。

2. 整分合原理

思维把相互联系的要素联合为一个整体，同样也把意识对象分解为若干组成部分细化处理，以追求整体优化，相当于哲学中的"肯定，否定，否定之否定"。该原理的基本要求是充分发挥各要素的潜力，提高系统的整体功能：首先，从整体功能和整体目标出发，对系统进行全面的认识；其次，在整体观前提下实行明确的、必要的分解；最后，在分解的基础上，建立内部联系或协作，使要素协调配合、和谐地运行。整分合原理在教学设计中的运用，表现为在总教学目标认识的基础上，对学习需要进行分析，对教学目标进行分解，对教学内容属性特征进行分辨，对师生角色进行分配，对教学资源进行分享。

"分"是为了更好地"合"，即带来的系统整体效益的变化。任何"分"都有一个合理的界限，存在一个最佳点，"分不够"和"分过细"都会降低系统效益。"分不够"容易导致粗放与模糊，使系统误差增大。"分过细"容易增大组织成本，使"合"的负担过重而导致低效。比如，学习英语单词时，把单词分解到词根、前后缀、音节的层次比较容易记忆，若是通过背诵字母组合顺序记忆单词，就极大地加重了认知负担。

3. 动态相关性原理

构成系统的各个要素是相互关联的，每一个要素都是运动和发展的，它们之间相互联系又相互制约，表征其相互作用的因子称作相关因子。任何一个要素发生变化都会引起其他要素的连锁反应,这就是动态相关本质所在,这种相互作用推动系统不断演化。

另外,系统与环境之间也存在各种关系以及动态相关性。日常人们所谈到的"一个巴掌拍不响""牵一发而动全身"都是这个原理在起作用。所谓"三个和尚没水喝"就是因为相关因子内耗,导致了整体效能衰减,其动态过程如表1-2所示。

表1-2　相关因子内耗

系统状态	和尚数/个	水桶数/个	整体效能
一个和尚挑水喝	1	2	$F=f_1$
两个和尚抬水喝	2	1	$F<f_1+f_2$
三个和尚没水喝	3	0	$F=0<f_1+f_2+f_3$

在教学系统中,教师教学态度端正、方法得当,学生就会提高学习积极性并主动配合,营造出轻松和谐的课堂氛围。反之,教师如果不能驾驭课堂,学生的学习积极性也就不高,课堂氛围自然沉闷。不能一味地责怪学生学习积极性不高或者学习态度不端正,教师在处理教学系统的问题时要注意到这个基本原理,即师生之间的动态相关性。

新手教师在工作中会发现,授课过程很难完全按照课前的设计方案展开,此刻的教学行为必须根据前一刻的行为结果而定,"计划赶不上变化"正是这个道理。刻舟求剑的寓言故事则是该原理的典型反例,这是动态相关性在时间序列中的作用规律。

4. 反馈原理

系统中任何一个要素或关系的变化,都会导致其他要素和关系发生变化,并最终又使该要素或关系进一步变化,从而形成反馈回路,并进一步控制后面的运动,这就是系统的反馈原理。

反馈控制子系统中,控制装置(β)对被控对象(α)施加的控制作用,取自被控量的反馈信息被送回输入端,用于调节(Σ)输入量,用来不断修正被控量与输入量之间的偏差,从而完成对被控对象进行控制的任务,这就是基本的控制过程。在该过程中,系统将信息输出去,又将其作用结果信号接收回来,并对信息再输出起到调节作用,其特点是根据过去操作的情况去调整未来的行为。反馈原理如图1-7所示。

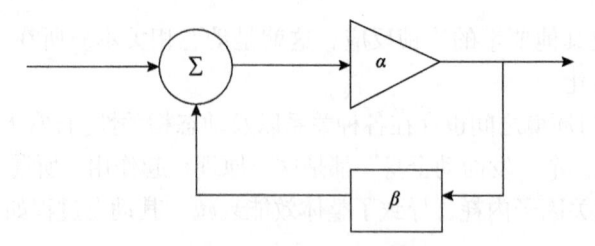

图 1-7　反馈原理模型图

反馈可分为负反馈和正反馈。前者使输出起到与输入相反的作用，系统输出与系统目标的误差减小，系统趋于稳定；后者使输出起到与输入相似的作用，系统偏差不断增大，系统功能增强，可以放大控制作用。

在教学设计实践中，要时刻关注来自其他环节的反馈信息，防止设计陷入僵化思维模式，失去创新性，这是形成性评价所具有的功能之一。整体设计则需要根据来自总结性评价的反馈信息进行修正，从而使教学设计过程成为具有自我演化功能的良性系统。

5. 弹性原理

弹性原理是指系统要素之间须留有余地，关系保持裕量，其属性可以用弹性度来表征。弹性度适中有利于系统功能的发挥，弹性度过大即失去原则、没有章法，弹性度过小则僵化、没有活力。

就整体而言，所有可被视为系统的事物，都必须保持充分的弹性，及时适应客观事物各种可能的变化。

教学设计成果在实施应用过程中，就需要注意到系统弹性的存在，不能机械地依照设计方案执行。比如课堂中的提问环节，学生的回答内容可能是多种多样的，教师自然要针对学生的回答内容予以点评，这是教育常识。设计者会分别预设多种不同的点评方案，但尽管如此仍远远不够。即使不同的学生回答内容相同，但他们的学习风格、气质类型也会有差异，回答提问时的语气、神情、姿势有差异，回答问题的动机、主动性程度有差异，教师给予点评时要在设计方案的基础上充分发挥教育机智，赋予设计方案以感情和智慧，将原本只是知识的传播行为转换为鲜活的心灵对话。

（三）系统方法简介

所谓系统方法，就是运用系统理论的观点和原理研究和处理各种复杂问题而形成的方法。即按照事物本身的系统性，把对象放在系统的形式中加以考察，侧重于系统的整体性分析，考察系统要素及其之间的关系，发现系统规律性，从而指明解决复杂问题的一般步骤、程序和方法。系统方法主要包括三个阶段。

首先，要识别某一领域、事物或问题，即把关注对象视为系统 S。了解系统所包含的要素 e，明确 S 的补集，即环境 E；要把 S 从 E 中分离出来，定出 S 与 E 的界线；辨析出 e 之间的主要关系，研究系统结构与功能的特性，找出要素之间以及要素与环境之间的相关性，描述系统中物质、能量和信息三者之间的流动关系，综合分析它们如何组合成有机的整体。

其次，建立系统的模型。真实的世界是复杂的，为了研究的方便，需要去除次要的成分，把握核心成分，把系统的各个要素或子系统加以适当的筛选，然后用一定的描述规则变换成简明的映像。系统的模型可以用说明系统的构成和行为的数学方程和图像甚至物理形式表达。通过模型可以有效地求得系统的设计参数并确定各种制约条件。模型建立以后，根据需要还要采用现代信息技术测试软件，根据测试结果改进模型，在一定程度上做到确切反映和符合系统的客观实际，消除定性分析中的主观臆测成分，以便确切掌握系统的各个功能及功能之间的关系，了解并确定系统存在的价值以及价值之间的关系。

最后，系统优化。优化是指在若干约束条件下选择算法，使系统功能更符合系统设计者的意图。就大系统而言，要想求得总体优化是相当困难的。因为大系统结构复杂、因素众多、功能综合，评价目标不仅有很多，甚至彼此还有矛盾，所以不可能选择一个对所有指标都是最优的系统。如果采用局部优化的办法，一般不能使总体优化，甚至某一局部的改进反而使总体性能恶化。因此，需要采用分解和协调方法，以便在系统的总目标下，使各个子系统相互配合，实现系统的总体优化。所谓分解，就是把一个大系统分解为许多子系统，而子系统再将信息反馈给大系统，并在大系统的总目标下加以权衡，然后大系统再将指示下达给各个子系统，这就是协调。在大系统与子系统之间如此反复交换若干次信息，就可以求出系统的优化解。

教学设计的系统方法就是指教学设计要从"为什么教"入手，确定学生的学习需要和教学目的；根据教学目的，进一步确定通过哪些具体的教学内容和教学目标才能达到教学目的，从而满足学生的学习需要，即确定"教什么"；要实现具体的教学目标，使学生掌握其所需要的教学内容，应采用什么策略，即"如何教"；最后，要对教学的效果进行全面的评价，根据评价的结果对以上各环节进行修改，以确保促进学生的学习，获得成功的教学。

第三节　教学设计的理论基础

教学设计是根植于多学科的理论和技术而发展起来的，从教学设计的发展历程可以看出，三种理论起着重要的作用：传播理论、学习理论和教学理论。

按照信息论的观点，教学过程是一个教育信息传播的过程，这个传播过程有其内在的规律性和理论。而与教学设计相比，教育学和教学论是发展历史比较悠久的学科，它们着重研究教育、教学方面的客观规律，它们关心教学规律是什么。学习理论的任务则是探索人类学习的内部机制，着重研究学生学习的内部心理因素，它关心的是"学习是如何发生的，学习机制是什么"的问题。教学设计则关心的是"怎么做"的问题，是对教与学双边活动的设计，它以人类学习的心理机制为依据探索教学机制，建立能合理规划和安排教学全过程的理论和程序，所以学习理论和教学理论同样是教学设计的理论基础。系统理论作为宏观指导思想在前面已经介绍，本节着重介绍传播理论、学习理论和教学理论。

一、传播理论

（一）传播理论简介

传播一词译自英语单词 communication，也有人把它译成交流、沟通、传意等，它来源于拉丁文 communicure，本义为共用或共享。现在，一般著作中将传播定义为，特定的个体或群体即传播者，运用一定的媒体和形式，向受传者进行信息传递和交流的一种社会活动。

传播按其涉及人员的范围大小，可依次分为四种类型：人际传播、组织传播、大众传播和自我传播。教育传播属于组织传播的一种，作为一类特殊的传播活动，教育传播以培养和训练人为目的，具有受者特定性、传者导控性、内容系统性、效果确定性等特点。

在传播学研究中，人们提出了各种各样的传播模式，其中香农-韦弗模式和罗米斯佐斯基模式在教育领域应用最为广泛。20 世纪 40 年代，数学家克劳德·艾尔伍德·香农（Claude Elwood Shannon）提出了一个关于通信过程的数学模型。此模型最初是单向直线式的，不久，他与沃伦·韦弗（Warren Weaver）合作改进了模型，添加了反馈系统，后来被称为"香农-韦弗"模式，在技术应用中获得了巨大成功，如图 1-8 所示。

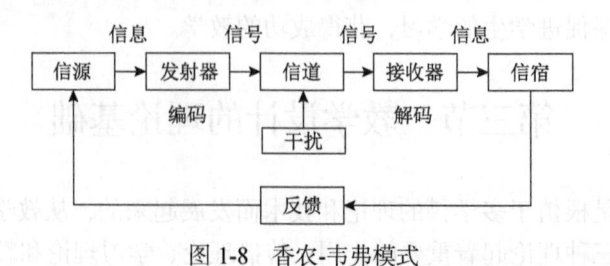

图 1-8 香农-韦弗模式

该模式把传播描述为一种直线性的过程，包括信源、发射器、信道、接收器、信宿和反馈六个因素。其中，发射器起编码作用，接收器起解码作用，干扰是指任何影响信息传递或使之失真的因素。该模式有三个特点：①基于信息论范畴讨论传播问题、技术特征；②将传播描述为一种直线的过程；③注意到干扰对传播效果的影响，讨论传播过程中的信息损失。

从该模式可以看出，从理论上来说，传播过程的信息，不仅包括有效信息还包括重复的冗余信息以及噪声，要力争处理好有效信息和冗余信息之间的平衡关系。冗余信息的出现，会使一定时间内所能传递的有效信息有所减少。"香农-韦弗"模式未能顾及人的因素、社会因素，忽视了信息的内容等。后来这一模式又加入了反馈系统，在一定程度上体现了信息的双向性，使之更接近人类传播的一般过程。

罗米斯佐斯基综合了多个模式的优点，形成了一个比较适用于教育的双向传播模式。该模式关注的是信源、接收者以及传播产生的效果，如图1-9所示。

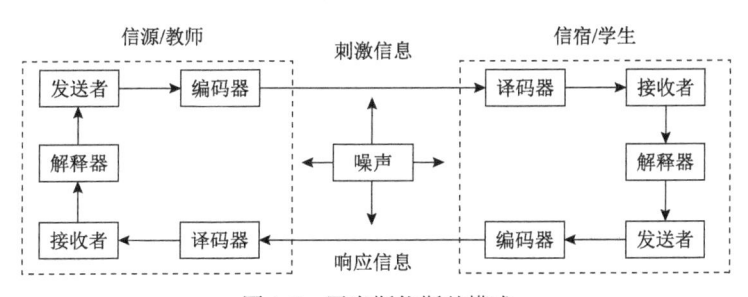

图1-9 罗米斯佐斯基模式

传播是以信源、内容、信息渠道与信息接收者为主要成分的系统。传播过程必须对信息进行编码，考虑信息的结构与顺序是否符合信息接收者的思维与心理顺序。另外，信息不能超载，过于密集的信息会直接影响传递效果，增加认知负担。

不同信息的注意获得特性不同，有些材料宜以视觉方式呈现，有些则宜用听觉方式呈现。在教学过程中，教师可以运用多种暗示技巧，增强信息的注意获得特性。同时，要考虑信息接收者的特性，如年龄、性别、偏好等，激发其内在学习动机等。

（二）传播理论与教学设计

许多研究者利用传播理论的概念、模式及其中的要素来解释教学过程，并提出了许多关于教学设计过程的理论模式，为教育设计的发展奠定了理论基础。这可以从以下几个方面来论述。

1. 传播的关键要素与教学设计的要素具有直接应对关系

美国政治学家哈罗德·拉斯韦尔（Harold D. Lasswell）在1948年发表的《社会传播的结构与功能》("The Structure and Function of Communication in Society")一文中提出包含五个基本元素"5W"的直线性传播模式。所谓的"5W"是指 who、says what、in which channel、to whom、with what effects。五个要素中的5个字母W，构成了后来传播学研究的五个基本内容：传播者、讯息、媒体、受传者和效果（图1-10）。

谁 → 说什么 → 通过什么渠道 → 给谁 → 取得什么效果
传播者　　讯息　　　媒体　　　受传者　　效果

图1-10　拉斯韦尔的"5W"模式

拉斯韦尔的"5W"模式是线性结构，即信息的流动是直线的、单向的。该模式把人类传播活动明确概括为由五个环节和要素构成的过程，是传播研究史上的一大创举，为后来研究大众传播过程的结构和特性提供了具体的出发点。但它没能注意到反馈这个要素，忽视了传播的双向性，这一点对于构建教学设计模式有警示作用。

1958年，理查德·布雷多克（Richard Bradock）在"5W"的基础上增加了why和where两个要素，发展成"7W"模式。其中每个W都类同于教学过程中的一个相应要素，这些要素自然也成为研究教学设计过程所分析和考虑的重要因素，如表1-3所示。

表1-3　布雷多克的"7W"模式

7W	传播的要素	教学设计的要素
who	谁	教师或其他信源
says what	说什么	教学内容
in which channel	通过什么渠道	教学媒体
to whom	对谁	教学对象
with what effects	取得什么效果	教学效果
why	为什么	教学目的
where	在什么情况下	教学环境

2. 传播理论所揭示的规律可以迁移至教学过程

现代教学中，传播学逐渐和教育学结合，形成了综合运用传播学和教育学的理论和方法来研究和揭示教育信息传播活动的规律，以求得最优化的教学效果。

1）共识律

在传播过程中，共同的知识经验是传播者和受传者之间交流与沟通的前提。所谓共识，是指双方在对事物的性质、属性、现象、发展趋势及事物之间的联系的认识上持相同的观点。共识的意义总是相对的、有条件的，它按照"共识—不共识—共识"的螺旋循环的模式上升，后一阶层的"共识或不共识"与前一层次的"共识或不共识"无论是在质还是在量上都有所不同。没有绝对的共识或不共识，它们是交替发展、相互包容的。图1-11展示了教师与学生的共识。

图 1-11　教师与学生认知空间的"共识"示意图

在教学过程中，共识一方面指尊重学生已有的知识、技能的水平和特点，建立传通关系；另一方面指教师根据教学目标、内容特点，通过各种方法和媒体来为学生创设相关的知识、技能学习条件，以便使学生已经具有的知识、技能与即将学习的材料产生有意义的联结。

在教学传播活动中，共同的知识、技能基础是教师与学生之间得以交流和沟通的前提。教学信息的选择、组合和传递，必须首先顾及学生已有的知识、技能的水平和特点，并考虑到学生的发展潜能。

由于教学传播过程的动态平衡特性和学生心智水平的不断发展，"共识"的状态总是相对的，如在创设共识经验的过程中，教师必须将教学目标设定在学生的最近发展区上，即学生能达到的知识水平层面上。

2）谐振律

谐振律是指传播者传递信息的"信源频率"同信宿接收信息的"固有频率"相互接近，两者在信息的交流和传通方面产生共鸣。谐振律直接影响和作用于传播的效果，"强振"或"弱振"都将破坏传播双方谐振的条件，从而造成传播过程中的滞阻现象。

谐振是教学传播活动得以维持和发展，获得较优传播效果的必备条件。传播的速度过快或过慢，容量过大或过小，都会破坏师生双方谐振的条件，从而造成传播过程中的无效劳动。教师或信源的传递速率和传递容量必须符合学生的认知速率和可接受水平。

教学传播的信源和信宿分别是教师和学生，双方都是人，这一点不同于电台和收音机，仅仅有谐振还不足以产生理想的教学效果，教师还需要创设一种民主宽松、情感交融的传统氛围，即师生双方应该建立起合作关系，教师实时注意收集和处理来自学生方面的反馈信息，以及实时调控教学传播活动的进程。为了产生和维持谐振现象，各种信息符号系统、方式和方法还应当有节奏地交替使用，如板书与多媒体投影交替使用、语言与体态语配合、讲解与提问和讨论相结合、理论与案例互相印证、课堂教学与数字化资源整合等等。

3）选择律

教师在教学之前，需要对众多可用的教学资料、教学策略和教学媒体等进行选择，为了高效地实现教学目标，这种选择要适应学生的身心特点，以最佳的"性价比"成功地实现目标。

教育技术领域较为关注教学媒体的选择和使用，这时要解决两个问题：一是信号要传至多远、多大范围，根据信号的传递要求，应用好媒体，保证信号的传递质量；二是信息内容的先后传递顺序问题，在应用媒体之前，必须做好信息传递的结构设计，在媒体运作时，有步骤地按照设计方案传递信息。媒体传递信号时应尽量减少各种干扰，确保传递质量。选择媒体时就要尽可能降低需要付出的代价，提高媒体产生的功效。如果产生的功效相同，我们应该选择代价低的媒体；如果需付出的代价相同，我们应该选择功效大的媒体。

教学设计行为的本质应为通过合理的设计，为师生提供舒适的、愉悦的教育环境，所以设计不能一味追求新媒体或新异方式的应用。允许教师进行教学方法的创新，大胆地探索各类可用资源的教育性。公开课或试验区的课，可以"豪华"设计，但不应成为常规课堂教学的设计思路。真实的教学过程，切不可盲目追求高新技术，而忘记或者远离基本的教育功能，真正的设计应该是合理地选择、配置教育资源，而非不惜成本地求新逐异。

4）匹配律

匹配是指事物在形成的过程中要素之间的一种相对均衡、相辅相成、相反相成、互助合作、互利互惠、互促互补、共同发展的关系。关系融洽、协调、无根本利害冲突，整体和谐并良性互动。

教学中的匹配是指在一定的教学传播活动环境中，学生、教师、内容、目标、方法、环境等因素，按照各自的特性有机和谐地对应起来，使教学系统处于良好的循环运转状态之中。

实现匹配的目的在于围绕既定的教学目标，使相关的各种要素特性组合起来，发挥教学系统的整体功能特性，因为每一要素都具有多重的功能特性和意义。教学目标规定各相关要素必须发挥与目标相关的功能，以便优化地达成既定的目标。否则，这些相关要素会产生游离松散、功能相抵的现象。

教学活动中可能使用到多种媒体和学习资源，而各种媒体和学习资源有各自不同的功能特性，作为教学设计者需要了解和熟悉它们，并进行合理匹配、科学使用，使它们相得益彰，绝不是将它们随便凑合在一起便可产生匹配效果的。

3. 传播学理论架构对教学设计理论创新具有借鉴意义

传播学研究传播系统、传播模式、传播内容、传播符号、传播通道、传者与受者、传播环境、传播效果等问题，重视各类通信媒体的特征分析，对编码解码、媒体环境的传播技巧都有系统性研究。传播学强调，在传播活动前，传者作为组织者，要为受者设计相关的内容、接收途径；在传播中，要通过媒体的延伸功能将信息有效地传递给受众；在传播活动后期，及时对受众的反馈信息及疑难问题进行分析，设计补救措施和解决办法。

与此相似，教学设计运用系统方法，统筹分析教育、教学中的各个要素，包括教学模式、教学内容、教育传播通道、学习者分析、教育资源的运用、教学效果，以及它们与教学环境之间的联系，进行教学内容编码与解码，开发教育资源，设计教学活动，建立相关的策略方案来解决教学效果问题，对学生的反馈信息及疑难问题进行分析，提出复习方案，从而使教学过程顺利进行，达到最佳的教学效果。

从信息论的角度分析，传播学与教学设计总目标都在于为信息接收者服务，即为提高人类获取信息的质量而服务。为了促进学习，教学设计运用系统方法，以教学具体目标为导向，遵循教与学的规律，利用教育资源促进更有效的教学，科学地设计、选择和使用各种教学要素。从传播视角看，教学则是借助各种传播手段以及传播技巧来实现传播知识、传播技能的目的，使受教育者获取知识、分解知识、吸收知识、利用知识、创新知识、交流知识的过程。

二、学习理论

学习是贯穿人的一生的非常重要的活动。通过学习，个体获得了前人积累的知识、宝贵的生存技能及改造世界的能力，可以说没有学习就没有人类的生存和发展。

科学地认识和理解学习是进行教学设计的基础，只有认识学生学习的心理学规律，探明学习的不同类型以及其过程和条件，才可能进行有效的教学设计。从教学设计的发展过程可以看出，学习理论在其中起了十分重要的作用。无论是教学过程的确定，还是教学设计模式的构建，以及教学设计过程中每一步骤的完成，都是建立在特定的学习理论基础之上的。

（一）学习理论简介

行为主义理论认为，学习是人和动物所共有的活动，动物也可以通过学习习得一些复杂的动作或技能。因此，行为主义心理学家试图从活动的结果角度对学习性质做出界定，将行为上的变化看作是学习的结果，将学习定义为：由练习或经验引起的行为相对持久的变化。以行为变化来定义学习，使学习成为可观察、可测量的科学概念，这是行为定义的优点。但学习的本质究竟是什么？学习是否一定会产生行为的变化？认知学派的心理学家对此提出了异议，并给出了自己的学习定义。

认知学派的心理学家设计了一系列的实验，证明学习的本质并非行为上的变化，而是大脑中的认知结构发生了变化。在很多情况下，尽管个体的外在行为表现相同，但他们内部的思想态度却差异很大。因此，认知心理学家对学习的行为定义进行了修改，加涅明确地把学习定义为：学习是人的倾向或能力的变化，这种变化要能保持一段时间，且不能单纯归因于生长过程。根据这一定义，学习的本质应是行为潜能的变化。但这种内部的变化不能被观察和测量，人们必须通过外部的行为做出学习是否发生的推断。而且，内在变化和外显行为有时一致，有时则不完全一致，必须通过多次观察和测量才能做出推测。

建构主义认为，学习不是由教师把知识简单地传递给学生的过程，而是由学生自己建构知识的过程。学生不是简单被动地接收信息，而是主动地建构知识的意义，这种建构是无法由他人来代替的。学习过程同时包含两方面的建构：一方面是对新信息意义的建构，另一方面是对原有经验的改造和重组。这与让·皮亚杰（Jean Piaget）通过同化与顺应而实现平衡的过程是一致的。只是当今建构主义者更重视后一种建构，强调学习者在学习过程中并不是发展起一种仅供日后提取出来以指导活动的图式或命题网络，恰恰相反，他们所形成的对概念的理解应该是丰富的、有着经验背景的，从而使学习者在面临新的情境时，能够灵活地建构起用于指导活动的图式。

任何学习都要涉及学习者原有的认知结构，学习者总是以其自身的经验，包括通过非正规学习获得的习俗知识和日常概念，来理解和建构新的知识和信息。学习以自己的经验为背景，对外部信息进行主动选择、加工和处理，从而获得独有的意义。应该注意的是，就外部信息本身而言，是没有什么意义的，意义是学习者通过在新旧知识经验间反复、双向的相互作用而建构成的。

因此，学习不像行为主义所描述的"刺激—反应"那样，意义的获得才是学习的真谛。每个学习者以自己原有的知识经验为基础，对新信息进行重新认识和编码，建构自己的理解过程。在这一过程中，学习者原有的知识经验因为新知识经验的进入而发生调整和改变。所以，建构主义者关注如何以原有的经验、心理结构和信念为基础来建构知识。

（二）学习理论与教学设计

学习理论对学习的实质、过程、规律及心理发展的规律进行科学探讨，这是心理科学的内容，教学设计吸收各学习理论学派的思想，并将其作为自己的理论依据，所关注的是它们对教学设计产生的作用，而非学习理论本身。

行为主义学习理论中的控制学习环境、重视客观行为，强化观点以及把知识细分为许多部分并在学习基础上重新组织起来，划分教学过程作合理安排等思想，至今还被吸取并运用于教学设计的实践之中，尤其是产品级教学设计实践中。

随着脑科学的发展，人们对认知的研究逐渐增多，心理学中认知学派占据了主导地位，为教学设计提供了更多的科学依据和思想基础。它的核心观点是，学习并非机械的、被动刺激—反应（S-R）的联结，学习要通过主体的主观作用来实现。认识是主体转变客体过程中形成的结构性动作和活动，认识活动的目的在于取得主体对自然的、社会的环境的适应，达到主体与环境之间的平衡，主体通过动作对客体的适应又推动认识的发展。

人的认知是遵循着一定的规律和顺序进行发展的。人的认知活动是按照一定阶段的心理结构形成和发展起来的，这种心理结构也称为认知结构。学习必须是一种积极的过程，人们通过自己加工，把新来的信息和以前构成的心理框架联系起来，积极构成自己新的认知结构。每个阶段的学生都有他自己观察世界和解释世界的独特方式，给任何特定年龄的学生教某门学科，其任务就是按照这个年龄的学生观察事物的方式去阐述那门学科的结构，任何观念都能够用一定年龄学生的思维方式正确和有效地阐述出来。

认知学派为教学设计带来的主要启示有：①学习过程是一个学习者主动接受刺激、积极参与和深度思考的过程；②学习是通过学习者的主观构造作用，把新知识同化到他原有认知结构当中，引起原有认知结构的重新构建，才能发生的事件；③要重视知识结构与学生认知结构的关系，以保证有效学习的发生；④教学活动的组织要符合学习者的信息加工过程。

教学设计中要重视学习者特征分析，以学习者原有的知识和认知结构为教学起点；重视学习内容分析，充分考虑学科内容的知识结构和学生认知结构的协调性，以保证学生对新知识的同化和认知结构的重新构建顺利进行；教学设计还应特别关注教学策略的制定、媒体的选择，以保证学习者积极参与，促进有效学习的发生。

随着情境认知、真实生活中非正式学习研究的深入，以及多媒体计算机和网络通信技术的飞速发展，建构主义学习理论对教学设计产生的影响越来越引人注目。尽管不同的建构主义学派研究问题的侧重点与角度有所不同，但它们的观点都包含着与学习有关的基本成分，即强调每个学习者应基于自己与世界相互作用的独特经验和赋予这些经验的意义，去建构自己的知识，而不是被动地等待教师安排的知识传递。

建构主义学习理论主张以学生为中心，要求学生由外部刺激的被动接受者和知识的灌输对象转变为信息加工的主体、知识意义的主动建构者。以建构主义学习理论为依据的教学设计则要求教师要由知识的传授者、灌输者转变为学生主动建构意义的帮助者、促进者,要求教师应当在教学过程中采用全新的教学模式、教学方法和评价理念。以学为主的教学设计模式正是顺应建构主义学习环境的上述要求而提出来的,以学生为中心的教学模式注意在学习过程中发挥学生的主动性、积极性,相应的教学系统设计主要围绕自主学习策略和学习环境两个方面进行。

这种教学模式,由于强调学生是学习过程的主体,是意义的主动建构者,因而有利于学生进行主动探索、主动发现,有利于创造型人才的培养,这是其突出的优点。但是,这种教学模式由于强调学生的"学",在相应的以学为主的教学系统设计中,往往忽视教师的主导或指导作用的发挥,忽视师生之间的情感交流和情感因素在学习过程中的重要作用;另外,由于忽视教师的主导或指导作用,当学生自主学习的自由度过大时,还容易偏离教学目标的要求,这又是其不足之处。

由于以学为主的教学系统设计模式的主要理论基础是建构主义的学习理论,所以上述以学为中心的教学模式的优、缺点是建构主义理论本身优、缺点的具体体现,在应用与推广建构主义理论的过程中必须清醒地认识到这一点。就我国现有的教学实践来看,以建构主义学习理论为依据的教学设计尚无法支持学校教学实践。

三、教学理论

教学理论是揭示教学的本质及其一般规律的学问。教学设计是有效地解决教学问题、提出解决方法的过程。要进行教学设计,不但要有正确的学习观,还要对教学规律有清楚的认识,遵循和应用教学客观规律,因此教学设计离不开教学理论。

(一)教学理论简介

古今中外关于教学的思想源远流长。中国古代以孔孟为代表的儒家教学思想包括大量的关于教的方法、学的方法以及教与学关系的描述,如学而知之、举一反三、因材施教、自求自得等。近代的一些进步思想家和教育家如梁启超、蔡元培、陶行知等,倡导教学要重视发展儿童的个性等,这对今天的教学与教学设计仍有不少的启迪。

国外,古希腊苏格拉底、柏拉图等的思想,近代捷克教育家扬·阿姆斯·夸美纽斯(Jan Ámos Komenský)的"大教学论"、德国的约翰·弗里德里希·赫尔巴特(Johann Friedrich Herbart)和瑞士的约翰·亨利赫·裴斯泰洛齐(Johann

Heinrich Pestalozzi）在教学活动程序上的探索、美国教育家约翰·杜威的"儿童中心论"和"从做中学"思想，以及苏联伊凡·安德烈耶维奇·凯洛夫（Ivan Andreevich Kairov）的五步教学法，对今天的教学设计仍有积极的借鉴意义。

近代西方教学理论研究成果丰硕，此处仅列举与教学设计相关性较强的一部分：斯金纳基于操作条件性刺激提出了程序教学理论；布卢姆以行为结果为目标分类依据提出了教学目标分类理论、掌握学习理论、形成性评价理论；杰罗姆·布鲁纳（Jerome S. Bruner）提出以知识结构为中心的课程论思想，在教学方法上提倡"引导—发现"法和概念获得的教学程序；戴维·保罗·奥苏贝尔（David Pawl Ausubel）提出有意义学习的观点和"先行组织者"的教学程序；加涅运用信息论提出由九大教学活动组成的指导学习程序。

另外，苏联列·符·赞可夫（Занков Леонид Владимирович）提出"以最好的教学效果来促进学生最大发展"和"高难度、高速度、理论知识起主导作用、使学生理解教学过程、使全班学生都得到发展"五条教学原则的教学与发展的理论；德国瓦根舍因（Martin Wagenschein）的范例教学理论，在教学内容上坚持让学生掌握从基本概念和基本知识中精选出来的示范性材料。

以上教学理论经过历史的验证，都是非常具有实践指导意义的研究成果。我国教育工作者在总结已有的教学实践基础上，吸收当代科学发展新成果，并将其运用到教学领域中，正在摆脱封闭、僵化的状态，克服片面性、绝对化的缺陷，把各执一端的理论融合、辩证地统一起来。教学理论的新发展，必然为教学设计的开展提供更丰富和更实用的理论基础。

（二）教学理论与教学设计

教学理论的发展有着悠久的历史，这些理论各有侧重地发现和揭示了教学过程中许多富有稳定性、普遍性的内在本质联系和客观规律。但是，历来教学理论的研究多是只涉及教学过程及其理论原理的个别方面，不能完整地反映整个教学过程。因此，在实践中推广和应用这些理论观点时，容易陷入片面。另外，教学理论中新理论、新观点和新方法的层出不穷也带来了一些新问题，它使人眼花缭乱，无所适从；实践中有的人过分迷恋新的教学观点和方法而忽视继承教学理论发展中的宝贵财富，有些人则孤立地强调教学过程中的某一方面而忽视教学过程整体结构的平衡。

为了克服这种教学理论研究和应用实践中的不良倾向，促进学生个性全面发展，提高教学效果，早在 20 世纪 60 年代初，苏联教育科学院院士尤里·康斯坦丁夫·巴班斯基（Юрий Константинович Бабанский）开始将系统方法作为一般科学方法论引进教学理论的研究，力图以综合的观点更完整地描述教学过程的诸组成部分，探讨使教学过程最优化的方法。当时，人们已经认识到，尽管教学理论对教学过程各要素都有了肯定的、明确的总结和认识，但是，面对复杂的教学问题和教学过程中各要素的错综关系，还是感到束手无策。教学设计的产出正好能解决上述问题。它把教学理论研究的重要范畴，即教师、学生、教学目的、教学任务、教学内容、教学形式、方法和教学原则等要素，都置于系统形式中加以考察、研究和应用。从这个意义上说，教学设计的产生是教学理论发展的需要。

　　教学设计作为一门独立的学问开始发展以后，必然需要汲取古今中外教学理论的研究成果作为自身发展的基础。教学理论研究范围涉及教学基本原理、教学内容、教学方法、教学评价等方面，其研究成果极其丰富。教学设计从其指导思想的确定到教学目标、教学内容的确定和学习者的分析，从教学方法、教学活动程序、教学组织形式等一系列具体教学策略的选择和制定到教学设计成果的评价，都从各种教学理论中吸取精华，综合运用，将理论转化为可操作的具体实施步骤，保证教学效果。

　　必须强调的是，教学理论与教学设计理论即使都具有理论的特征，但仍存在本质性区别：教学理论是研究教学的本质和教学一般规律的理论性学科，同时它要通过对教学本质与规律的认识，确定优化学习的教学条件与方法，即要联系实际，要用它来指导解决实际的教学问题，所以这种理论是描述性的。而教学设计本身并不去研究教学的本质和教学的一般规律，它只是在教学理论、学习理论和传播理论的指导下，运用系统方法对教学系统的各个要素及其之间的关系进行具体的设计，换句话说，它是介于教学理论、学习理论、传播理论与教学实践之间的桥梁，是规定性的。规定性知识必须以描述性知识为基础。在教学理论研究清楚地描述了教学、教学过程的本质和规律、每一种教学方法、教学组织形式的作用以后，我们才可能在一定的教学条件下，为达到一定的教学目标规定恰当的教学策略、手段和环境。概括而言，教学设计是教学理论的技术化过程。

　　从我国教育发展的实践来看，教学设计与教学理论是相互影响、相互作用的。近年来教育学著作中也越来越体现教学设计的思想。教学理论是对一定条件下采取一定教学行动后产生的结果的客观总结，因此，就每个具体的教学理论来说，是不可能在任何条件下对解决任何教学问题都起作用的，而是有其适用的条件和场合的。教学设计运用系统方法鉴别教学实践中要解决的问题，根据问题的情境，通过比较、选择合适的教学理论作为依据来制定解决问题的策略，试行中还可以调整。在解决实际教学问题时，会发现有的教学理论有局限和不足之处，也会发现理论缺失的情况，这样，必然促使人们进一步建构新的教学理论。而教学理论的完善、创新又必然促进教学设计理论与实践的发展。

第四节 教学设计模式

模式是再现现实的一种理论性的简化形式，在现代科学研究中是一种常用的研究工具，它可以简化问题，便于人们较好地分析、解决问题。在自然科学中模式常被称为模型。在研究过程中，采用模式作为主要手段，在社会科学中常称模式研究方法。模式方法的主要特点是，暂时排除事物次要的、非本质的属性，关注事物核心的、本质的部分。模式方法是将研究对象的核心要素、关系、状态、过程进行可视化呈现，便于人们进行观察以进行理论分析和实践指导。

模式方法的主要程序是按照研究的目的，将研究对象的原型抽象为认识论上的模式；通过模式的研究，获得研究对象原型的更本质、更深刻、更全面的认识。教学设计模式遵循模式方法的基本思路，是在教学设计实践当中逐渐形成的一套程序化的步骤，其实质是说明做什么、怎样去做。为人们指出了以什么样的步骤和方法进行教学的设计，是对设计理论和思想的形象化表达。

教学设计实践中所面对的教学系统有很大的差别，而且设计的具体情况和针对性也不一样，再加上设计人员专业背景（学科教师、教学设计专家、媒体开发人员等）的差异，使得人们对教学设计的理解和认识不尽相同。

自 20 世纪 60 年代出现第一个模式以来，至今已有的教学设计模式已数不胜数。在教育技术相关著作中，涉及教学设计模式的研究，通常会把已经有的模式分类：按照设计结果的类型不同，教学设计模式分为"以课堂为中心的模式""以产品为中心的模式""以系统为中心的模式"；按照教学活动的主体不同，教学设计模式分为"以教为主的模式""以学为主的模式""教师为主导、学生为主体的模式"。

研究者的出发点和目的不同，所选择的分类标准也便不同，因此，同一个模式便可能被划分为不同的类别，这种现象在事物的分类中极为常见。本书不作任何先入为主的分类判断，只尽可能客观地介绍几个经典的教学设计模式。

一、肯普教学设计模式

该模式由肯普在 1977 年提出，早期他是用线条把各个要素顺时针连接起来的，但在后来的研究与实践中，他看到教师和设计人员所面临的教学问题与实际情况千差万别，实际的设计并不是完全按照一定顺序进行所有步骤的。为了反映各环节之间的相互联系、相互交叉，肯普对原模式作了改进，改进后的模式没有采用直线和箭头这种线性方式来连接各个教学环节，而是由十要素构成椭圆结构模式，后来又经过多次修改才逐步完善，如图 1-12 所示。

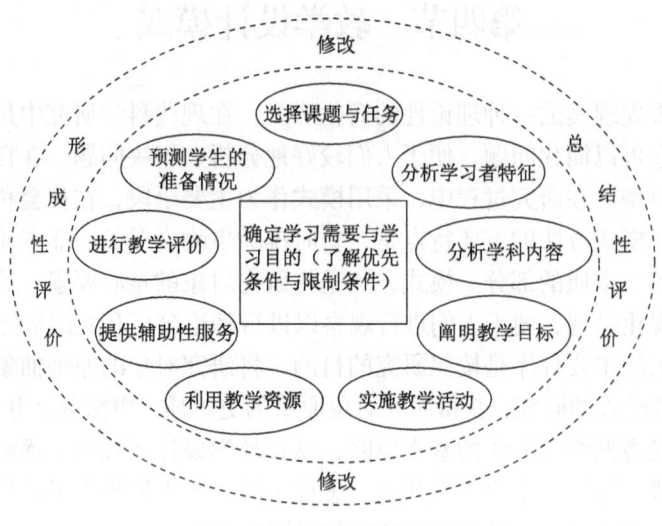

图 1-12　肯普教学设计模式

该模式的特点为在教学设计过程中，需要强调四个基本要素，需要着重解决三个主要问题，需要适当安排十个教学环节。

（1）四个基本要素。四个基本要素是指教学目标、学习者特征、教学策略和教学评价。肯普认为，任何教学系统过程都离不开这四个基本要素，由它们构成整个教学系统设计模式的总体框架。

（2）三个主要问题。肯普认为，任何教学系统设计都是为了解决以下三个主要问题：①学习者必须学习到什么；②为达到预期的目标应该如何进行教学；③预期的教学效果怎么样。

（3）十个教学环节。十个教学环节是指：①确定学习需要与学习目的，为此应先了解教学条件，包括优先条件与限制条件；②选择课题与任务；③分析学习者特征；④分析学科内容；⑤阐明教学目标；⑥实施教学活动；⑦利用教学资源；⑧提供辅助性服务；⑨进行教学评价；⑩预测学生的准备情况。

图 1-12 把"确定学习需要与学习目的"置于中心位置，说明这是整个教学设计的出发点和归宿，各环节均围绕它来进行设计；各环节之间没有用有向弧线连接，表示教学设计是很灵活的过程，可以根据实际情况和教师自己的教学风格从任何环节开始，并可按照任意的顺序进行；图中的"形成性评价""总结性评价""修改"在环形圈内标出，是为了表明评价与修改应该贯穿整个教学过程的始终。

该模式自问世以来，在世界范围内产生过较大影响，并成为后世教学设计著作必然提及的模式。该模式提出教学设计的十个要素和形成性评价及总结性评价，认为教学设计以学习需要与学习目的为中心，这些构想都是很卓越的，不愧为真知灼见。

另外，该模式具有较强的实用性和可操作性，它允许教师按自己的意愿来安排教学的各个环节，具有灵活性。事实上，肯普教学设计模式的核心思想，在后来的教学设计模式中得到普遍的传承。

二、迪克-凯瑞教学设计模式

这个模式最大的特点是，比较贴近教师的现实教学情况。在大多数情况下教师致力于完成现存课程所要求的教学内容和教学目标，他们既不可能应付大量的课外教学辅导任务，也不需要在几个不同的场所完成他们的教学活动。

这个模式比较详细地呈现了教学设计步骤，对学科教师具有直接的实践指导意义。该模式包括十个环节，如图 1-13 所示。

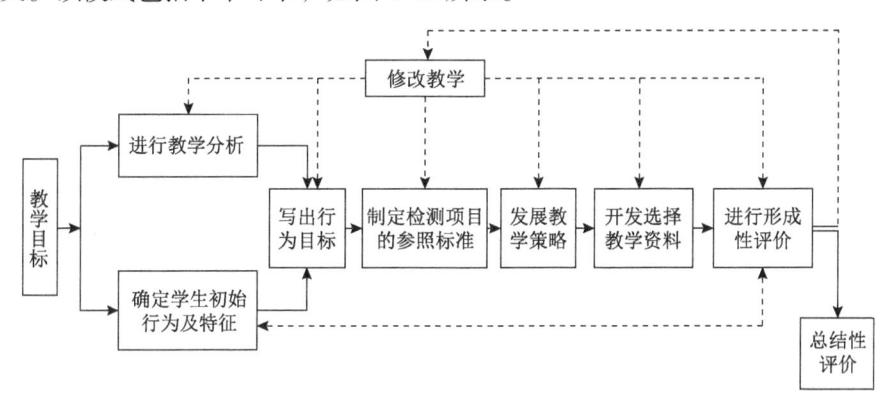

图 1-13 迪克-凯瑞教学设计模式

教学设计的第一步，评估学习的需要并确定教学目标，评估有哪些方面的内容是需要学习的，并以需要的情况为依据确定教学目标，包括在教学之后学生应该能够做什么。教学目标制定的依据有教学需要的评估、学生需求的评估、现实中的学习问题、工作分析或者其他一些因素。这一内容可以被阐述为：确定教学目标应该做教学需要的评估。

在教学目标确定之后，设计者需要确定教学目标涵盖的学习类型，以及分析完成学习任务所需要的步骤。同样，设计者也需对学习任务的从属能力进行任务分析。通过这种分析，可以得出达到教学目标所需的能力或预备能力，以及这些能力之间的关系。

进行对学习者和学习发生环境的分析，这个过程包含对学习情景线索及情景与学习任务内在联系的分析，以及学习情景的计划，也包含对学习者起点能力的分析确定等。这并不是将学生所具有的知识和技能都罗列出来，而是确定在学习任务要求包含的能力和从属能力中，有哪些学习者已经具备，需要提供哪些学习资源。

在教学分析和起点能力确定的基础之上，设计者还要详细描述在教学任务完成之后，学生应该能做什么或有怎样的表现。行为目标的陈述内容包括学习者将要学习的行为、行为发生的条件以及完成任务的标准。与此同时，编制测验项目及其相应的测量参照标准，这些测验项目应该准确反映行为目标中所揭示的学习者的习得能力，即测验项目与行为目标要保持一致。

在前面四个步骤确定之后，设计者将要考虑如何形成教学策略，如教学前或教学后的活动安排、知识内容的呈现、练习与反馈和测试等。在师生相互作用的课堂教学中，教学策略的选择应根据现有的学习原理和规律、教学内容和学习者的特性等因素而定。

在确定运用何种教学策略后，需要考虑采用何种教学材料，进行何种教学活动，如材料准备、测验和教师的指导等。选择这些材料、活动依赖于可利用的教学手段、教学素材和教学资源等。

形成性评价和修改教学是该模式中重要的环节，其形式可以是个别、小组和全班的测试。每一种评价的结果都为设计者提供可用于改进教学的数据或信息，在模式图中用虚线箭头表示。在形成性评价之后，设计者总结和解释收集来的数据，确定学习者遇到的问题以及发生这些问题的原因，并修改教学步骤。修改教学还包括对行为目标进行重新制定或陈述，改进教学策略和教学方法，从而形成有效教学。

最后是进行总结性评价。尽管总结性评价是确定教学是否有效的步骤，但在这一教学模式中，迪克和卢·凯瑞（Lou Carey）不认为它是教学设计的一个环节。这一步骤评价的是教学的绝对价值和相对价值，在教学结束时进行。通常，总结性评价并非由教学设计者来设计与执行，因此这一步骤不被认为是教学设计过程中应做的工作。

这一模式是基于一般教学过程的教学设计，其特点在于：强调对学生学习任务的分析以及对起点能力的确立；教学设计是一个反复的过程，需要设计者不断进行分析、评估和修正，以期完成具体的教学任务，达到教学目标；安排教学活动，以优化每一教学事件，保证教学的整体效果。

三、史密斯-雷根教学设计模式

该模式是由帕特里夏·史密斯（Patricia L. Smith）和蒂尔曼·雷根（Tillman J.

Ragan）两位学者于 1993 年提出的，出现在他们两人合著的《教学设计》（*Instructional Design*）一书中。该模式是在第一代教学设计中有相当影响的迪克-凯瑞教学设计模式的基础上，吸取了加涅在"学习者特征分析"环节中注意对学习者内部心理过程进行认知分析的优点，并进一步考虑了认知学习理论对教学内容组织的重要影响，而发展起来的，如图 1-14 所示。

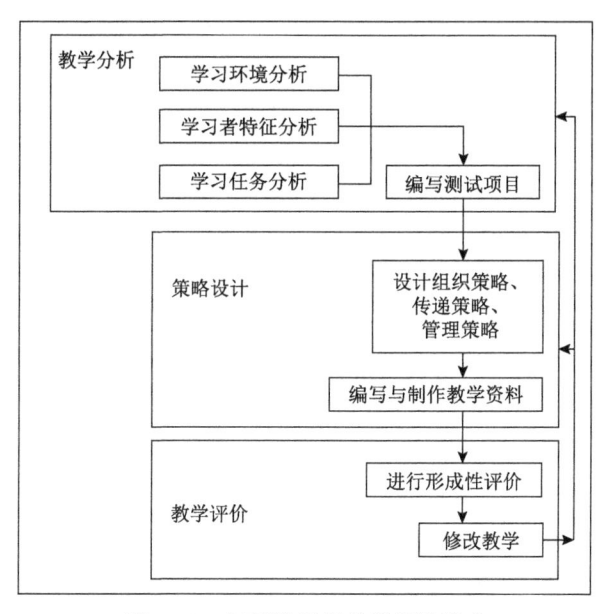

图 1-14 史密斯-雷根教学设计模式

该模式较好地实现了行为主义与认知主义的结合，较充分地体现了联结-认知学习理论的基本思想，并且雷根本人曾是美国教育传播与技术协会（Association for Educational Communications and Technology，AECT）的理论研究部主席，是当代较著名的教育技术与教育心理学家，因此在国际上有较大的影响。

史密斯-雷根教学设计模式将教学活动分为教学分析、策略设计和教学评价三大环节。将教学分析明确地分为三个方面：一是学习环境分析；二是学习者特征分析；三是学习任务分析，包括教学目标的分析和教学内容的分析。

该模式提出三类教学策略：①组织策略。指有关教学内容应按何种方式组织、次序应如何排列以及具体教学活动应如何安排，即如何做出教学处方的策略。②传递策略。为实现教学内容由教师向学生的有效传递，应仔细考虑教学媒体的选用和教学的交互方式。传递策略就是有关教学媒体的选择、使用以及学生如何分组（个别化、双人组、小组或是班级授课等不同交互方式）的策略。③管理策略。指在上面两种策略已经确定的前提下，对教学资源进行计划与分配的策略。

在上述三类策略中，由于组织策略涉及认知学习理论的基本内容，为了使学生能最快地理解和接受各种复杂的新知识、新概念，对教学内容的组织和有关策略的制定必须充分考虑学生的原有认知结构和认知特点。

按照著名教育技术学家瑞格鲁斯的观点，有三种教学策略对教学设计有特别重要的意义，这三种教学策略是教学组织策略、教学传递策略和教学管理策略。有学者将史密斯-雷根教学设计模式视为第二代教学设计模式的代表，正是由于它很好地吸收了瑞格鲁斯的教学策略分类思想，并把重点正确地放在教学组织策略上。这点正是该模式能在行为主义基础上引入认知主义，从而体现联结-认知学习理论的关键所在。

在教学实践中，教学组织策略包括两类：一类是对学科知识内容的组织和对知识点顺序的排列，也称为宏策略；另一类是为如何教特定的知识内容提供具体教学方法，其核心要义在于如何组织教学，也称为微策略。

经过十多年的努力，教学组织不论是在宏策略还是微策略方面都已取得显著进展，其中最具影响力的成果是精细化理论（Elaboration Theory，ET）和成分显示理论（Component Display Theory，CDT）。前者为教学内容的组织提供符合认知学习理论的宏策略，后者则为具体知识点的教学提供行之有效的、可操作的微策略。

四、教学设计的一般模式

教学设计的研究对象是教学系统。在教学实践中，尽管各种教学系统在范围和任务的层次上有很大差别，但任何一种教学系统都是由若干要素组成的有机整体。我们在分析教学系统的时候，不能孤立地研究其中的某个要素，而是应该把各个要素放到整个教学系统中去考察，并且要注意研究各要素之间的相互作用关系，只有这样才能协调系统中各个要素之间的关系，使其功能达到最优。

那么，对教师而言，教学系统由哪些基本要素组成？这些要素之间有什么关系？围绕这些基本要素进行的教学设计工作的主要步骤是什么？对这几个问题我们可以用教学设计过程的一般模式来回答，如图 1-15 所示。

学生特征、学习目标、教学策略和教学评价构成了教学设计的四大基本要素。图 1-15 向我们展示了教学设计工作的全过程，其中，实线箭头表示教学环节的先后顺序，虚线箭头表示反馈环节。这个模式对当前教学设计的实践工作具有很好的指导作用。

图 1-15　教学设计的一般模式

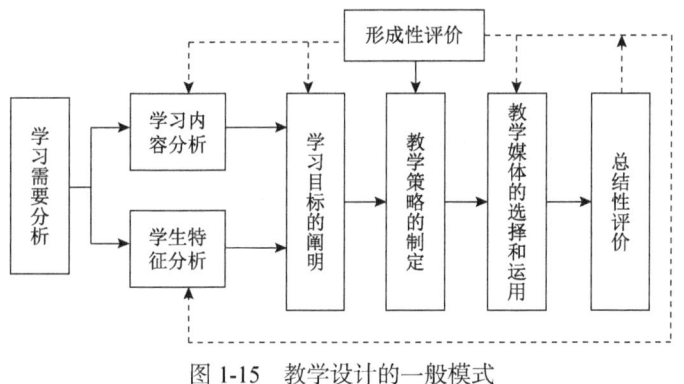

这个模式适用于各种层次的教学设计，如一门课程、一个教学单元、一节课或一个教学活动、一个教学软件。因此，从事课堂教学的教师都应该掌握这个模式图，以便从整体上把握教学设计的各项主要工作以及它们之间的相互关系，为开展教学设计工作打下良好的基础。

在理解教学设计过程的一般模式时，一定要遵循系统思想方法，以系统的观点看待这个模式。教学设计过程的一般模式将教学设计过程分解为诸多要素，只是为了便于深入地了解和分析教学设计的过程，表明教学设计的主要步骤，并不是说各个要素是彼此孤立的。因此，在进行教学设计的过程中，一定要从教学系统的整体功能出发，确保学生特征、学习目标、教学策略和教学评价这四个要素的一致性，使各要素相辅相成，产生整体效应。

教学过程是动态过程，教学系统是开放系统，教学设计是一个灵活的、充满创造性的过程。教学设计的一般步骤可按照图 1-15 所示的教学系统各个要素的顺序来展开。实际上教学设计涉及的很多因素都处于变化之中，系统中各个要素的关系也不是单纯的线性关系，而是非线性的、错综复杂的，是相互作用、相互影响的。因此，教师在按照这个模式设计教学的时候，要注意考虑各要素之间的内在联系，根据不同的情形，针对实际问题决定设计步骤，确定从何入手以及需要重点解决的问题，有的时候还可以在仔细分析全部研究计划的基础上，适当地对模式进行简化或对模式中的某些顺序加以调整，充分发挥教师的聪明才智，创造性地进行教学设计。

本 章 习 题

一、简述题

1. 简述普通教学设计的基本内涵。

2. 列举现代教育观念与传统教育观念的不同之处。
3. 阐释"系统"与"系统方法"的基本含义。
4. 简述教学设计的主要理论基础。
5. 画出肯普教学设计模式图并说明其主要特点。
6. 说明教学设计过程中四个基本要素的含义及相互关系。
7. 画出普通教学设计的一般模式图。

二、思考题

1. 学习教学设计的意义。
2. 论述传播理论、学习理论、教学理论与教学设计的关系。

第二章

学习需要分析

【学习目标】

学完本章后,学生应能做到:
(1)阐释学习需要的概念。
(2)阐述学习需要分析的现实意义。
(3)举例说明内部参照需要分析法。
(4)举例说明外部参照需要分析法。
(5)举例说明什么是资源和约束条件。
(6)简述学习需要分析的一般工作步骤。
(7)简述学习需要分析应注意的问题。

【教学方法】

讲授为主,辅之讨论

【教学环境】

安装多媒体投影系统的教室

【教学过程】

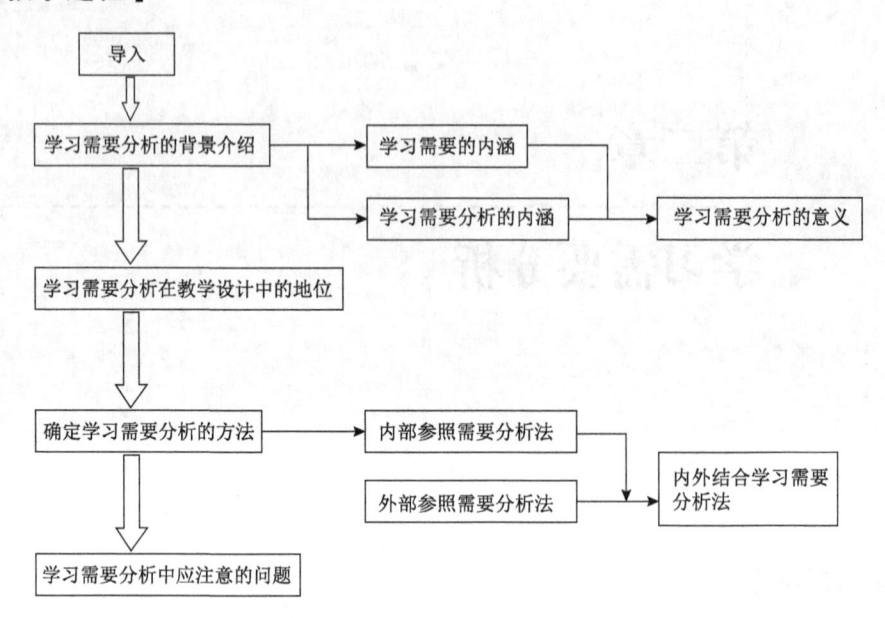

```
                        ┌──────┐
                        │ 导入 │
                        └──┬───┘
                           ↓
         ┌──────────────────────────┐      ┌──────────────┐
         │ 学习需要分析的背景介绍   │─────→│ 学习需要的内涵│
         └──────────┬───────────────┘      └──────────────┘
                    │                       ┌──────────────────┐      ┌────────────────┐
                    │                      →│ 学习需要分析的内涵│─────→│ 学习需要分析的意义│
                    ↓                       └──────────────────┘      └────────────────┘
         ┌──────────────────────────┐
         │ 学习需要分析在教学设计中的地位 │
         └──────────┬───────────────┘
                    ↓
         ┌──────────────────────────┐      ┌──────────────────┐
         │ 确定学习需要分析的方法   │─────→│ 内部参照需要分析法│
         └──────────┬───────────────┘      └──────────────────┘      ┌────────────────┐
                    │                       ┌──────────────────┐    →│内外结合学习需要│
                    │                      →│ 外部参照需要分析法│────→│ 分析法         │
                    ↓                       └──────────────────┘     └────────────────┘
         ┌──────────────────────────┐
         │ 学习需要分析中应注意的问题│
         └──────────────────────────┘
```

人们总是有意无意地去做一些事情，这是为什么呢？因为有需要。例如，放学后同学们去食堂吃饭，因为大家的身体需要营养和能量，这是对食物的需要。可是有时候，尽管肚子很饿，但看到食堂的有些饭菜却没有食欲，这是为什么呢？因为我们的身体虽然需要食物，但需要的却可能是炖排骨和红烧肉，而不是白菜煮萝卜等。这个例子给我们的启发是，需要分析既要关注需要本身还要关注需要的内容。

学校教育中也存在类似的情况。由于认知的内驱力和社会对人才的要求，学生们有求学的需要，每一个孩子都知道学习的重要性，可是仍然会出现厌学、逃学的种种现象。教学设计工作第一步就是要进行学习需要分析，抓住解决教学问题的关键所在，分析出真正的需要，保证后期教学设计环节有价值、有效果。

人类社会不断地发展变化，不同历史时期，社会对人才的依赖和需求不同。封建时代需要尊崇帝王、治国安邦的士大夫；现代社会，各个国家都注重具有科技创新能力的实用型人才。在教学设计实践中，学习需要分析主要针对学习者所在教学机构的教育宗旨和培养目标，以及学习者自身的自我期待，对什么样的教学才能满足学习者的学习需要做出科学的判断。

第一节　学习需要分析及其意义

教学设计的目的是解决教育教学中的问题，这些问题基本上都是围绕着学生的学习产生的。在现实的教育实践中,最常见的是学习效率不高的问题。那么,效率不高的原因又是什么呢?课堂上教师在前面讲,学生在下面不听或者听不进去,这种现象是比较普遍的。何以如此?供需不一致。

教学设计通过不断地追问"原因是什么",找到问题的根源。学习需要分析是确定教学问题的过程,这个过程的结果是提供充分的资料和数据,帮助形成要进行教学设计项目的目标,为教学设计过程的开展打好基础。

一、学习需要的内涵

教育的目的是培养人才,现代社会要求人才应该具有健康的人格、丰富的专业知识、健康的体魄和较强的创新能力。有学者对世界范围内万余名成人学习者的学习需要进行调查,得出成人的学习源于六种学习需要:①职业提高的需要——为求得个人职业的进步、职务的晋升和接受更高等的教育做准备;②社会性情感的需要——希望通过学习得到他人的尊重与认同;③社会刺激的需要——借助学习摆脱生活单调乏味及寂寞的状况;④外部期望的需要——某些职业的特殊社会威望成为个人的学习动机;⑤服务于社会组织的需要——希望提高社会活动能力;⑥认识兴趣的需要——学习具有满足对个人文化刺激和智力挑战的性质。研究较为全面,涉及了成人学习的内部需要动力和外部需要动力,较为客观地反映了成人学习需要的现实状况。

不同学段的学习者,学习需要是不一样的。低年级学生的学习动机主要是附属内驱力,满足其在家长和老师面前获得赞赏的需求;大学生的社会性需求和个人自我发展需求并重。无论是哪个学段的学习者,人才培养最终都要落实到学习者身上,因此,在教学设计中,各种需求是以学习需要的形式体现出来的。

所谓需要,本质上是事物的目前状态与所希望达到的状态之间的差距。学习需要在教学设计中是一个特定的概念,是指学生在学习方面目前的状况与所期望达到的状况之间的差距,如图2-1所示。

学习需要 = 期望达到的学习状况 - 学生目前的学习状况

图2-1 学习需要的内涵

上述数学模型清楚地展示了学习需要的内涵。为了更好地理解学习需要所指,有必要先对学习状况进行解释,学习状况是指学生应当具有的知识、能力和品质的体系。任何学段的学生,都应该具有应付下一学段学习、现实社会的职业、社会生产活动、科学研究活动的知识储备、心因技能、动作技能以及相应的态度和情感。这是教育所期待的，也是教育存在的意义和价值所在。同时，学生还应该具备某种适应社会发展的元机制。所谓元机制，简单地说，就是获得个体所需要能力的能力。例如，一个人在未来的生活和工作中需要某种能力，这种能力他之前并不具备，但是，这个人通过学习，可以很快获得这种能力。期望主要来自社会、学校、班级以及学生对自己的期待，本质上是社会对人才需求的个人反映。社会对人才规格的要求主要体现在以下三个方面：①下一学段对学生知识、能力和品质的要求；②现在或未来的职业对人才的要求；③学习者自身发展的要求。

目前的学习状况是指学生群体或个体在知识、能力、品质方面已达到的水平。差距揭示出了学生在这几方面的不足，表明了教学中实际存在和要解决的问题，这是经过教育或培训可以解决的学习需要。

可以说，没有需要，便不会产生问题，如非外语专业的学院希望本专业学生在大学三年级时的英语水平是 CET-6，而目前测试表明平均水平只有 CET-4，这样就找到了没有达标的差距，这也正是教学或培训要解决的问题。当然，真正的需求分析过程要通过系统科学的测试，揭示出每一个学习者的具体需要，如提高阅读、听力、写作等方面的能力。

二、学习需要分析的内涵

学习需要分析是一个系统化的调查研究过程，这个过程的目的就是要揭示学习需要，从而发现问题，通过分析问题产生的原因确定问题的性质，并辨明教学设计是否是解决这个问题的合适途径，同时它还分析现有的资源及约束条件，以论证解决该问题的可能性。

学习需要分析主要是分析教学设计的必要性和可行性，属于教学设计的前端分析，即在教学设计过程的开端分析教学中存在的问题，以使设计工作有的放矢，有效地利用人力、物力、财力和时间。学习需要分析的结果是提供"差距"的有效资料和数据，从而帮助形成教学设计项目的总的教学目标。

所研究的系统大小不同，学习需要分析也具有不同的层次，大到对整个教育系统作需要分析，小至对一个问题作需要分析。

三、学习需要分析的意义

作为教学设计的开端，学习需要分析的结果正是后续教学设计环节的依据。前面已经提到，学习需要分析可以系统地揭示教学问题，确定问题产生的原因、教学问题的性质，弄清已有的资源和约束条件，保证后期教学设计活动的合理性。

（1）学习需要分析是教学设计过程的开端。教学设计可视为问题求解或需求满足的过程，这就意味着只有确定问题确实存在，且可以通过教学这一途径解决，才有必要进行教学设计活动。比如，已经能够进行乘除运算的学生大概率没有掌握加减法的需求，增强均衡膳食以满足身体发育需求不在数学教学范畴之内。可以说，学习需要分析技术是教学设计过程的开端，也是决定性的一步，它决定了教学设计的必要性和可行性。

（2）学习需要分析的结果是教学设计的依据。学习需要分析的结果应该是以数据或文字描述形式呈现"差距"资料，根据这些资料形成教学设计项目的目标，此目标既是教学设计的依据，也是教学设计的归宿。往下要进行的一系列步骤都是以此为依据的，最终的教学效果评估也是对目标达成度的检查。

（3）学习需要分析有助于形成正确的教育技术观。正确的教育技术观要求首先确定教育教学中需要解决的问题，然后考虑用什么技术、什么手段和方法去科学合理地、有效地、负责任地解决问题，并且要求在运用技术的过程中，必须要提高教育的效果、效率和效益，而不是"拿着技术找问题""拿着媒体到教学中去找可用之处"。

教学设计从学习需要分析开始，以对问题的分析和确定为出发点，形成教学目标，然后寻找相应的解决问题的最佳方案，包括选择有效的教学策略、教学媒体和资源、教学评价方案等，从而最终解决问题。掌握这一过程能够有效地促进正确的教育技术观的形成，为提高教育技术素养奠定坚实的基础。

作为一种差距分析，学习需要分析之后，会形成以行为术语表述的教学目标。这一工作的意义在于，保证后期教学设计活动的必要性和可能性，保证设计工作有的放矢以及教学资源有效利用。在分析的过程中，还会考察现有的资源及约束条件，以论证解决该问题的可行性。正因为如此，学习需要分析也被称作前端分析。

学习需要分析通过深入调查研究，分析教学中需要解决的问题是什么；通过分析该问题产生的原因，以确定解决该问题的必要途径；再对现有的资源条件和制约因素进行分析，明确设计教学方案以论证解决该问题的可行性，分析的结果可以帮助形成教学设计项目总的教学目标。

第二节　学习需要分析的方法与步骤

以不同的期望值作参照系分析学习需要，便形成了三种不同的确定学习需要的方法，即内部参照需要分析法、外部参照需要分析法和内外结合学习需要分析法。

一、学习需要分析的方法

（一）内部参照需要分析法

内部参照需要分析法是由学生所在的教育机构内部通过对已经确定的教学目标与学生的学习现状做比较，找出两者之间存在的差距，从而鉴别学习需要的一种分析方法。对培训机构而言，道理是一样的，作为正规的、负责任的培训机构，也是有一定的心理预期和目标的，即希望把学员带到什么样的高度。

学校的培养目标体现在各学科的课程标准或教学大纲中，以课程标准或教学大纲规定的总教学目标为期望值，对照学生目前的状况，就可以得出当前学生的学习需要，作为教学设计的依据。内部参照需要分析法收集数据的方法主要有：①按照确定的指标体系来设计测验题、问卷或调查表，由学习者来回答，然后通过对试卷和问卷以及观察记录的分析，从中得出需要的信息；②按照确定的指标体系，分析学习者近期的测验成绩或工作状况，得出需要的信息；③向其他有关人员调查、询问学习者的情况，得到需要的信息。

这种方法是以接受既定的目标为期望值来分析学习需要的。以高等教育为例，专业的培养目标体现在院系的培养目标和各门课程的教学大纲中。培养目标和教学大纲是对学生的期望标准，如果这个内部目标是合理的，即目标的制定充分反映了机构内、外环境对它的要求，充分考虑了学生自身发展的要求和特点，那么内部参照需要分析法是有效的，操作起来也比较简单易行。

但是，有一种情况是需要注意的，即专业培养目标设置得是否合理。对于未经过充分调研，由专业负责人主观想象而编制的培养方案，未必能揭示真正的需要，这是内部参照需要分析法中应注意的问题。相对而言，基础教育有国家统一的课标，在这方面的问题不是那么明显，教学实践中，教师只需按照要求执行即可。偶尔存在一些争议也仅限于学术界，如微积分知识该不该出现在高中阶段的数学中，以及三维目标的编写方法是否科学严谨等。

由于目标存在于组织单位内部，所以关于期望的状态，只需查阅组织单位内部的培养目标方案，或者访问内部目标的决策者，就可得到。因此，重点收集的数据是关于学生目前状态的信息。具体做法是，将期望状态的目标具体化，形成完备的指标体系，作为收集目前状况数据的依据。

根据培养目标编制问卷或设计问题，对学生进行实际的考察，若有必要也可以通过和学生交谈、查阅学生的试卷和作业、与其他教师交流等来掌握学生目前的状况，再将培养目标即期望状况和学习者当前的实际情况进行比较，即可找出学习需要。内部参照需要分析法在一些知名的培训机构做得比较理想，如某外语培训机构，培训之前，由多名教师分别从外语学习的多个维度对一个学员进行测评，然后针对短缺项集中补习，类似于医院的会诊。同时，再根据学员的目标考试期待，有针对性地制订培训方案。

（二）外部参照需要分析法

外部参照需要分析法是指根据社会对人才的要求来确定对学生的期望值，以此为标准来衡量学生学习的现状，找出差距，从而确定学习需要的一种分析方法。

这种方法揭示的是学生目前的状况与社会实际要求之间存在的差距，特点是以社会目前和未来发展的需要为准则和根本价值尺度揭示教育、教学中存在的问题，从而制定教育、教学的目标。社会上的一些技能培训机构对这个问题的处理比较精准，如某些培训机构培训厨师、IT工程师、挖掘机驾驶员等，他们直接瞄准行业的需求，以最有效的方式把普通人培训成熟练的技术工人。

由于期望值是根据社会需要而制定的，所以首先要收集并确定与期望值相关的社会需求信息。外部参照需要分析法收集数据的主要方法有：①对毕业生进行跟踪访谈、问卷调查，听取他们对社会需求的感受，以及工作后对学校教育或培训教学的意见和建议，从中不仅可以获得关于社会期望的信息，也可以获得学生现状的信息；②分析毕业生所在单位对毕业生所做的工作记录，了解他们对职工的要求和对毕业生的评价，获得对工作需要和对教学的改进信息；③设计问卷发放到与所学专业相关的工作岗位，得到社会对人才能力素质的要求信息；④现场调研，深入到工作第一线，获得对人才能力素质要求的第一手信息；⑤专家访谈，收集行业专家认为的未来发展对人才需求的信息，做科学预测。

根据收集的信息，分析出社会对学生的期望，然后再根据期望值制定指标体系。考查学生目前状况的方法和内部参照需要分析法相同，不再重复。

近年来，教育部推动"普通高等学校师范类专业认证"工作，要求高等学校每年对所有专业的就业质量进行调查，学校或学院会以电话或邮件方式对毕业生的就业单位进行访谈，以了解毕业生在工作岗位上的胜任力，以及用人单位的满意度，为本专业的教学改进和人才培养质量的提高提供有力支撑。但不容忽视的是，在学院开展的评估调查中，虽然用人单位可以给出详细的评估反馈，但可能存在客观性不足的问题，用人单位的评价对本专业的教学改进效用不足。

以上方法比较严谨，操作过程和步骤比较复杂。例如，某校的专业负责人确定某专业的教学课程设置，就必须采用外部参照需要分析法进行严格的分析。但是，对于一个比较小的系统设计，如一节课的设计，教师通常熟悉本学科的教学目标，也比较了解学科的大纲，同时对学生的状况也比较熟悉，这时，就不必按照上述步骤机械执行，凭着教学的经验和对教育价值的判断，就可以进行简单有效的学习需要分析。

一般情况下,"系统级"教学设计多采用外部参照需要分析法,从社会职业、行业的需求出发,进行学习需要分析;"课堂级""产品级"教学设计,多采用内部参照需要分析法,确定学习需要,进而确定教学设计的内容,而没有必要再进行社会需要的分析。对基础教育系统的教师而言,学习需要分析可以变通为"课程标准"分析和"教学参考"分析。

(三)内外结合学习需要分析法

相对来说,内部参照需要分析法容易操作,省时省力,但运用该方法分析学习需要往往局限于组织系统内部,即在某一特定教育领域的工作者或培训机构所规定的教学目标之内考虑问题,对该目标的设定与社会实际要求是否相符的关注不够,无法保证组织系统内部培养目标的合理性。

外部参照需要分析法操作上比较困难,要耗费大量的精力和时间,需要调动人力资源,深入到社会行业内部,所获取的数据具有一定的主观性和模糊性,后期必须对数据进行清洗、统计、赋权计算,但却能保证所得到的学习需要的合理性。

在实践中,必须进行学习需要分析时,通常内外结合,综合运用,达到一举两得之效。首先通过对社会需求的调研,对组织系统内部培养目标进行修订,调整原有的教学期望值,然后根据调整之后的期望值编制测评工具,再对学习者的现状进行测度,找出差距即学习需要。具体操作模式如图 2-2 所示,其中虚线框中的内容为外部参照需要分析。

图 2-2　内外结合学习需要确定方法

二、学习需要分析的步骤

学习需要分析阶段的任务,不仅仅是要得出学习者目前的状况与所期望达到的状况之间的差距,而且要对准备进行教学设计的课题进行初步论证。因此,学习需要分析阶段一般要经过以下几个步骤,但大家在实践中可以根据设计项目的层次做适当的增减。

（一）确定进行教学设计

教育机构或教师个人做出进行教学设计的决定。做出这一决定是由于教育机构或教师个人意识到原本的教学存在问题，或者上一级主管部门提出了新的要求，要求改善教学质量，必须进行教学设计。

教学设计是一个系统性工作，一旦开始，必须坚持完成才能有效果。半途而废只会劳民伤财，白费功夫。因此，在开始工作之前，需要协调好人、财、物，安排好时间、空间，做好充分的心理准备，获得相关方包括所在单位、分管领导、同课题组成员等的支持，仅凭个人一时的工作热情是不够的。

（二）确定期望的状态

在以上准备工作的基础上，进行问题的鉴别。教育机构或教师个人尽管意识到问题，但对问题的根源是什么尚不能准确把握，因此不能确定期望的状态。例如，用人单位对毕业生有很多不满意的地方，某一新的行业究竟需要什么样的人才，某个班级升学率一直不高，或者作为生源基地不被下一个学段的学校认可等。这些情况到底是什么原因，作为培养机构和教师，需要弄清楚。教学设计人员对教育和教学中存在的问题进行分析、鉴别，形成社会或下一学段对人才需求的标准，确定期望状态。以下分别从专业、课程、课堂和资源四类教学设计说明期望状态。

（1）高等学校学科专业层面的教学设计基本上都属于系统级设计，需要通过调查研究，得出社会发展对该专业人才的知识和能力的具体标准要求。表 2-1、表 2-2 分别为教育技术学专业本科毕业生"学科素养""教学能力"方面的期望状态。

表 2-1　教育技术学专业本科毕业生"学科素养"方面期望状态

毕业要求		毕业要求达成评价方法		达成期望
		直接评价	间接评价	
3.学科素养	3-1 了解教育技术学科基本体系，熟练掌握教育技术学科知识和技能，具备良好的信息素养和分析问题、解决问题的能力	考核成绩分析/课堂表现测评/实习报告评价	就业信息统计、相关赛事获奖、计算机等级考试	0.80
	3-2 熟悉信息技术学科体系和中学信息技术课程结构，了解信息技术学科发展动态	考核成绩分析/课堂表现测评		0.80
	3-3 熟悉信息化教学过程，掌握数字化教学资源、信息化教学环境的设计、开发、应用与评价的方法	考核成绩分析/课堂表现测评/实习报告评价		0.80
	3-4 运用新理念、新技术进行教学实践创新，促进信息技术与学科教学深度融合	考核成绩分析/课堂表现测评/实习报告评价		0.80

表 2-2　教育技术学专业本科毕业生"教学能力"方面期望状态

毕业要求		毕业要求达成评价方法		达成期望
		直接评价	间接评价	
4. 教学能力	4-1 掌握教育学、心理学和信息科学的基础知识和理论，能把握信息化教学的过程和规律，具备运用信息技术优化教学、促进教学变革的基本能力	考核成绩分析/课堂表现测评/实习报告评价		0.80
	4-2 具备信息技术课程教学能力，能依据信息技术课程标准，分析教材、组织教学活动、设计开发教学资源	考核成绩分析/课堂表现测评/实习报告评价	师范生技能大赛、教育实习评价	0.80
	4-3 具备教学反思评价和研究的能力，具备自我发展的意识和能力，把握信息技术学科发展动态，能开展教学研究，促进自身专业能力可持续发展	考核成绩分析/课堂表现测评/实习报告评价		0.80

（2）课程层面的教学设计，需要研究培养方案既定的培养目标，得出社会专业发展对该课程的具体要求或课程标准，继而编制出课程教学大纲、考试大纲。

（3）课堂教学层面的教学设计，需要深度研读课程标准和教学参考。比如，在应试的环境中，系统全面地考察历届"终考"试卷，有经验的教师会发现考试的部分规律，甚至预测来年的考试情况。

（4）教学资源层面的教学设计，需要了解该门课程的课程标准和国家关于教育资料的评价指标体系，提出即将开发的教学资源的使用目标。

确定期望的状况，要注意用可测量的行为术语来描述。例如，教学大纲是对学生学习某门课程要达到的目标的具体的集中体现，可作为确定期望状况的参考依据。

（三）确定学习者的现状

采用问卷、访谈、测验等方法对教学系统、机构以及学习者进行调查、检测，以确定学习者的现状。教学设计实践中，这一步主要是指确定学习者能力素质的现状，也注意他们的体力和发展特征，用可测量的行为术语来陈述。

确定现状的一个有效办法是，把前面已得出的期望具体化，形成具体的可用作调查的指标体系，并编制成调查表来进行调查分析。例如，为提高 CET-4 通过率而进行的外语教学设计，可以直接运用 CET-4 同等难度的试卷测试大学一年级新生的水平，获得学习者的外语学习方面的现状。同时，配合调查表以外的有用信息，如访谈记录、实地考察记录、领域专家运用德尔菲法（Delphi Method）获得的信息，以了解学习者的状态。

（四）进行教学设计必要性、可行性论证

通过以上第二步和第三步，得到期望状态与学习者现状，找出它们之间的差

距，从而找出教学中存在的需要解决的问题。那么，这些问题是什么性质的问题？造成这些问题的原因是什么？教学设计是不是解决这些问题的必要途径？这些问题可以通过以下步骤进行深入研究讨论。

（1）从调查分析中得到的"差距"，是不是通过学习者的学习可以解决？也就是说，是不是属于"学习需要"的真问题？例如，通过高考的外语考试，是高中生的外语学习需要；美国研究生入学考试（Graduate Record Examination, GRE）、托福、雅思的各项要求则不是高中生的外语学习需要；高中外语教师提升自身学历和教学技能，非常有必要也很重要，但不是高中生的外语学习需要。对于诸如此类性质的问题，不需要进行教学设计。具体一点的例子：CET-4 要求学生至少有 4000 个词的单词量，而大学一年级学生只有 3000 个词的单词量，这 1000 个单词是学习需要，如何让学习尽快高效地达到 4000 个词的单词量，就需要教学设计。

（2）如果是"学习需要"的问题，是不是可以通过归纳、分析，把分散的问题变成集中的问题？要求学生至少有 4000 个词的单词量，其实只是英语学习的一个维度，CET-4 还有听说读写其他方面的要求，这些问题可以归纳。

（3）在这些问题中，有没有由非教学因素引起的？如果有，则应排除在外，因为教学设计只考虑与教学有关的因素。如学生的身体状况、师生关系、教师的教学态度、职业倦怠、学校管理制度的价值导向性、学校所在地区的社会风气等，诸如此类的问题，都不是教学设计所能解决的。

（4）能不能通过更简单的一些办法来解决其中的问题？如果有，则不必通过教学设计来解决。如购买更切合教学目标的学习资料，添置教学设备和用具，改善教学环境，优化教育机构的管理制度，提高教师教学的积极性和投入度等。这些措施，相对于教学设计过程而言，更为简单、直接，并且容易操作。

（5）最后，综合考虑以上诸多方面，深入考虑教学设计是不是解决这些问题的最佳途径。最后的结果如果是肯定的，就说明教学设计是必要的。这时应该进一步对问题进行整理，初步提出教学设计的课题。

通过教学设计必要性的论证后，还需进一步分析现有的资源和约束条件是否能支持这些教学设计课题的开展。一般来讲，资源是指能够支持开展教学设计的因素，包括能够解决问题的所有人、财、物等资源条件；而约束条件是指对开展教学设计及解决教学问题起到限制或阻止作用的不利因素，包括经费、时间、人员、设施、资料、组织机构、规章制度、管理方式、教学组织形式、政策法规等。

如果通过逐项地慎重考虑，现有的条件可以支持所选择的课题，则该项教学设计是可行的。通过必要性和可行性分析之后，可以得到表 2-3 所示的四种情况。通过论证，只在既必要又可行的情况下，才进行教学设计。

表 2-3　必要性-可行性矩阵表

可行性	必要性	
	必要 1	不必要 0
可行 1	1	0
不可行 0	0	0

三、学习需要分析中应注意的问题

学习需要反映的仅仅是学生在学习方面的需要，并不包括其他需要，比如对教学媒体或教学方式等方面的需要。因此，一定要以学生的学习状况为分析对象，切实按照学生的具体要求设定教学目标。应该在学习需要中不断地反映社会发展和变化所带来的新要求。通常，教学大纲、教材等要定期进行修订。

一定要深入实际，获得真实、可靠的信息。千万不要把自己的想象错当成学生的学习需要。不同的学生群体或个体，他们的学习状况是不同的，要经常对他们进行学习需要分析，以保证得到的学习需要是有效的。学习需要分析的作用仅仅是确定教学问题，而不是解决问题。

在教学实践中，教师不仅需要考虑学生在知识上的需要，同时也要考虑学生在情感和价值观方面的需要。教学内容的主要概念，往往隐含着特定的认知思维以及形而上学的哲学思想，如生命世界是物质的，且在不断地运动着，生物运动是矛盾性与对立性的统一。这样的话语显然透露着辩证唯物主义的哲学思想。这类内容在课程标准和教学参考中未必有明确要求，但是在教学实践中，需要充分发挥教学智慧，对学习者进行全面的教育。

本 章 习 题

一、简述题

1. 学习需要分析在教学设计中的地位如何？
2. 学习需要分析的基本步骤有哪些？
3. 外部参照需要分析法收集数据的方法有哪些？
4. 内外结合学习需要分析法的步骤有哪些？
5. 在学习需要分析中我们应注意哪些问题？

二、思考题

1. 论述学习需要分析对教学设计的意义。
2. 论述学习需要分析对我国教育改革的意义。

第三章

学习内容分析

【学习目标】

　　学完本章后，学生应能做到：
　　（1）阐释加涅关于认知学习结果分类的学说。
　　（2）举例说明智力技能层级。
　　（3）阐释态度类学习内容分析的实质，并举出实例。
　　（4）举例说明教授动作技能类学习内容的策略。
　　（5）阐释学习内容组织的类型。
　　（6）阐释学习内容组织编排的原则。
　　（7）阐释分析学习内容的目的。
　　（8）列举分析学习内容的基本方法。

【教学方法】

　　讲授为主，辅助课堂练习

【教学环境】

　　安装多媒体投影系统的教室

【教学过程】

```
从"内容"导入
    ↓
学习内容基本分类 ──→ 言语信息 ┐
    │                        │
    │           ──→ 智力技能 │
    │                        │ 在教学中需要关注的方面
    │           ──→ 认知策略 │
    │                        │
    │           ──→ 态度     │
    │                        │
    │           ──→ 动作技能 ┘
    ↓
学习内容的组织和编排 ──→ 内容的组织 ──→ 内容的编排
    ↓
学习内容分析的基本方法
```

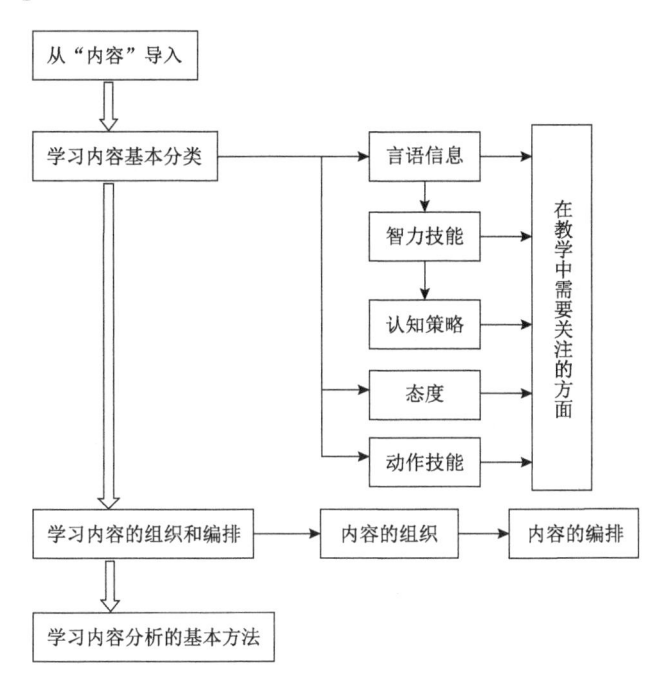

【讨论】

对于不同类型的学习内容，在教学中应注意哪些方面？

为了保证教学目标的实现，要求教学必须有正确的、合乎学生学习需要的教学内容。分析学习内容的工作以总的教学目标为基础，以学习需要为尺度，旨在规定学习内容的广度、深度和揭示学习内容各组成部分之间的联系，以保证达到教学最优化的内容效度。

学习内容的广度指学习者必须达到的知识和技能的范围，深度规定了学习者必须达到的知识深浅程度和技能的质量水平。明确学习内容各组成部分的联系，为教学顺序的安排奠定了基础。教学顺序是指把这些规定了广度和深度的知识与技能，用学习者所能理解和接受的展开形式加以序列化。学习内容分析既与"教什么"有关，又与"如何教"有关。

第一节　学习内容基本分类

学习内容是指为了实现教学目标，要求学习者系统学习的知识、技能和行为经验的总和。学习内容分析为确定教学顺序寻求依据，即把规定了广度和深度的知识内容与技能用学习者能够了解和接受的形式加以序列化。

人们在一生中要学习许多知识和技能，虽然它们有着极大的差别，但是，究其本质会发现它们的共同之处。例如：滑雪、弹琴和体操三件事的共同之处在于协调使用肌肉骨骼系统；计算一道数学应用题、分析一个句子的语法结构、推导一套逻辑关系，三者的共同之处在于运用规则。上述两组例子之间却有着本质的区别，前者属于动作技能，而后者属于智力技能，两者的学习条件也彼此不同，教学过程中所使用的教学策略也不一样。

加涅对人类的学习结果进行了分类，认为在学校学习有五种不同的结果，它们是言语信息（verbal information）、智力技能（intellectual skill）、认知策略（cognitive strategy）、态度（attitude）和动作技能（motor skill）。下面我们对学习结果的五种类型及其相应内容进行详细的分析。

一、言语信息

言语信息，作为一种学习结果，是指学习者通过学习，能够记住的诸如事物的名称、地点、时间、定义，以及对事物的描述等具体的事实，并能在需要的时候将这些内容表述出来。

（一）言语信息的内涵及其亚类

言语信息是关于"世界是什么"的知识，主要以概念或命题的形式来陈述某些事实。在幼儿发展的早期，在家庭条件下，言语信息通过口头交流来习得，如幼儿认识家庭成员、日常用品和周围世界常见的事物等。受制于内外部条件的影响，言语信息需要在大量的重复性刺激作用下习得。进入学校后，儿童依然要学习大量的言语信息，"空气的主要组成成分是氮气和氧气""北京是中国的首都""一天分 24 个小时"等，都属于言语信息类知识。当儿童说出这些内容时，表明学生已学会了这方面的知识。

言语信息是人类向后代传递知识的主要方式，与人交谈、阅读、听广播、看电视等社交活动也包括大量的这类知识。任何一个专业，都有大量的专业术语和关于专业问题的基本事实描述，言语信息是学校或其他形式的教育活动中重要的内容。学习者已有认知结构的丰富性及可利用性、编码策略、先行组织者的应用，会影响言语信息的习得。根据信息容量和组织形式，言语信息可分为三个亚类。

1. 概念或名称、术语

人类在认知的过程中，从感性认识上升到理性认识，用概念或名称指代事物，是本我认知意识的一种表达，这类信息在人类所认知的思维体系中是最基本的构筑单位。概念反映的是客观事物的一般的、本质的特征。人类在认识客观世界的过程中，把所感觉到的事物的共同特点抽出来加以概括就成为概念，如动物、植物、山川、河流等等。名称是以命名方式对客体或客体类别做出一致性言语反应的结果，如矮牵牛、袖珍字典、白马等等。究其本质二者是一样的，差别在于在日常的理解中名称多用于实指，概念有时候指向务虚的存在。

概念可以是大众公认的，也可以是某一特定领域的人员认知的特有的一部分，这部分可以称为术语，也叫专业术语。中小学课程中的"解词"，以及大学专业课程中的名词"解释"，都属于这类知识。

2. 事实或命题

事情的真实情况用文字表达出来即为事实。树木每经历春、夏、秋、冬四季就形成一个年轮；秦始皇统一六国时间为公元前 221 年；中国古代有四大发明——造纸术、指南针、火药、印刷术。

概念所指涉的事物之间有一套固有的关系，这种关系用概念和联结词表征出来，即为命题。在现代学术中，命题被定义为一个判断句的语义，表达的是概念之间的逻辑关系，这个关系是可以被观察并验证的现象。命题和事实本质上是表示两个或多个有名字的客体或事件之间关系的言语描述。如"这本书有蓝色封面"，客体为"书"和"蓝色封面"，关系是"有"；根据欧姆定律，导体中电流等于电压与电阻之比，即电流（I）=电压（U）/电阻（R），这里所表达的是电流、电压和电阻三者之间的关系。当命题以符号的形式表达出来，即为公式，如最著名的质能方程 $E=mc^2$。该方程主要用来解释核变反应中的质量亏损和计算高能物理中粒子的能量。

3. 知识群

知识群是指由相互联系的命题或事实构成的更大知识体系。人们把庞大的知识群划分为文学、历史学、哲学、理学、工学、农学、医学、教育学、经济学、法学、军事学、管理学、艺术学和交叉学科，共 14 大门类。

言语信息也称为"陈述性知识"，是能用言语陈述的事实、概括性知识和有组织的知识。在学校教学环境中，言语信息类知识主要以教师的言语讲授和教科书的文字形式传授给学生，有时也可通过"看图说话"的方式把图片内容转化为言语信息，此外，道听途说、交流讨论、广泛阅读都是习得言语信息类知识的有效途径。

言语信息习得的表现是，学习者能用语句把所学的内容表达出来。常用口头表达、默写、识记、填空的方式考查学习者的掌握情况。如果学生仅能复述"空气、氮气、氧气"，这尚不能说明他已经学会了这方面的言语信息，当他能说"空气是地球周围的气体。它分层覆盖在地球表面，透明且无色无味，主要由氮气和氧气组成。大气层次不同，成分有差异。对流层位于大气圈底部，人类生活在其中，主要包括四种主要气体，其中氮气约78%、氧气约21%、氩气约0.9%、二氧化碳略高于万分之三"时，我们则认为学生掌握了"空气"这一知识点的主要内容，因为这是个有意义的句子，即合理的事实。

（二）掌握言语信息的重要性

第一，它是进一步学习的先决条件，是培养智力技能的基础。如学习教育学的基本原理，需初步理解关于教育、学习、心理、知识等概念的含义，在讲解如何运用教学原则之前，教科书或教师讲课就得先呈现和复习这些相关知识。所有专业、所有的课程都是如此，如同建筑高楼大厦的基本材料，如砖、瓦、水泥、钢筋等。

第二，言语信息与人们的生活密切相关。日常生活中，每个人都需要掌握一些常用事物的名称，知道一些地区、城市和国家的位置，记住一些特殊事件发生的时间，等等。各种专业人员所记住和使用的言语信息（或称专业术语）的量和范围与其职业有关，如话务员能记住本市重要部门的电话号码。作为学校，则力图向学生提供最基本的实用言语信息。

第三，有组织的言语信息构成一个领域的基本知识，是思维的基本素材。当一个人试图解决问题时，他就会"想到"许多有关的事物，从记忆中提取与当前要解决问题某方面相关的知识，运用这些概念、命题和逻辑，寻找解决问题的方法。

（三）在教学时要注意的方面

学生需要学习特定的言语信息，才能继续学习某一主题或学科。许多言语信息对个体是终身有用的，为了进行有效的社会交流，所有人都需要知道字母、数字和常见物体的名称，以及有关他们自身和环境的大量事实。

教师进行教学设计时常碰到一个问题，区分重要的言语信息和不太重要的言语信息，教师和培训者应确保每个学生都学到重要信息，习惯上称为"知识点""重点"。在教学设计时，针对言语信息类知识，要注意以下几个方面。

1. 变化语言和字体，突出信息的重要特征

为了把学生的注意力引向信息的重要点，教师讲课时应提高语调和音量，对关键的概念或术语施加重音。间或给学生"这很重要"之类的提示语，或伴以动作、体态语、板书和图表等。书面材料中，可运用变化字体、色彩、版式，以及画波浪线等技巧，或配以图表突出重要内容，伴以醒目的形式，力求突出重点。

2. 呈现的信息应便于组织

心理学的研究表明，短时记忆一次只能储存 5～9 个组块，学习者必须运用组织和复述技巧，将多个信息单位组织成组块，使之保持在短时记忆中，以便后面工作记忆区的加工。比如记忆常见元素的化合价，对于多数学生来说，由于元素较多，记得这个忘了那个或者记忆混乱的现象是很常见的。

在教学过程中，教学内容的信息量通常都远远大于短时记忆的容量，此时，教师的指导技巧就显得异常必要。有经验的教师善于把这些本无联系的信息单位联系起来，组织成顺口溜或者打油诗，降低学习者的记忆负荷。例如，有教师把常见元素的化合价编制成如下的句子：

　　一价氯氢钾钠银，二价氧钡钙镁锌，三铝四硅五价磷，谈变价也不难，二三铁二四碳，二四六硫都齐全……

再如，中国的历史朝代歌，也是用了同样的策略：

　　　　三皇五帝始，尧舜禹相传。
　　　　夏商与西周，东周分两段。
　　　　春秋和战国，一统秦两汉。
　　　　三分魏蜀吴，二晋前后延。
　　　　南北朝并立，隋唐五代传。
　　　　宋元明清后，皇朝至此完。

另外，教学中运用短句是强化短时记忆的有效方法。在理解长句时，学习者首先可以从记住长句的句首入手。总之，言语信息的学习任务通常可以运用"组织策略"使之简化，便于记忆。

3. 提供有意义的情境促进有效编码

如果言语信息对学习者没什么意义，那么即使他看到或听到信息，记忆起来也比较困难。如果没有适当的情境，就无法通过有意义学习获得，因为情境起着促进编码的作用，在言语信息的学习中极为重要。提供有意义的情境的方法有很多，可根据所学信息的特点选择采用。

1）事物的有意识关联

把要记的单词组成有意义的句子，例如：记"狮子吃掉斑马"比只记"狮子和斑马"要容易；将"非洲的尼罗河、南美洲的亚马孙河、中国的长江，是世界三大河流"编码成"非罗南马过长江",就比较容易被学生记住。

2)先行组织者

在学习言语信息之前,可以先激活学习者原有的相关信息,或为之提供新知识的上位框架,作为新学知识的引导性材料。例如,学生已学的锐角三角函数的知识被用作学习任意角三角函数的先行组织者。新的知识既被归入一个更大的知识框架中,又与之有区别。

认知心理学表明,单一性事实和概括性的知识,如果和包摄性较强的有意义的知识框架相联系,就更容易被习得和保持。提纲、概念关系图和社会日常经验,都是很有效的先行组织者。

3)心像辅助记忆

用空间想象使学生识记事物,让学生闭目在意识中构造关于事物的心像。如学习太阳系行星位置和运行轨迹,让学生产生各行星的位置心像图。分子的内部结构、电子云、电子在不同能级轨道间的跃迁、波的运动等各种宏观和微观层面的图景,都需要学生运用心像加速对知识的认识和把握。

借助于形象、联想及感觉来组织学到的知识,更易于记忆和掌握新知识。大多数人在阅读之后,所获得的知识往往并不会深深地镌刻在脑海中,很大一部分将随着时间的推移而变得模糊,最后只留下一些零散的信息片段,而转化成心像的信息记忆相对持久。人们观看影视作品,对其中一些人物形成的记忆痕迹,属于比较典型的心象,记忆比较牢固。教学实践中,学生通常对演示实验、挂图、示意图的印象比较深刻。教学设计时,帮助学生把事实性知识描画出具体形象,在潜意识中构建出一个多维的心象记忆图,将相关知识信息有机地衔接起来。

4)关键词法

学生阶段,时间有限,而需要记忆的内容却比较多,大脑在一定时间内可以负担的记忆量实际上是有限的,超负荷会破坏大脑的保护性抑制,影响大脑的生理机能,引起极大的不适感。要想记住大量的东西,好的办法是设法将记忆内容简化,减轻大脑的记忆负担。

教学设计过程中,最好能把需要记住的复杂的言语信息简化,抽取出关键词,组成线索。以《简明中国教育史》教材上"孔子的教学思想"部分的内容为例:

(五)关于教学思想

第一,因材施教。主要解决教学中统一要求与个别差异的矛盾。关键是对学生要有深刻全面的了解,准确地掌握学生的特点……

第二,启发诱导。主要解决发挥教师的主导作用和调动学生积极性的矛盾……

第三，学思并重。主要解决学习与思考，或掌握知识与发展思维的矛盾……

第四，由博返约。主要解决教学的广度与深度的矛盾，或者解决知识的广博与专一的矛盾……

该部分内容主要为言语信息类知识，为了记住这些内容，有学习者将该部分内容抽取为四个关键词：因材施教、启发诱导、学思并重、由博返约。继而再从每个关键词中抽取一个字，组织成"因启学博"，再进一步将其编成一句话："因为受到孔子的启发，所以要继续学习，拿个博士学位。"需要的时候，只要反推即可有助于回忆起主要的内容来。这种做法，不一定适合所有的学习者，每个人可以根据自己的情况，抽取不同关键字，组织成对自己有意义的句子，这样有助于记忆。

5）为有效检索和概括提供指导

信息的检索、提取与迁移，都受到学习初始阶段的外部事件的影响。有一点很重要，那就是提供检索线索有助于学习者产生回忆。如学生先学习酒精对人体的生理影响，稍后，他们将学习和回忆其他药物的生理影响。教师在一开始呈现事实时就应该提供帮助记忆的线索，包括讨论各种不同的影响以及其他药物所产生的影响与酒精影响之异同。初学信息的线索还有助于信息的概括，即将其迁移至新的学习或运用情景之中。

二、智力技能

智力技能作为一种学习结果，是指运用概念和规则对外办事的能力。智力技能构成了正规教育最普遍的结构，包括从低年级的应用题到高级工程学等科学技能。人们在实践中认识到事物的内在联系，得出一般性知识。这样的知识原先作为命题知识被储存在人的记忆中，属于言语信息。但如果经过一定的练习，使这类言语信息以产生式的形式表征，那么原先言语信息就转化成人们的办事规则，当规则支配人们的行为时，规则就转化成做事的技能。

（一）智力技能的内涵及其亚类

学习一种智力技能，意味着学习如何做一种智力性的事情。所学的内容也称为程序性知识，它与言语信息不同。如学会根据字数和韵脚辨别诗词的格律或词牌，是一种智力技能；而记住诗词的内容却是言语信息。学习者既可先学其一，也可两者同时学会，重要的区别在于学会"如何"，还是学会"什么"。还有，学习了比喻并能运用时，这种技能有利于他学习更复杂的智力技能，如写描述性句子、描写景物与事件，甚至写作散文等。要了解学习者是否学会了这项技能，就得观察学习者的行为表现，如让学生举例回答什么是因材施教的原则。

人们用语言、数字以及其他符号代表周围的事物，词汇代表事物与别的事物之间的关系。数字代表事物的数量，有些符号代表这些数量之间的关系，比如：$I=U/R$ 代表电流、电压和电阻三者之间的关系。还有些符号如线条、箭头等则用来表示空间关系。人们通过运用这些符号与别人交流自己的体验，运用符号也是人们记忆、思考周围世界最主要的方法之一。在学校教育中，智力技能类的知识占据主导部分，如数学中的应用题、物理学中各种物理量之间的关系（图3-1）。

■ 例3 孙亮看《十万个为什么》这本书，每天看24页，15天看完，如果每天看36页，几天就可以看完？

解 书的页数一定，每天看的页数与需要的天数成反比例关系
设X天可以看完，就有
$$24:36=X:15$$
$$36X=24\times15$$
$$X=10$$

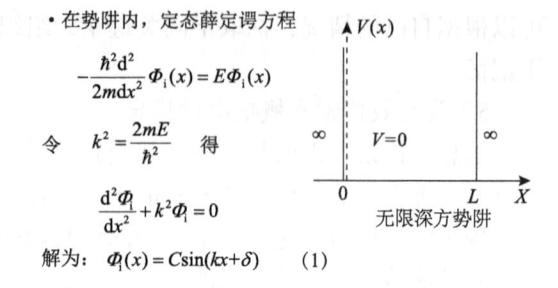

答：10天就可以看完。

· 在势阱内，定态薛定谔方程
$$-\frac{\hbar^2}{2m}\frac{d^2}{dx^2}\Phi_i(x)=E\Phi_i(x)$$
令 $k^2=\frac{2mE}{\hbar^2}$ 得
$$\frac{d^2\Phi_i}{dx^2}+k^2\Phi_i=0$$
解为：$\Phi_i(x)=C\sin(kx+\delta)$ (1)

无限深方势阱

图3-1 数学应用题和物理学方程

在学校教育中，对于绝大部分学习内容，学生都不是在操作实际的事物，而是运用符号表征事物之间的关系，并通过操作符号解决各类问题。按照复杂程度，智力技能可分为辨别、形成概念、规则、高级规则四个亚类，它们之间的层次关系如图3-2所示。

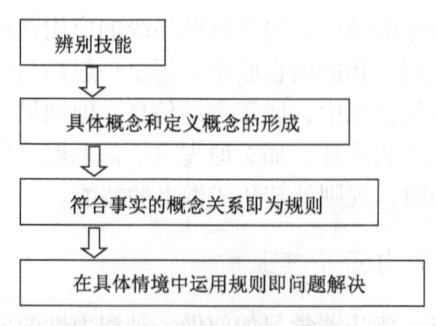

辨别技能
↓
具体概念和定义概念的形成
↓
符合事实的概念关系即为规则
↓
在具体情境中运用规则即问题解决

图3-2 智力技能的层次与关系

学习者面临一个新问题时，比如做一道数学应用题，首先必须辨别并理解题目中所使用的概念及其意义，继而探索问题空间；然后，调用记忆中可用的基本规则，根据问题的复杂程度，可能需要把若干基本规则结合在一起，组成一组高

级规则，最终解决问题。

学习智力技能中的每一项，都以先前学习的一种或多种较简单的技能为前提，带有明显的层次关系。

1. 辨别

辨别是一种基本技能，指的是对几个不同的刺激物做出不同的反应的能力，即在一个或更多的物理或感觉维度上觉察出刺激差异的性能。最简单的例子是，说出两个物体的异同。辨别在低年级教学中占相当的比重，通常是教学的常备部分，如正数和负数、电压和电流、功和能。

虽然属于简单技能，但并非只限于儿童或日常领域。例如，高等教育中，地理专业的学生辨别不同性质的岩石标本，哲学专业的学生辨别范畴，美术专业的学生辨别色彩，音乐专业的学生辨别音符等等。在工业上需要辨别木材、金属、纺织品、纸张、印刷形式等等。学习辨别技能的重要性在于，它是学习其他技能的一个必要前提。生活中，人们无时无刻不在辨别周围的事物，并根据它们的差别选择合适的应对措施。

2. 形成概念

形成概念是指在一系列事物中找出共同特征，并给同类事物赋予同一名称的一种技能。形成概念包括两类：习得具体概念和理解定义概念。

具体概念指的是概括具体事物的本质和属性，如质地、颜色、形状或时空位置。例如，让学生指出几个有共同属性或位置关系的物体，可判断他是否学会了具体概念。硬币、轮胎和一轮满月，它们相同的属性是圆，进一步描述圆的规定：平面内，到定点距离等于定长的点的集合。

掌握辨别技能是概念学习的基础，因为只有辨别事物间的特征，才能发现事物的共性和差异。辨别与概念的区别是显而易见的：前者是对不同的事物做出反应；后者则是以名称或别的方法来确定事物，即学习者能辨认一类事物的属性。识别具体概念的能力是较复杂学习的基础。具体概念是抽象复杂概念学习的先决条件。

人们熟知的抽象概念，加涅称之为定义概念。有些事物及其性质和关系需要用定义来表示。当学习者能用定义说明某事物及其关系时，他就已经学会了定义概念。例如"功"这个概念，必须通过其他概念来定义获得，它需要以词语定义为参照，并假设学生已经理解了力、距离等概念。定义与记住言语信息是不同的。

此外，还有许多定义概念无法像具体概念那样具体实在，无法根据其物理属性得到识别，如勇敢、正义、光荣、资本等。

在解释定义概念时，学习者首先得明确定义中词语的含义及其相互关系，才能正确解释它。等学习者能正确解释定义时，才能认为他学会了定义概念。例如，中学物理课中"质量"可以解释为在外力作用下决定物体加速度大小的物理量，力（F）=质量（m）×加速度（a）。解释这个概念时，首先应明确在相同外力作用下，不同质量的物体产生不同的加速度。解释定义远非只是复述定义的词句，对概念的应用超越对其定义的回忆。

概念学习是要使学习者真正懂得定义而不只是记住一组文字。为避免学习者只是背诵定义而不解其意，应该对定义中各概念及其相互关系进行提问。

3. 规则

规则是揭示两个或更多概念之间关系的一种言语表达。规则也可以是一个定律、一条原理或一套已确定的程序。例如，"句子第一个词的首字母须大写"是英语语法的一条规则；"长方形的面积等于长乘宽"是一条定律。

使用规则是一种习得能力，它使人能用符号来做事。人们解决问题，本质上是运用一系列规则。规则使学习者能对某一类事物做出同一类的反应，即规则支配的行为，能把这种规则推广运用到整个同类事物上。

运用规则与陈述规则是不同的，后者仅是言语信息的学习结果。然而，能运用规则并非一定能说出规则。例如，儿童早在学习语法规则之前就会口头造句，但是他说不出语法规则。同样地，能够陈述规则也不意味着学习者能够应用规则，如教育系的学生学习了许多教学理论，并能说出这些规则，但是对于教学中的具体问题并不一定能够解决。

4. 高级规则（问题解决）

高级规则的学习，也称为问题解决，是由简单的规则组合在一起，用来解决一个或一类问题的复杂的规则。高级规则具有广泛的应用性，是学习者在解决问题过程中思维的产物。

培养学生解决问题的能力，是教育的主要目标之一。学生在试图解决某一问题时，可能把属于不同范围的多个规则结合在一起，组成一条能解决问题的高级规则。当学习者能把解决问题的方法应用于其他类似的问题时，他也学会了一种或一套新的智力技能，如图 3-3 所示。

智力技能类的知识，无论其复杂程度如何，几乎都包括上述各亚类的内容，从辨别、形成概念、规则到高级规则，它们具有一定的层级关系，高层级的内容对低层级的内容具有依存性。掌握好较低层级的简单的智力技能，是学习高层级复杂智力技能的先决条件。就智力技能的学习来说，合理编排教学内容的顺序具有重大意义。

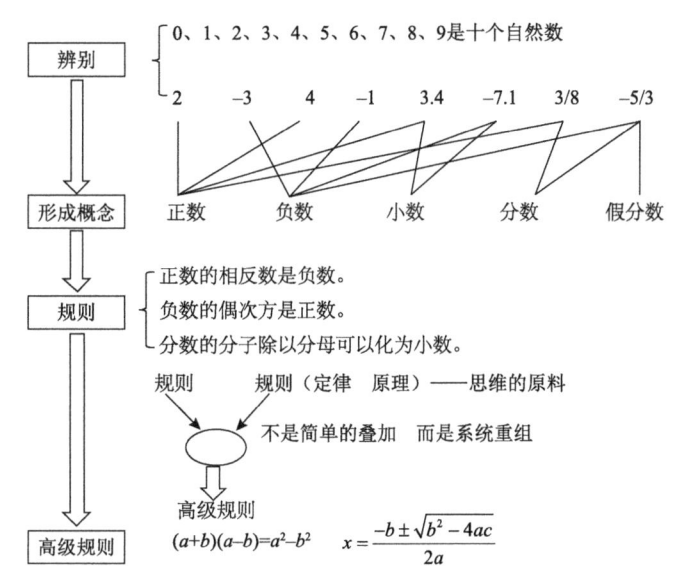

```
辨别 ──┬─ 0、1、2、3、4、5、6、7、8、9是十个自然数
       │
       └─ 2   -3   4   -1   3.4   -7.1   3/8   -5/3

形成概念 ── 正数   负数   小数   分数   假分数

规则 ──┬─ 正数的相反数是负数。
       ├─ 负数的偶次方是正数。
       └─ 分数的分子除以分母可以化为小数。

    规则    规则（定律 原理）——思维的原料
       ↘  ↙
        ○   不是简单的叠加 而是系统重组
        ↓↓
高级规则   高级规则
          $(a+b)(a-b)=a^2-b^2$   $x=\dfrac{-b\pm\sqrt{b^2-4ac}}{2a}$
```

图 3-3 智力技能的亚类的层级关系示例

（二）掌握智力技能的教育意义

智力技能构成了学校学习的大部分内容，仅从这个事实来看，智力技能的学习在教育方面显然极具重要性。智力技能中的规则，几乎是人理解这个世界的根本知识，缺乏这类知识，人则无以为人。

学习者学会了一个规则，那么，他们能够进行的动作就叫作受规则控制的行为。受规则控制的行为不同于比较简单的那些动作范畴，它表现为学习者用一类反应对个别的具体的刺激做出反应的能力。例如，不管驾驶员驾驶的是什么样的运载工具，都能够通过运用交通规则控制驾驶的车辆，如对红色信号灯做出停驶的反应，而不论红色的是圆灯还是箭头。人类运用规则的行为，远远超出了其他动物本能行为的适应范围。

教育必须承认言语信息在学习新规则方面的重要作用，切不可一味地强调"学以致用"或者"实用"。多数学习是通过阅读印在教科书和其他材料上的言语陈述来完成的，这些言语陈述传递了即将被学习的规则，而且，它们常常构成了学习的第一步，特别在作为该陈述组成部分的那些概念早就学会的时候，更是如此。如果这些概念已经学会，对于学习一个新规则来说，这一陈述将成为一种有效的信息。如果在学了新规则之后，跟随一个举例以说明该规则，我们就能够推断，学习者能把这个规则运用于一个或数个特定情境的动作，智力技能的学习已经发生了。

学校的许多学习内容都是智力技能。可以把学习一门课程的一个论题或一个部分看作是一个等级，在这个等级中，那些最复杂的规则要求学会一些比较简单的规则，作为充分地学会这些最复杂规则的前提条件。这些比较简单的规则又要求学会一些更简单的规则，其中包括一些定义的概念，而它们可能又要以过去已学会的一些具体概念为基础。尽管这样的分析能够从理论上揭示一些基础的鉴别作用，但这样做往往是无益的，因为人们通常假定，学生们或许在低年级时就已经学会了这些智力技能，对教师而言，至此就够了。

学习的等级意味着学习具有渐增的特性，一个特定规则的获得，有可能迁移到许多更为复杂的高级规则的学习中去。由于有了这种迁移的特性，所以从多方面的意义来说，每学会一个新的智力技能就增加了个人的智慧力量。学会了的那些特定规则使人们有可能学习其他一些更为复杂的规则，而这些规则是具有越来越综合的可用性的。人类智力的发展是由于学习了许多特定的智力技能，而它们又将参与其他更为复杂、更为综合的智力技能的学习。渐增的学习最终要导致能力的形成，这些能力将使个人有可能解决极其多样的新颖的问题。

（三）在教学时要注意的方面

智力技能的习得，离不开言语信息的学习，言语信息是学习者运用智力技能的知识基础，但是，对智力技能内容的教学不同于言语信息。在教学设计时，针对智力技能类知识，要注意以下几个方面。

1. 刺激回忆先前学习的技能

任何一种智力技能都可以分解为更简单的技能，这些被分解出来的简单技能称为先决技能。理论上，简单技能本身还可以再分解为更简单的技能。先决智力技能指那些对迅速流畅地学习新技能十分关键的技能。如骑自行车是学习骑摩托车的先决技能，驾驶中小型车辆是驾驶大型车辆的先决技能。先决技能与其上位技能有机地联系在一起，如果学生没有获得先决技能，那么后面的技能就不能获得，如规定：A1、A2 驾驶证不能直接报考，需要先取得 B 驾驶证。这种逐步分解的结果，称为学习的层级。

为了组成复杂的技能，各从属技能必须提取到工作记忆之中。对于回忆更为复杂的技能，学生需做些与之相关的准备性练习。

2. 提供重组技能的言语指导

一旦从属技能被提取，教师应立即给予有关组合技能的言语指导。提示的程度视技能的复杂程度和学习的水平而定，有时候学生不需要提示或只需要一点暗示。如果没有提示，那就是"发现学习"。

虽然发现学习是自然发生的，但在学生解决问题的过程中，教师可以通过将解决方法转化为暗示形式来帮助学生，教师的一个手势、一个眼神、一个方向性指导等，都可以给处于思索中的学习者启迪。有指导的发现使教学效率更高，避免学生陷入误区。

3. 安排经常性练习和定期复习

虽然有些智力技能如规则和概念可以很快学会，但在具体情境中提取时可能比较困难。当学生想不起某些学习过的技能时，教师应给予必要的线索，并安排经常性的练习和复习，以巩固所学习的智力技能，提高学生运用技能的速度和效率，使之达到自动化程度。

有研究认为，有些非常重要的知识和技能会超越记忆，直接进入本能，即使极端健忘的情况下也会出现类似本能的表现，似乎不需要大脑搜索过程就能恰当地行动。在教育的层面，并不主张达到这个程度，但是，经常性练习和定期复习，让大脑与知识多次重逢，是增加记忆、对抗遗忘的有效方法。

为了应对激烈的考试竞争，师生们在长期的教学实践中采用大量刷题的学习方法。这被不少人批评为题海战术。尽管备受指责，但人们依然采用，足见其有用性。

4. 注意规则与该规则的言语描述之间的差别

需要强调的是，个人可以在不学习这种陈述的情况下学会一个规则运用，因为这种陈述可以作为规则学习的一种提示而加以利用。在学习者不能用言语来描述这个陈述或不能回忆规则的言语陈述的情况下，他可能也能够运用这一规则。当一个人在写作过程中正确地在以 ing 结尾的单词后面再缀上 ing 时，他很可能并不能回忆起这个规则的言语陈述，虽然当初他是把这个规则作为言语信息来加以学习的。规则在被应用时，表现为使用者的一种能力，但规则的言语陈述却从使用者的记忆中消失了，这种情况也是常有的，这也是有些学者不一定适合做教师的原因。

此外，在教学实践中，有个别教师要求学生背诵数理化学科的公式，这种教法的错误之处在于，混淆了规则与该规则的言语描述之间的差别。

三、认知策略

认知策略作为一种学习结果，是指学习者学习之后用来调节自己的注意、记忆和思维等内部过程的技能。学习者在学习的过程中也在发展一些方法，以改善自己学习的内部过程，对自我学习的心境进行调节。换言之，他们在学习如何学习、如何记忆，进行反省思维和分析思维，以便将来更好地学习。学校教育越来越强调学习者自学和独立学习的能力，从知识的视角来看，这种能力的养成可以看作是认知策略类知识学习的结果。可以设想，这是由于学习者获得了越来越多的控制他们自己内部过程的实际技能。

（一）认知策略的内涵及其亚类

学生的认知策略指挥个体的意识对各种刺激物予以注意，对学习的事物进行选择和编码，对已经学习的内容进行检索。认知策略分为以下几个亚类。

1. 精加工策略

精加工策略是通过对学习材料进行深入细致的分析、加工，领会其内在的深层意义，以有助于理解和记忆的一种策略。学习者运用该策略，有意识地把要学习的内容与已学的内容联系起来，精心地将要学习的知识与其他比较容易提取的材料联系起来。精加工策略旨在建立信息间的联系，联系越多，能回忆出信息原貌的途径就越多，即提取的线索就越多。

精加工越深入、越细致，回忆就越容易。如对于比较复杂的知识群的学习，精加工策略有概括大意、总结要点、建立类比、用自己的话做解释、提问以及回答问题等策略。在学习外语词汇时，通过心像把外语单词与母语中的对等词建立声音联系。

在教学实践中，师生总结出很多行之有效的精加工策略。例如类比策略，根据两个对象在某些属性上的相似点进行类推。运用类比，抽象的内容可以具体化、形象化，陌生的东西可以转化为熟悉的东西，晦涩的道理可以简明地表达出来。又如扩展策略，对知识进行扩展，是深化理解、增加知识广度的重要途径，扩展后的知识具有更丰富的外延，更易与有关知识经验连接起来。

2. 组织策略

零散的知识点不利于学习记忆，学习者运用组织策略把学习材料组成框架结构，即根据知识和经验之间的关系，对学习材料进行系统、有序的分类、整理与概括，使之结构化。与精加工策略相比，组织策略更侧重于对学习材料的内在联系的建构，更适用于那些需要深入理解与思考才能把握内在深层意义的学习材料。如把要学的单词编成语句，用图表示事实之间的关系，运用比较、汇总、描述等策略对文章进行分段、概括大意。

有效组织是学习和记忆新知识的重要手段，该策略将学习材料置于适当的类别之中，消除孤立的信息单元，使每项信息和其他信息联系在一起。许多研究表明，组织有序的材料比杂乱无章的材料易学易记。日常生活中，大学生使用某种分类逻辑，将个人宿舍物品有组织地摆放，如分别归入学习用品、衣物、日用品、化妆品、玩具等等，这些东西就会变得条理清晰，学生容易记住、容易找到。

教学实践中师生总结出的组织策略有：列提纲——用简要的语词写下主要和次要的观点，旨在把握学习材料的纲目、要点及其内在联系；画图形——先提炼出主要知识点，然后识别这些知识点之间的关系，再用图来标明这些知识点之间的联系；列表——对材料进行全面综合的分析，抽取主要信息，从一个角度将这些信息全部列出来，来反映材料的原貌；等等。

3. 元认知策略

元认知策略又称为超认知策略，是个体关于自己认知过程的知识和调节这些过程的能力。元认知策略是一种典型的学习策略，学习者设置学习目标、评估成就、选择学习策略，元认知策略控制着信息的流程，监控和指导认知过程的进行，并对个体的认知过程及结果进行有效监视及控制。元认知策略大致可分为以下三种：计划策略、监控策略和调节策略。

计划策略是根据学习目标，在一项学习之前制订学习计划，预计结果、选择策略并预计其有效性，包括设置学习目标、阅读材料、记录困难的问题，以及分析如何完成学习任务等。

监控策略是在学习过程中，根据设定的学习计划，及时发现不利于学习的因素和行为，估计自己达到学习目标的程度，自我判断学习的效率和效果，对自己的认知过程加以跟踪，对学习内容进行自我提问，监视自己的行动速度，留意所使用时间等。

调节策略是根据上述监控过程，对发现的问题采取相应的补救措施；或者根据对认知策略的效果的检查，及时修正、调整认知策略。

4. 情感策略

学习者运用情感策略可以集中和保持注意力、控制焦虑、有效地利用时间等。学习者通过运用积极情感调节认知过程，减少焦虑，改善学习过程。情感具有传染和暗示作用，轻松愉快的气氛会使学习者的负面的情感被过滤或弱化。教师运用情感策略将学习者的情感状态调节和保持在一种乐观、积极、上进的心态上，有利于提升学习的效率和效果。

在学习过程中，学习者要学会自我疏导，充分调动学习的积极性和主动性，提醒自己不能骄傲自满，遭到失败时要自我鼓励。崇尚知识渊博的人、尊重知识、善待学习用品、遵守学校规定等等，都有助于学生提升学习的品质。

认知策略构成了学习活动中"执行监控"的成分。与智力技能相比较，认知策略是通过影响学习的内部加工方式来对学习者的活动做出调节的，因而，实际上它是对内的，智力技能则是对外的。我们经常说的学会如何学习、学会如何思维，这是对认知策略提出的要求。在问题解决和问题发现中，都会不同程度地涉及认知策略。显然，认知策略与智力技能不同，它的客体是学习者自身，即以学习者对自己的认知过程为调控对象。毫无疑问，学习者的认知策略对整个学习过程的影响是决定性的，因为认知策略决定它的学习准备状态、回忆和利用先前知识的效果，以及思维的敏捷程度。

（二）掌握认知策略的教育意义

认知策略的普遍意义在于改善学习的质量。每个人都有自己独特的注意策略、记忆策略和思维策略。相比较而言，有些人掌握的策略看来比另外一些人的策略要好些，因为他们学习的品质和结果会好些，或快些或深刻些。掌握认知策略意味着"学会学习"，有利于学习者充分发挥自身的潜能。

关于如何安排学习条件才能让学生学到有效的认知策略，我们知道得还不够。因为人们还没有识别和验证某些认知策略是否具有普适性，认知策略本身往往比所描述的要复杂得多。学习者认知策略改进的速度似乎也是长时期的，它不是几天、几周或几个月所能全部学到的。

认知策略最重要的意义并不是能否学会处理问题，而是作为人类的才能，学生能否控制自我、调整自我以应对新的问题情境。通过特定的认知策略，学习者能够成为一个较好的问题解决者，学习者思维的效率和质量能够得到改善，使学习者成为对每一类问题如个人问题、社会问题、环境问题、政治问题以及数学和逻辑问题都能较好解决的思维者。

学校教育在人的一生中只占据很小的一部分，属于前端教育，在漫长的一生中个体需要不断地自学各种知识和技能，因此，学会学习是一个非常重要的教育目的。如果说存在着一些分歧的话，那也是在这个目标能否实现方面。有些人倾向于认为，思维品质是先天的，虽然这些思维能力必然受到那些为创造思维提供动机和机会的环境事件的影响。另一些人认为，学生如何思维是可以教的，在经过一段时间之后使他们成为优秀的问题解决者是容易做到的。

从学校教育的角度来说，先天的条件固然重要，但是后天的教育也是必需的。教学设计把认知策略当作知识，主张可以通过学习而获得，方法是使学生认识到这些策略的内涵，为他们提供练习使用这些策略的机会。

（三）在教学时要注意的方面

认知策略是学习者内部的特性表现，教学只能间接地影响它的习得与提高，而无法直接干预和监控它。下面这些必要的学习条件对认知策略的习得是有益的。

1. 说明和示范学习策略

那些与智力技能相关的学习内容较易于理解和掌握,可通过直接的教学活动来获得,而认知策略与之不同,一些控制认知过程的执行策略或元认知策略,如学习者设定自己的学习目标、控制自己的注意力、监控自己的情绪、解决问题之后自我反思等,并非像智力技能那样可在短时间直接习得,而是需要经过长时间才能养成的。认知策略的养成在人后期的发展中起着重要作用。

教师在上课的过程中,可以给学生说明某类知识的学习方法,并示范内部操作的过程,给学生以启示和范例。如某语文教师告诉学生,自己上学的时候是如何快速记诵课文的:"晚上,躺在床上,关上灯,闭着眼睛,回忆课文的内容,用内部语言读课文。"作为教师,这时要注意三个问题:一是自己的策略不一定适合学生,允许学生不接受自己的策略;二是自己的策略非常可能是后期经过加工改造的,并非自己真实的做法;三是要意识到存在部分学生在智商和学习方法方面远超过自己的情况,如果时间允许,可以让学生示范自己的学习策略,供其他同学参考。

每个人的天赋不同,个人经历不同,对学习过程的体验有很大的差别,此时,教师可以开诚布公地说明自己的经验,也尽量客观科学地评价学生的认知策略,接受和认可学生做法的合理性,真正做到教学相长。

学生在学习过程中常常伴有认知策略的改善,必要的言语提醒、示范和解释是非常必要的。心理学家马丁·科温顿(Martin V. Covington)等于1996年编著的《创造性思维教程》(*Productive Thinking Program*)一书中,示范了一套指导学生创造性解决问题的策略。在描述一个侦探性故事的同时,向学习者逐一提供有关策略的文字解释:①注意作者是如何提出自己观点的;②如何从不同的角度看问题;③如何自设问题;④如何发现有用的线索;⑤如何抓住问题的关键。学生既是"运动员"又是"教练",通过问题的解决,进行自我训练。实验结果表明,这批学生认知策略水平大有提高。

2. 提供练习机会

学习者掌握认知策略的关键在于经常性运用认知策略,在实践中把握认知策略的真谛,而不是仅仅记住认知策略的文字描述。只有经过多种新问题的挑战,才能使学生体会到运用新认知策略的益处。道理很简单,每一种新认知策略的使用,都需要学习者付出更多的时间和精力成本,并且并不一定有立竿见影的效果。由于打破了学习者原有的认知习惯,会增加学习者的紧张和不安,很多学生不敢轻易尝试新的认知策略,而宁愿使用自己最习惯、最熟悉的方式学习。

我们不能期望短时间内一个学业成绩平平的孩子模仿优秀学生做事,会取得期待的效果,这是因为,学习发生在学习者头脑内部,学习者的表面行为看起来一样，但内部的认知过程未必相同。同时，我们也有理由相信，借鉴和采用有效的认知策略会改善学习者的学习效率，这种改善必须建立在学习者切实体会到新认知策略优越性的前提之下。在教学过程中，给学习者提供使用新认知策略的机会，学习者熟练之后，可以降低在注意力上的分配比例，把更多的精力投入到内容的学习上。

3. 为策略的运用提供反馈信息

反馈是认知策略学习的重要条件，可以如实地反映认知策略的使用效果，激发元认知策略适时介入。在教学实践中，学习者之间会相互学习彼此的学习经验和做法，比如，知道其他同学睡得很晚或者在某个辅导班学习，有些同学可能也会去模仿，作为教师，要适时提醒学生慎重模仿别人的方法，认知策略是个性化的，不具有普适性。

教师的及时反馈可以增强元认知意识和元认知水平，提醒学习者根据不同学习任务和不同学习阶段，选择和调整学习策略，提高学习的效果和效率，有效培养学生的元认知能力。认知策略的学习是一个长期的、逐步变化发展的过程，学生先进行观察与学习，然后模仿、尝试，再进行自我反思与控制，最后实现自觉、习惯化。这个过程中，教师所提供的反馈非常关键，属于元认知策略的指导，这种指导旨在让学生真正成为思维的主人，掌握终身受益的"渔"本领。

四、态度

作为一种学习结果，态度指一种习得的、影响个体对某事物、人或事件的行为选择的内部状态。态度是可以从个体行为中观察、推论出来的，是行为的倾向而不是行为本身，可以放大或弱化个人对外界反应的程度。

（一）态度的内涵及其功能

态度受三个因素的影响：情感（affect）、行为意向（behavior tendency）、认知（cognition），即态度的 ABC 结构。情感因素是指个人对态度对象的情感体验，包括亲近意向、尊重感和自然爱慕，或者完全相反的体验；行为意向因素是指个人对态度对象的反应倾向或行为的准备状态；认知因素是指个人对态度对象带有评价意义的认识，包括个人对态度对象的感觉、理解、信任度等。态度具有以下四个方面的功能。

1. 工具性功能

这种功能使得人们寻求他人的认可和赞许，通过形成与他人要求一致的态度，避免不被认可的态度，以备未来获取更大的利益。在求人办事的时候，求人者会无意识地应答"好的""行""可以"之类的话语。孩子们想获得父母支持时，他们的态度表现出工具性功能的特点。学生在老师面前表现得顺从、听话，也会博得老师的关注和好感，有望使未来的学习过程更加顺利。

2. 认知功能

态度能给个体处理外部事件的行为方式提供必要的信念，以利于保持清醒的意识状态，将行为导向更为接近目标的方向，此时态度充当图式和心理框架的作用。如一个学生非常认可任课教师，认可该教师所讲授的课程，正所谓亲其师信其道，学生行为具有向师性，融洽的师生关系就此建立，就会相信这位教师所讲的规范和道理，会遵从其管理，此种情况下学习的效率、效果会得到提升。

3. 自我防御功能

态度是在社会生活中经过一定的体验后积累经验形成的，具有社会性，对社会环境保持着警觉。过往的生活事实所给予的反馈对个体态度的形成和发展有重要作用。智力水平高、学业成绩较好的学习者，在面对教学的各种变化，如更换班主任，改革考试方案，调换学校、班级、座位等时，就很容易建立积极的态度，反之，就会很容易受到周围环境的影响，形成退缩意识以求少受刺激。

4. 价值表现功能

态度有助于个体更真实地表达自我，以及自己所秉持的价值观念。如一个学生对班级事务持有积极的态度，那是因为这些活动可以使他表达自己的社会责任感，而这种责任感恰恰是他认可的自我价值，表达这种态度能使他获得内在的满足。

（二）态度学习的教育意义

从教育的角度来看，态度可以作为一种知识，可以像获得其他类型的知识一样去习得。奖励、赞赏和他人认可会促进个体心理倾向持续下去，对个体态度产生积极影响。学生可以通过模仿他人的行为，从他人的行为结果中形成对某事物的态度。

人与人之间的相互交往在态度形成或转变中发挥着重要的作用。在群体中，一致性原则支配人们的态度，人们总是通过改变自己的态度来达到与群体的一致性。不一致时会产生心理压力，从而在增加一致性的方向上改变一个人的行为，然后再影响一个人的态度。如高等学校里经常有"整个宿舍的学生都考研"的现象，如果问及其中的个别同学考研的动机是什么，他可能说不出原因，只因为同宿舍同学都考了，所以也跟着考。

学校教学目标中涉及的态度是多方面的，总体而言可以分为三个方面。

1. 良好的社会交往态度

人类因为生存的需要形成社会，借助群体的力量获取个人所需的生活资源并获得保护。为了使个人利益得到保障，人们自发地维护这个族群的完整性。这一切都需要从良好的社会交往态度的形成开始，这类态度一开始在家庭环境中获得，在进入学校与其他孩子的交往中进一步强化。

人天生具有感性的和本能的举止，这类自然属性是利己的，是每一种生物都具有的特征。为了维持生存，任何生物都会努力获得生命延续所需要的各种条件。人作为生物的一种也需要维持生命，争取生存空间，求生的欲望以及附着的其他追求不可能被彻底消灭。

社会是人与人在一定契约下彼此克制自己的欲望、相互妥协的稳定集合。个体之间遵守一定的社会规则，在这种规则下，人们的活动才会彼此认可而不冲突。违背了这种规则做事，就是违背了社会的本意，也就不会被社会接受和认可。"社会"本是一个虚无的概念，但是对于保障个体的生存而言，却是非常重要的存在。

学校教育具有把自然人培养成社会人的职责，因此，几乎在所有学段，都有团结友爱、善待他人、文明礼貌之类的教育内容。

2. 对某种活动的肯定和喜欢的态度

社会总是会倡导具有相对持久意义的价值观，比如热爱劳动、鼓励体育锻炼、参加社会公益活动、构建学习型社区、养成健康的生活习惯等等。这类态度的共同之处在于，发挥个体的主动性以亲近社会，用自己的智慧和力量适应社会、融入社会、奉献社会，实现自己的人生价值。

学校教育对这类态度的形成有很大的影响。研究表明，奖励能够明显地改变人们对某类活动的态度，如运动会中对成绩优异的学生给予奖励，会带动很多学生参与到体育锻炼中。教师常用的奖励往往是口头表扬，每个学生在成长过程中都会受到各种各样的此类教育。研究发现，得到特别表扬的孩子与得到一般表扬的和没有得到表扬的孩子相比，他们对某类活动坚持的时间更长，如在运动会中获奖的学生，会在之后很长的时间内保持锻炼的习惯。态度会帮助人形成良好的习惯，即使离开了学校，态度也已经成了一种固定的、内化的价值观，因而不再过多地需要外部的强化。

3. 与公民身份有关的态度

与公民身份有关的态度如爱国、关心政治需要、乐意承担公民义务等，社会学上将这些称为爱国主义，这是个人对国家的一种积极和支持的态度，表达个人对祖国的依存关系，要求个人对祖国和民族有归属感、认同感、尊严感与荣誉感。与公民身份有关的态度，还表现为民族自尊心和民族自信心，具有为保卫祖国和争取祖国独立富强而献身的奋斗精神。与公民身份有关的教育，希望学习者在未来的社会生活中，积极参与到国家政治、法律、道德、艺术、宗教等各种意识形态的活动中，将爱国主义渗透于个人生活的各个方面。

这三类态度是教育希望学生所习得的。学校教育旨在建立正面的态度，同时也涉及一些否定态度，如不早恋、不吸烟、不赌博、不参与迷信活动、不做可能传染疾病的事情等。由于在校学生属于青少年，好奇心较强，教育过程中过多地出现负面的话语，反倒会激发他们的好奇心，使他们产生去尝试一下或者将来去尝试一下的念头。再有一些逆反性较强的孩子，会接受反面的引导，做出一些他们原本不知道的事情来。

（三）在教学时要注意的方面

态度的习得可以是直接的，也可以是间接的。直接习得是指学习者经过成功的体验之后，被结果正向强化，从而对态度对象持有相对稳定的情感。间接习得是指通过观察别人或者效仿榜样，借由别人的成功，从而使自己对态度对象产生情感。学习者多半会效仿他们尊敬或认同的人，他们会像他们心中的榜样那样选择自己的行为。态度学习需要注意以下三个方面。

1. 建立态度与成功期望之间的联系

设置期望是态度学习的关键所在。设置期望之后，教师或家长总是会在无意间去肯定和鼓励那些向期望目标靠近的事件。学习者在选择行为后有成功的体验，此时给他正向的反馈，使之在已有的态度和成功之间建立一个联系，产生积极的、愉快的情感体验。如幼儿拿起一本书，家长欣喜地夸耀"像个小学生！""这么小就对书感兴趣，将来肯定能考上大学"，此类话语伴随着愉悦的情绪，对孩子建立上学读书的良好态度十分有益。当激励情景不是亲身体验而是榜样时，建立期望的前提是对榜样的认同，榜样必须为学习者所崇敬，才能建立起与榜样看齐的期望。

2. 提供与期望态度相关的机会

态度学习的另一关键条件是在实践中有实操体验。单纯是言语劝说、指导会沦为说教，即使当时有所触动，在之后的行动中也难以持久。态度的习得尤其体现了"从做中学"的思想。如要培养学生喜欢体育锻炼的态度，学习者需要有机会去参加各种体育活动，在活动过程中，有家长、教师、朋友的陪伴，并获得肯定和赞赏，同时辅之以指导、反馈，使其体会愉快的期望。利用榜样作为学习条件时，应该向学习者充分展示或描述榜样的选择和行为表现，以及榜样的行为结果，如骄人的业绩、受人尊重的状态、良好的发展势头等。

3. 提供成功行为表现的反馈

反馈强化在建立和改变态度中起着重要的作用。期望建立后需及时强化，使学习者及时感受成功的体验。如学习者选择打篮球，并好几次发现投球就能得分，这就是成功的强化反馈。当学习者在观看榜样选择时，强化的形式会使学习者设想"身临其境"，看到榜样受奖，学习者会获得成功的满足。

五、动作技能

动作技能是一种习得的学习结果，表现为身体动作的敏捷、准确、有力和连贯等方面。动作技能的学习往往与认知学习交织在一起，当然动作技能的习得主要是通过参加各种实践活动。

（一）动作技能的内涵及其亚类

动作技能是个体正常生存必需的技能，人类所有的对外活动都需要肌肉骨骼的协调。如伸手、抓、眼睛跟随运动的物体等，这是在很早的时候获得的，而且在很大的程度上是由先天的反应模式决定的，其他的一些动作在早年时期学会，如使用餐具、系鞋带、语音的发音等，这些动作技能对个人的自我维持和生存是必要的。

儿童在早期的生活中就学会了大量的运动技能，在一生中都要不断地利用这些运动技能。学校教育中，有些学习者要继续学习平衡、跑、跳、掷等基本的由身体控制的活动，获得专项的、优良的运动技能，成为专业的运动员。绝大多数学生需要使用各类文具、实验器材和其他教学设施。

一旦学会了基本的运动技能，学校里的学习重点就逐渐移向智力性较高的一些任务，学生就利用基本的运动技能来完成其他的一些活动，如唱歌、作文、解题等，将要学会的一些新的技能也越来越复杂，并需要把一些比较简单的运动技能综合起来。学校教育旨在教授一些基本的动作技能，根据是否需要操纵工具，可以将动作技能分为操纵器具的动作技能和徒手技能的动作技能两种。

1. 操纵器具的动作技能

人类是会使用工具的动物，在动作技能中操作器具是常有的行为，如学习者写字、绘画、奏乐、打球、射击、做实验等，都属于操纵器具的动作技能。

2. 徒手技能的动作技能

徒手技能通常要求有一定的连续性和敏捷性，动作序列较长且变化多端，需要根据外部环境不断进行自我调节，如体操、摔跤、搏击、穿越障碍等等。

（二）动作技能学习的教育意义

运动技能对于个人的生存是必需的。一些基本的运动技能对人的一生都是有用的，包括友好的握手、拥抱，以及使用餐具等。在早期生活中，个体学会大量的动作技能，这些动作技能包含极少量的思维，以至于人们在做这些动作时都不需要刻意地去注意它，比如走路、使用筷子、日常洗漱。还有许多运动技能，包括游戏消遣、娱乐和有组织的体育活动等，对于保持身体和心理的健康都是必不可少的。再有一些专门的运动技能，如科学仪器的使用，在所有的方面都与智力技能领域的学习活动有着密切的联系。即便像物理学家斯蒂芬·威廉·霍金（Stephen William Hawking）那样动作技能极大受限的极端情况，仍需要通过动作技能对外界输出思想，并对外界刺激做出回应。

运动技能并不是学校课程中最明显的部分，但各种类型运动技能的学习却在教育中发挥了一定的作用。在低年级时，运动技能涉及许多个人的活动和社会的活动，如儿童要学会使用文具、操纵键盘鼠标和一些其他的物件。此外，语音的发音等基本的工具性技能也是非常必要的运动技能，它们具有长期的功用，而且能影响学生在学校中的进一步学习。在体育教学中，运动技能是占据主导成分的。

在设计运动技能的教学时，极其重要的是要认识到，运动技能实质上不仅仅是肌肉和骨骼的活动。运动技能经常是作为人类处理问题的一些组成部分出现的，它们或者与动作的选择有关，或者与动作的顺序有关。

从总体上来看，人类解决和处理问题是一种智力技能，是一整套复杂规则的联合体。执行程序按照一定的顺序来运用这些规则，在这个过程中，个人必须要利用一定的运动技能，而这些运动技能就构成了人们所期望的那些活动。

由于以上原因，动作技能虽然不构成教育结构的主要内容，但是绝不能因此而忽视动作技能的教育意义。

（三）在教学时要注意的方面

在学生的学习中，动作技能的学习往往与认知学习交织在一起。例如：学习打字，除学习打字动作外，学习者还必须了解有关字母、拼音、单词拼法、标点、文件格式、换行规则以及键盘上字符的位置等知识。没有这些知识结构，动作技能是不能学好的。所以，动作技能不是简单的外显反应，而是受内部心理过程控制的，故又称为心理运动技能。

动作技能中除包含认知成分外，任何一个以动作技能为主的学习过程都少不了其他类型的学习结果，如儿童要写下"书法"两个字，必须先学会按笔顺下笔，这种动作过程常辅以内部语言的发生，伴随着情绪的发展。动作技能可分解为一系列步骤或先决技能，从某种意义上讲，这些步骤或先决技能是同时出现或以时间顺序出现的。动作技能的这一特点，要求对这个领域学习内容的分析，不仅要剖析教学目标所要求掌握的各项从属动作技能，揭示它们之间的联系，还要列出学习这些动作技能所需掌握的相应的知识，包括某种技能的性质、功用、动作的难度、要领、注意事项及进程等。在教学实践中，动作技能的教学需要注意以下几个方面。

1. 用言语指导

言语的指导在运动技能的学习中非常重要。在学习的早期阶段，必须获得"动作计划"，学习者首先需要清楚先做什么，再做什么，最后做什么。在这个时期，通过言语指导为动作技能的步骤提供一些说明。驾校教练告诉学员："围绕汽车转一圈（看看周围是否有不安全因素）、上车、调整座椅（让身体处于最合适的姿势）、系安全带、打火……"随着学习的进行，学习者可能会在他的短期记忆中复述这些言语指导，但在实际操作的时候，可能会忘记其中的步骤，这时候教练就需要不断地在旁边给予提示，指导学习者"下一步做什么"。

言语指导的内容可以是丰富多样的，如提醒学员：注意时间点，把握时机；注意时间段，控制速度；注意意外，避免危险；注意结果，调整情绪；注意预兆，提前预防；等等。言语指导看似啰唆，有时是相当重要的。随着动作技能的熟练，学习者可以把这种指导语转化为自己的内部语言进行自我指导，甚至指导同伴。

对于复杂的动作技能，除伴随言语指导外，常常还需要亲身示范。学习者在观察一个技术熟练的示范者的动作时，能够获得运动步骤或构成执行路线的动作序列。学习者在观看运动动作的示范之后，通过心理的练习，可能会完成大量的运动技能学习。一般说来，如果学习者已经初步具有某些运动动作的经验，并继之以心理的复演，这种包含有积极的动作想象的练习是相当有效的。

2. 重复练习

重复的练习是动作技能学习的一个基本条件。中国古代谚语"拳不离手，曲不离口"，说的是习武之人应该经常练习，习戏曲之人应该经常唱。这说明动作技能类学习的特点是，只有勤学苦练，才能使功夫纯熟。动作技能是通过渐进的方式获得的，学习者通过不断地练习，改善动作技能的准确性、速度和流畅性，内、外部刺激协同发挥控制作用,使动作技能渐近精确。提高部分技能及整体技能的质量,需多次重复,达到自动化程度,方才可能熟能生巧。

练习的安排,可以是分散的也可以是集中的。集中的效果受到动作抑制这种现象的限制,会出现集中练习导致动作水平降低的现象,然后在继之而来的休息周期中,动作水平又能得到恢复。有研究认为,分散练习的效果优于集中练习的效果,在安排练习的周期时,需要避免学习者过度疲劳,避免动机、兴趣等因素减弱。

3. 及时反馈动作的准确性

动作技能学习最重要的外部条件之一,就是要提供信息的反馈即提供强化。学习者在练习动作技能时,可能出现动作的偏差甚至错误,从而影响学习的效果。有时候,动作的执行者自己并不能感觉到动作是正是误,而旁观者却看得非常清楚,这就需要及时地反馈和纠正。动作执行之后,旁观者予以及时的反馈,避免错误动作的固化,使学习者了解动作完成的质量或误差。有些技能的反馈是立竿见影的,有的却难以及时反馈。

除了通过外部的观察者反馈,音视频录像装置和具有增强现实功能的反馈机制也是非常有益的。利用这些技术可以提供更精准、更科学、更直观化的反馈信息。

4. 鼓励多做脑力练习

研究表明,进行心像式的脑力训练,有助于复杂动作技能的学习。当体操运动员在想象一套动作时,他的肌肉会做出好像自己真正在操练时的反应。这种反应虽然微弱,但在真实训练时有助于动作的完成。这种脑力训练已被应用于某些个人体育运动项目,不少选手反映效果不错。

第二节 学习内容的组织和编排

上节从理论层面上对学习内容进行分类,可以视为知识的元素,在现实的教学实践中,学习内容往往是混合物,是几类元素化合、混合的结果。学习内容的组织是指对已选定的学习任务进行结构化,使其成为课程的篇章节、单元或主题。若干课程彼此关联,构成一个专业的课程体系,具有一定的系统性和整体性。编排是指依据人们认识事物的规律,把内容编织排列成一定的线性结构,以便教师施教和学习者认知。

学习内容的组织与安排涉及宏观、中观和微观的不同层面。宏观层面上,如在编制人才培养方案时,要根据培养目标编排专业的课程体系,在课程体系中,各门课程的先后顺序、彼此之间的支撑关系、内容的横向联系都是需要考虑的因素。中观层面上，如设计一门课程教学，要研究各个主题之间的相互联系，编排好教学顺序，在课堂上线性地展开。微观层面上，在设计一个教学课题时，要分析该教学单元所包含的知识要点及其之间的关系，并据此为学习者安排好具体的学习活动。

一、学习内容组织的类型

由于教学设计的层次不同，无法详尽描述各种学习内容组织的类型，此处仅以课堂级教学设计中知识点的排列为例，演示内容组织的类型。此处的"知识点"可以替换成课程、单元、章、节、主题等知识单位。

（一）并列型

对于学习内容相对独立的知识点，知识点之间相对独立，各知识点之间是并列关系，在顺序上可互换位置，如图 3-4 所示。

图 3-4　知识点之间的并列关系

（二）从属型

一个知识点的学习构成另一个知识点的基础，如知识点 1 是知识点 2 学习的基础，知识点 2 是知识点 3 学习的基础，知识点 1、2、3 的次序不可随意更改，如图 3-5 所示。

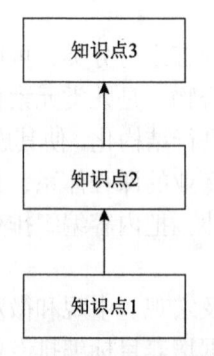

图 3-5　知识点之间的从属关系

（三）混合型

各知识点之间的联系呈综合型，知识点 1、2、5、6 并列，知识点 3、4 并列，但是知识点 3、4 和知识点 2 是从属关系，在组织教学内容时，首先要搞清楚各项学习任务之间的联系，如图 3-6 所示。

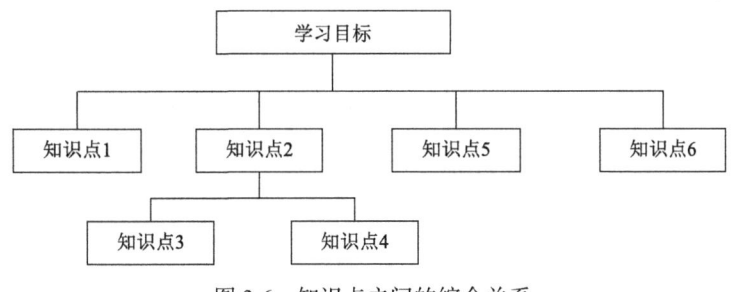

图 3-6 知识点之间的综合关系

对相互之间有一定联系的各个课题，根据学科特点，一般可以运用以下方法进行组织：①依照年代、时间的进程编排教学顺序，如历史学、发展心理学；②依照由简单到复杂的过程编排教学顺序，如外语、化学、生物学等大部分学科；③依照先整体后局部的体系编排教学顺序，如地理学、生物学等；④依照由先决技能到复杂技能的过程编排教学顺序，如体操、舞蹈、武术等。

二、关于教学内容组织的主张

教育史上，在教学内容组织和编排的各种主张中，较有影响的有三种。

（一）布鲁纳的螺旋式主张

美国心理学家、教育家布鲁纳在《教育过程》（*The Process of Education*）中提出了螺旋式编排学习内容的思想，就是以与儿童思维方式相符的形式，将学科知识组织起来。由低年级到高年级，在不同阶段上重复呈现特定的教学内容，这些内容不是简单的重复出现，而是在深度与广度方面有所改变，使之在课程中呈螺旋式上升的态势。比如：在小学二年级，开始学习几何学的"点、线、面、角"等基础知识；初中一、二年级，几何学课程学习"面积、体积、曲面、球"等基本知识；高中开始学习立体几何和解析几何；高等教育阶段开始学习非欧几里得几何。

这一理念强调，社会所认可的有价值的学习内容，应该在任何阶段都能够教给任何学生，差别在于内容的深浅程度不同。要实现这一理念，布鲁纳提出认知表征理论，认为学生随着年龄的增长，顺次叠加产生三种表征方式：动作性表征、映像性表征和符号性表征。当学习内容能以这三种形式进行表征时，就可以教给任何年龄阶段的任何学生。他还进一步解释道，可以根据学生的智力发展水平，让学生尽可能早地有机会在不同程度上去接触和掌握某门学科的基本结构，以后随着学生智力上的成熟，围绕基本结构不断加深内容深度，使学生对学科有更深刻和更有意义的理解。

写作技能养成贯穿于整个中小学阶段，写作的类型包括记叙文、说明文、议论文、散文、诗歌、小说六种文体，按照螺旋式的编制方式，大致可能形成如下的进展模式：小学三至六年级为全部这六种文体的初阶，其中每个年级又有一个由这些文体构成的小循环；初中阶段为全部这六种文体的第二阶，其中每个年级又有一个小循环；高中阶段为全部这六种文体的第三阶，其中每个年级又有一个小循环。

这种编排方式的主要优点是，有利于各个具体领域的知识之间的横向联系，有利于一定阶段上相对完整的知识结构的形成，即使学习者在初中甚至小学停止学业，他也大致知道这六种文体。缺点主要在于，容易造成教学内容的臃肿，不必要的重复会让学习者失去好奇心和兴趣，其中难度较大的内容在低年级学段施教困难。螺旋顺序在外语教程及许多职业技能教程中可能更适宜，在这些教程中，随着学生在整个教程中不断对技能进行精练，其胜任力也得以形成。

为了实现教学目标，布鲁纳强调，要把学科中普遍的、基本的概念和原理作为课程的中心，注重内容编排的连续性，使学科的知识结构与儿童的认知水平相统一，重视知识的形成过程。

从教学设计的角度而言，学习内容的编排需要由学科专家、专任教师和熟悉该学段学生认知心理的专家共同完成。学科专家懂得该门学科知识发展的来龙去脉，知道它的基本概念、原理范围，了解它的排列顺序和结构，能够按照知识的基本结构去编制教材；专任教师能够从教学的角度来反映学习内容怎样组织才能符合教学的规律、满足课堂教学的需要；认知心理学家可以从学生智力发展和心理成熟等方面考虑学习内容怎样安排才能与学生发展阶段相吻合，找到学生个体与知识结构的内在联系。

（二）加涅的直线式主张

直线式是指将一门课程的内容组织成一条在逻辑上前后相联系的直线，前后内容基本上不重复。加涅主张把教学内容转化为一系列习得能力目标，然后按照目标之间的心理学关系，将内容按等级来安排。每一个简单的部分都是复杂部分的先决条件，复杂部分的教学都是以简单的教学为基础的。

直线式组织方式的优点在于，它能够较完整地反映一门学科的逻辑体系，能够避免教学内容的不必要重复，并且教学和学习过程也是按照时间序列线性展开的，直线式编排的学习内容可以节省师生组织内容的时间和精力。其缺点主要在于，知识体系往往是复杂的网络化结构，把二维甚至三维的事物降为一维表征，会丧失结构性信息，不太利于各个具体领域的知识之间的横向联系，不利于一定阶段上相对完整的知识结构的形成。

以基础教育阶段的作文教学为例，按照直线式的编排方式，各种文体的写作训练可形成如下的进展模式：小学中高年级写记叙文，小学高年级写说明文，初中写议论文，高中一年级写散文，高中二年级写诗歌，高中三年级写小说。

可以看出，在写作技能教学内容的编排上，单纯采用直线式或螺旋式都不太合适，而需要两种方式相结合，并采取其他配套性的办法。

（三）奥苏贝尔的渐进分化、综合贯通式主张

渐进分化是指首先呈现学科最一般和最概括的观念，然后按细节和具体性分化。综合贯通强调学科的整体性。奥苏贝尔认为，学习是在原有认知结构的基础上形成新的认知结构的过程。原有的认知结构对于新的学习始终是一个最关键的因素，一切新的学习都是在过去学习的基础上产生的，新知识总是在与学生原来的有关知识相互联系、相互作用下转化为主体的知识结构。

在教学前，教师应根据教学内容的逻辑关系编排出先行组织者。这些内容属于引导性材料，在学生的新旧知识之间起桥梁作用，使学生能有效地同化新知识。在教学中，教师要采用渐进分化和综合贯通的方式进行教学，注重新知识与旧知识之间的相互作用。

新知识的思想方法和逻辑关系，小到概念大到定理，它们的编排都必须符合学生的接受能力和心理特征。学生在学习某些公式和概念时，如果这些公式和概念没有和广泛的背景信息相联系，那么学生仅仅记住而不会使用，这是毫无意义的。各门课程的知识与知识之间的包摄关系、归属关系和并列关系普遍存在，合理地编排其结构，使之符合学习者上位学习、下位学习和并列学习的理解过程，是有意义学习得以发生的重要支撑。

我们在组织和编排学习内容时，应根据学科特点对上述三种观点综合运用。

三、学习内容组织编排的原则

当前网络发达，在实际的教学工作中，教师可以超越教材从网络上获取丰富的信息资料。教学内容丰富多彩的同时，也有可能因为内容编排欠佳导致教学目标的偏离。学习内容的取舍需要用专业的眼光来定夺，提炼有价值的内容之后，

对内容的组织编排也不能随意,需要遵循一定的原则。

(一)由整体到部分,由一般到个别

如果学习是以掌握科学概念为主,则基本的原理和概念要放在中心地位。从已知的、较一般的整体中分化出细节,要比从已知的细节中概括出整体容易些。学习内容的编排从有最大包容性的命题或概念入手,往往能在多样化的学习情境中为学习者的认知结构提供固着点,这种学习内容的组织形式,较适合从一般到个别进行类属学习的内容。

类属学习是把新知识归属于认知结构的某一适当部位,并使之相互联系的一种学习。例如,掌握了植物的概念后,就有利于对树、果树、梨树等包容性较小的和越来越分化的概念的掌握。

(二)从已知到未知

当要学习的新命题与学习者认知结构中已有概念不能产生从属关系时,应按照由浅入深、由易到难、由具体到抽象、由较简单的先决技能到复杂技能的序列,将要学习的新知识排成一个有层次或有关联的系统,使前一部分的学习为后一部分的学习提供基础,成为后续学习的认知固着点。

如果学习的内容在概括程度上高于学习者原有的概念,如在掌握了广播、电视、报纸等概念以后,再学习"大众媒体""组织传播"这类总括性概念要容易得多。这特别表现在累积性学科领域,因为这类学科的知识结构在序列上极为严密,如果不掌握前一个结构,就不可能进入下一个结构,不懂得前一个概念就不可能懂得后一个概念。

(三)符合事物的发展规律

如果教学内容所指涉事物的发展具有一定的规律性,则可以通过向前的、进化的、按年代发展或从起源出发的方法来编排。这样的学习内容组织编排方式与所研究的社会现象、自然现象的变化顺序和客观事物本身发展的顺序相一致,符合事物的运动变化规律,也符合学习者心理认知的顺序,能使学习者对自然和社会现象的发展过程有比较全面的认识。

(四)注意学习内容之间的横向联系

组织和编排学习内容时,不仅要注意它们纵向发展之间的联系,还要注意从横向方面加强概念原理、单元课题之间的联系以及知识、技能、情感各部分内容之间的协调衔接,以促进学习者融会贯通地去学习。

有些单元内容虽然是相对独立的，但不可能与其他内容毫无联系，不同课程之间、不同科目之间，这类横向的联系也是非常值得注意的，因为学习者要理解一种新的知识就必须要同已知的、熟悉的知识进行比较。若在学习内容的安排中忽视对知识进行横向联系，学习者就失去了利用"固着点"的机会，导致容易遗忘，也不利于学习的迁移。

第三节 学习内容分析的基本方法

教师施教之前，需要把以文本为主要形式的"教材课程"转化为以教师理解为主要形式的"运作课程"。在此过程中，教师需要把教材上的知识群分解，并运用自己的教学智慧对学习内容进行重构。这里主要用到以下几种学习内容分析方法。

一、归类分析法

客观世界的事物林林总总，人们面对众多的事物，最早的思维方式就是"分类—本质"，把具有相同或相似特征的事物归到一起，给它一个名称，如动物、植物。随着认识的细化，再进一步分类，例如，以生物性状差异的程度和亲缘关系的远近为依据，将不同的生物加以分门别类，生物学家将地球上现存的生物依次分为界、门、纲、目、科、属、种。

归类分析法是人们认识事物最基本的方法，该方法以批量处理的方式解决众多的个案，可以降低人们的认知负荷。学习内容通常由众多的知识点组成，许多知识点具有相同或相似的本质属性，根据一定的分类标准，多个知识点可以归到同一个类别之中，由此形成了归类分析法。该方法主要利用图示、列表或提纲的方式，分门别类列出学习内容的要素或知识点，以方便教学过程中的讲授，也便于学习者理解和记忆，如图3-7所示。

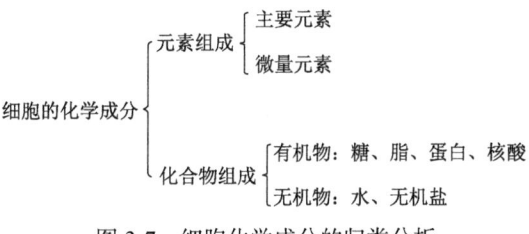

细胞的化学成分
- 元素组成
  - 主要元素
  - 微量元素
- 化合物组成
  - 有机物：糖、脂、蛋白、核酸
  - 无机物：水、无机盐

图 3-7 细胞化学成分的归类分析

归类分析法尤其适用于言语信息类内容的处理。从形式上看，归类分析法的示意图与后面讨论的层级分析图相似，本质差别在于是否存在层级关系。

二、图解分析法

图解分析法是用图表、符号、线条等直观形式揭示学习内容的要素及其之间关系的一种内容分析方法，多用于对认知类学习内容的分析。

图解分析的结果是简明扼要、提纲挈领地从内容和逻辑上高度概括教学内容的一套图表或符号。这种方法的优点是，使分析者容易觉察内容的残缺或多余部分，以及相互联系中的割裂现象。图解分析法的具体做法包括：①列出全部实现教学目标的知识点，包括所有相关的事实、概念和原理；②用线条连接各要素，既说明它们相互联系，又提示了教学处理的顺序；③图解成型后，全面核查内容的完整性和各要素之间联系的逻辑性，如是否包含了所有知识要点，知识要点的安排是否有利于学习等，并做必要的补充与修改；④给图解的知识要点补充实例或提出有关原理应用、解决问题的建议等，为学习者提供一个获得、理解以及应用知识的认知结构。例如，遗传关系的图解分析法如图 3-8 所示。

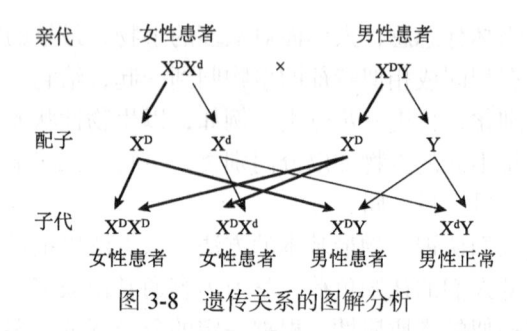

亲代　女性患者　　　　男性患者
　　　$X^D X^d$　×　$X^D Y$

配子　X^D　X^d　　X^D　Y

子代　$X^D X^D$　$X^D X^d$　$X^D Y$　$X^d Y$
　　　女性患者　女性患者　男性患者　男性正常

图 3-8　遗传关系的图解分析

三、层级分析法

层级分析法是用来揭示实现教学目标所需掌握的从属技能的内容分析方法，适用于智力技能内容的分析。这是一个逆向分析的过程，即：从已确定的教学目标开始考虑，学习者要获得教学目标规定的知识和技能，必须具有哪些次一级的从属知识和技能；而要培养这些次一级的从属知识和技能，又需具备哪些再次一级的从属知识和技能……依此类推。

在层级分析中，各知识点之间本质上存在不同复杂程度的层级关系，愈是在底层的知识点，复杂度等级越低，愈是在上层的复杂度愈大。从形式上看，该示意图（图 3-9）与前面所讨论的归类分析法的图相似，但在归类分析中却无此差别。

层级分析的原理虽较简单，但具体做起来却不容易。它要求参加教学设计的学科专家、学科教师和教学设计者熟悉学科内容，了解教学对象的原有能力基础，并具备较丰富的心理学知识。

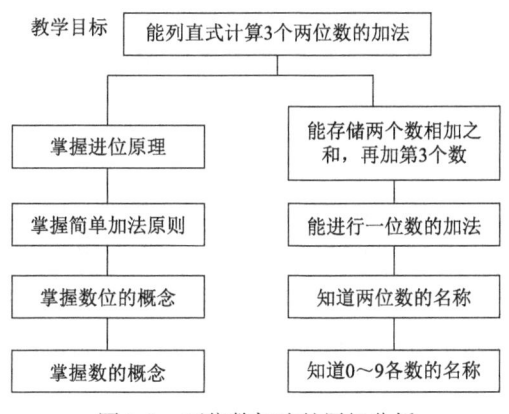

图 3-9　两位数加法的层级分析

四、信息加工分析法

信息加工分析法是用来揭示教学目标要求的心理操作过程的内容分析方法。这种方法的特点是，能够清楚地揭示达到教学目标所需的心理操作过程或步骤。

信息加工分析不仅能将内隐的心理操作过程显示出来，也适用于描述或记录外显的动作技能的操作过程。比如，计算算术平均数的信息加工分析如图 3-10 所示。

图 3-10　计算算术平均数的信息加工分析

信息加工分析中，既可以用框图表示，也可通过列提纲表示，但框图更直观。在许多教学内容中，完成任务的操作步骤不是按"1→2→3→…→n"的线性程序进行的，如图 3-11 所示。当某一步骤结束后，学习者需要根据出现的结果，判断接下来怎么做。在这种情况下，就要使用流程图表现该操作过程。流程图不仅能直观地表现出操作过程及其各步骤，还能表现其中一系列决策点及可供选择的不同行动路线。

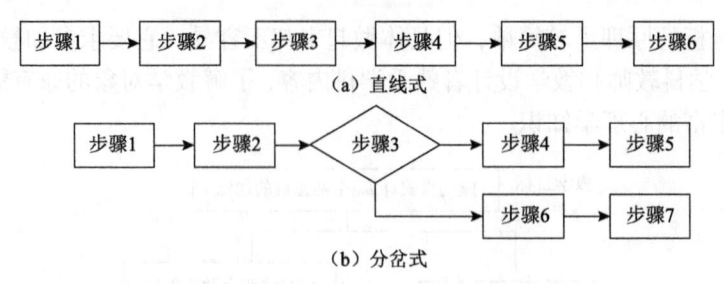

图 3-11　信息加工分析流程示意图

信息加工分析的思路是，根据终点教学目标对学习内容进行信息加工分析，揭示心理操作的顺序。分析心理操作顺序中的各个步骤，找出哪些是学习者已经掌握的，哪些是需要学习的，哪些需要学习的步骤自然构成一系列从属的次级教学目标，是达到终点教学目标的先决条件。对每一个需要学习的步骤再做进一步的层级分析，剖析其所需的从属技能。

五、思维导图法

教学内容分析的工作细致复杂，常有必要对分析结果进行修改、补充或删除。因此，掌握有效的信息技术工具是必要的，其中一种是思维导图技术。具体方法是将教学课题、目的和各项内容要点分别填写在适当的位置，根据教学设计参与者的意见和建议，安排它们之间的关系，继而修改、调整。主要优点是灵活，便于理顺各项内容要点之间的关系；另一特点是形象直观，便于讨论交流。思维导图法的示意图如图 3-12 所示。

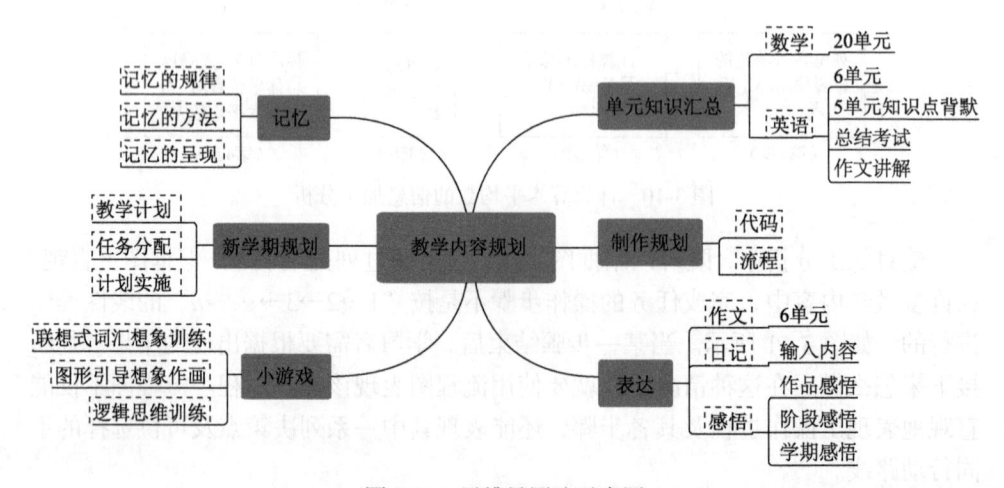

图 3-12　思维导图法示意图

严格地说，思维导图只是一种技术，可以作为上述几种内容分析方法的工具。之所以把它列为内容分析法，是因为在现实的教学实践中，学习内容通常不是单一的类型，使用单一的分析方法未必能覆盖全部内容，思维导图可以以灵活多样的方式表征学习内容之间的关系，形成比较形象化的结构图，帮助学习者学习。

六、解释结构模型法

解释结构模型法（interpretative structural modelling method）是用来分析和揭示复杂关系结构的有效方法，它可以将系统中各要素之间的复杂、零乱关系分解成清晰的多级递阶的结构形式。

解释结构模型法是先把要分析的系统通过梳理拆分成各种要素，然后分析要素以及要素之间的关系，并把关系映射成有向结构模式图，在不扭曲系统整体功能的前提下，以最简的层次化的拓扑图的方式表征原来事物的形态。相较于用表格、文字、数学公式等方式描述系统的本质，解释结构模型法具有极大的优势，以层级拓扑图的方式展示结论，效果有直观性，通过层级图可以一目了然地了解系统因素的因果层次、阶梯结构。

解释结构模型法的应用面十分广泛，在教育技术学领域，用它揭示教学系统的结构，尤其是在教学资源内容结构的分析、学习资源的设计与开发研究、教学过程模式的探索等方面具有十分重要的作用，是教育技术学研究中的一种专门研究方法。分析学习内容时，解释结构模型法包括三个步骤：①抽取知识元素，确定学习子目标；②确定各个子目标之间的直接关系，做出目标矩阵；③利用目标矩阵，求出教学目标，形成关系图。

以上分门别类地介绍了几种分析知识要点的方法。然而，许多学习任务的组成部分是复杂的，需要将几种方法结合使用。

本 章 习 题

一、简述题

1. 简述加涅对学习结果的基本分类。
2. 举例说明言语信息的亚类及教学时要注意的方面。
3. 解释掌握智力技能的教育意义。
4. 举例说明认知策略的亚类及教学时要注意的方面。
5. 简述态度教学时要注意哪些方面。

6. 说出学习内容组织的类型有哪些。
7. 阐释学习内容组织编排的原则有哪些。
8. 说明学习内容分析的基本方法。

二、思考题

1. 简述学习内容分析在教学设计中的作用。
2. 人类的知识浩若烟海，应该选取哪些知识组成教学内容，在学校教育中传递给学生？说明你的理由。

第四章
学习者分析

【学习目标】

学完本章后，学生应能做到：
（1）解释分析学习者特点的目的。
（2）结合皮亚杰的认知发展阶段学说，阐释特定年龄的特征。
（3）说出中小学学生的一般认知特征和情感特征。
（4）列举成人学习者的一般特征。
（5）举例说明学习风格的概念。
（6）阐释分析学习风格的目的。
（7）阐释非智力因素的教学运用。

【教学方法】

讲授为主

【教学环境】

安装多媒体投影系统的教室

【教学过程】

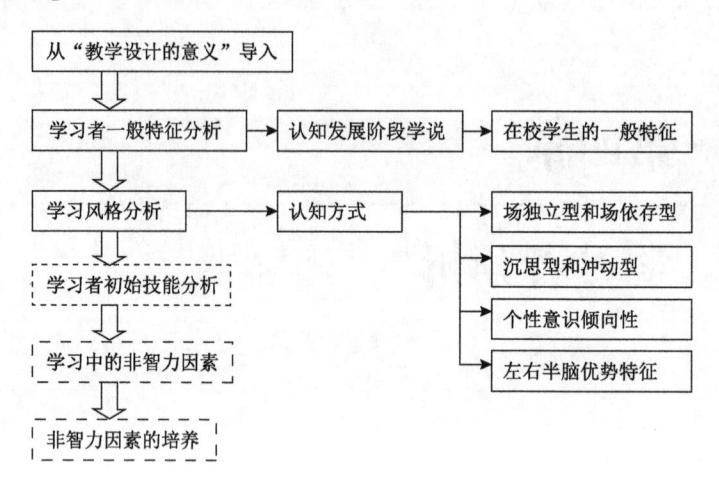

```
                 从"教学设计的意义"导入
                         ↓
         学习者一般特征分析 → 认知发展阶段学说 → 在校学生的一般特征
                 ↓
           学习风格分析 → 认知方式 ┬→ 场独立型和场依存型
                 ↓                ├→ 沉思型和冲动型
         学习者初始技能分析         ├→ 个性意识倾向性
                 ↓                └→ 左右半脑优势特征
          学习中的非智力因素
                 ↓
           非智力因素的培养
```

【教学说明】

对于不同专业的学生，本章内容需要适当取舍：如果学生学习过《心理学》或者《教育心理学》，则第四节的内容可以略讲；对没有心理学基础的学生，则要多讲授这些内容，以便使其对学习者有更深入的了解。

教学设计的直接意义是实现教学目标，促进学生学业成绩的提升，长远的意义在于增加学习者发展的可能性。教学设计的效果要在学生自己的学习活动中体现出来，而作为学习活动主体的学生在学习过程中又都是以自己的特点来进行学习的，通过重建自己的认知结构来获得各类知识和技能。要取得教学设计的成功，必须重视对学生的分析。

学习者分析的目的是了解学习者的学习准备情况及其学习风格，为学习内容的组织与编排、学习目标的阐明、教学策略的选用与设计、教学方法与媒体的选用等教学外因条件适合于学习者的内因条件提供依据，从而使教学真正促进学习者智力和能力的发展。教学设计工作之初，需要了解学习者的学习准备情况。学习准备指学习者在从事新的学习时，他原有的知识水平或原有的心理发展水平对新的学习的适合性。根据学习者原有的准备状态进行新的教学，就是教学的准备性原则，我国教育学中称之为量力性原则或可接受性原则。

第一节　学习者一般特征的分析

教学工作的劳动对象是活生生的个体，教学设计必须对学习者的一般特征进行分析，只有对"材"有所认识，才有可能做到"因材施教"。学习者一般特征是指对学习者学习有关学科内容产生影响的心理的和社会的特点，它们与具体学科内容虽无直接联系，但影响对教学策略、教学媒体和教学组织形式的选择与运用。如果教学对象的阅读能力较差，可以考虑多使用视听资料；如果教学对象是不同宗教的信仰者，那么在选择教学内容时首先应注意尊重他们的文化、习俗等；如果教学对象中不同人对所学课题的学习准备差异很大，具备的有关实际经验也不同，则可以进行分层或分组教学，或者可以考虑采用个别化教学方式。

学习者的一般特征包括的内容较为广泛，以下仅讨论与日常教学密切相关的几个方面。

一、皮亚杰的认知发展阶段学说

著名心理学家皮亚杰对"认知"的研究非常著名，被众多教育心理学、学习心理学理论引用传播。认知发展阶段学说源于他对生物学的认识，他吸收了生物学中渐成论的观点，认为儿童智力的发展是先天因素和后天因素共同作用的结果，生物的技能和结构与认知的技能和结构之间具有同构性。每一个人在成长的过程中，其认知特征在一定年龄阶段中会表现出一般的、典型的、本质的特征。皮亚杰的认知发展阶段学说，将智力与思维发展分为感知运动、前运算、具体运算和形式运算四个阶段。

这里需要补充说明的是，由于个体差异，阶段之间的分界并没有这么绝对，这里给出的年龄范围只是一个大致的区间，两个阶段之间也存在交叉重叠。皮亚杰的认知发展阶段理论对教学设计者了解和把握学习者的一般特点有重要启发。

（一）感知运动阶段（0～2岁）

刚出生的婴儿仅有吸吮、哭叫、视听等反射性动作，随着大脑及机体的成熟，在与环境的相互作用中，婴儿渐渐形成有组织的活动模式。这个阶段，儿童的认知发展主要是感觉和动作的分化，主要通过触觉对外部世界进行感知，并从一个仅仅具有反射行为的个体，逐渐发展成为对其日常生活环境有初步了解的认知者和反应者。

这一阶段的婴幼儿仅靠感觉、知觉动作的手段来适应、协调外部世界。该阶段是智力与思维的萌芽阶段。作为普通教学设计，主要关注学校教育阶段的教学，对婴幼儿阶段认知发展特征不作深入分析。

（二）前运算阶段（2～7岁）

这一阶段，儿童的语言快速发展并初步完善，较多地借助表象符号来代替外界事物，如"我要香蕉颜色的（球）""我要拍拍（拍球）"。认知过程中，儿童逐渐从具体动作中摆脱出来，凭借词汇在头脑里进行表象性思维，并与外界发生交互，这一阶段的思维特征主要依赖表象。

在这一发展的全过程中，儿童的各种感知运动图式开始内化为表象或形象图式，他们的头脑里有了事物的表象，而且能用词代表头脑中的表象。他们能进行初级的抽象，能理解和使用初级概念及其之间的关系。所谓初级概念，是儿童从具体实际经验中学得的概念。因此，他们能设想过去和未来的事物。然而由于在他们的认知结构中，知觉成分占优势，所以他们只能进行直觉思维。

前运算阶段的儿童，只从自己的角度看待世界，难以认识他人的观点，表现为自我中心主义。这一阶段的儿童，无法区别有生命和无生命的事物，常把自己的感觉推广到无生命的事物上，他以为，玩偶、小动物甚至小树、小花和他自己有一样的感觉，具体行为方面表现为和小动物、玩偶说话。就其思维方式而言，儿童的思维表现出不可逆性，认识不到改变了形状或方位的事物还可以改变回原状或原位，如把胶泥球变成方块形状，这个年龄阶段的儿童会认为，方块大于球状或者相反，而意识不到两者仍一般大。前运算阶段的儿童认识不到在事物的表面特征发生某些改变时，其本质特征并不发生变化，即聚焦于事物的单一维度或层面，进而忽略事物的其他维度或层面，缺乏守恒意识。

以上对自我中心主义、不可逆性、缺乏守恒意识特征的揭示，对学前教育的教学设计具有尤其重要的意义，通过运用感知运动训练锻炼观察能力、开展游戏活动来发展知觉、智力等的方法，对此阶段的动作内化以及语言和意象等符号功能具有建设性意义，为之后的具体运算阶段奠定了坚实的基础。

教学设计主要用于学校教学工作中，针对婴幼儿期的认知特征不做详细描述，感兴趣的同学可以自行查阅专业著作。

（三）具体运算阶段（7～11岁）

该阶段儿童能从一个概念的各种具体变化中抓住实质或本质的东西，心理学称之为守恒性。该阶段儿童的思维一般还离不开具体事物的支持，在很大程度上还局限于具体的形象与过去的经验，在某些数学、物理以及社会问题面前，还显得无能为力，如计算加减算术题需要掰手指或者数小棍儿。

这个阶段的儿童基本上都入了小学，认知上克服了自我中心主义，其思维水平有了质的变化，具有了明显的符号性和逻辑性，比如，"因为我明天要去上学，所以我要吃个冰激凌"，这种表面上无厘头的话语，实际上包含着内在的逻辑。

不像前运算阶段的儿童单凭知觉、表象考虑问题，认知结构中已有了抽象概念，而且能进行逻辑推理，但是，处于这个阶段的儿童的思维抽象程度还不高。儿童开始思考多种可能性，"如果我不睡觉，明天会迟到，如果迟到，老师就不喜欢我了……"，心理运算是客体间关系转换的一种内部表征。

随着实体世界规则的日渐清晰，儿童开始习得个人和社会规则。例如，从外面回到家要洗手；周一开始上学，周末不用上学；法定节假日的时候学校会放假，不用去上学；等等。由于社会情境的复杂多变，儿童对这些规则的探寻有时会遭遇挫折。比如，由于某些重要的或不可抗拒的事件，工作日也可以不去上学，某同学生病了没有去学校，自己感冒了（也是生病）还去不去上学呢？

小学低年级学生，开始涉及人际关系问题和个人生活的安排，他们的推理能力明显提高，思维的显著特点就是逻辑性增强，特别是在问题解决方面。儿童可以比较两种对立的理论，从自己和他人的立场考虑问题，并能利用这些规则处理所遇到的问题。

在语言方面，他们能进行第二级抽象，形成、理解并使用第二级概念。即通过儿童原有的概念，以下定义的方式继续提取概括，形成更为上位的新概念。比如绘画、音乐、舞蹈是一级概念，儿童在生活中即可知道概念所指的内容，在此基础上，儿童形成"艺术"这一概念，即为二级概念。

（四）形式运算阶段（11岁至成年）

形式运算指对抽象的假设或命题进行逻辑转换，其思维特征表现为假设-演绎思维、抽象思维和系统思维等。这个阶段的学习者能对事件提出假设并进行解释，然后形成一个符合逻辑的假说，还能够区分现实性与可能性。

皮亚杰与巴贝尔·英海尔德（Barbel Inhelder）设计过一个著名的钟摆实验，来验证儿童假设检验理论的形成。该实验以年龄处在形式运算阶段的儿童为被试，要他们找出是哪些变量影响了钟摆的摆动速度。被试面对问题，经过思考，先提出几种可能影响钟摆运动速率的因素：摆锤的重量、吊绳的长度、钟摆下落点的高度、最初起动力的大小。然后通过实验：每次只改变一个因素，其他因素不变，结果得出了只有绳长改变才能影响钟摆运动的正确结论。

相比之下，研究者发现，形式运算阶段之前的儿童只会随机摆弄，或用力推动钟摆。而处于形式运算阶段的儿童则能够从多个变量中分离出一个变量，考虑这一变量在整体中的作用。

随着认知发展从具体逐渐向抽象过渡，儿童形成了解决各类问题的推理逻辑，由大小前提得出结论。不管有无具体事物，都可了解形式中的相互关系与内涵的意义。日益趋于认知成熟的儿童逐渐摆脱具体实际经验的支柱，能够理解并使用相互关联的抽象概念，其抽象思考能力、推理能力也相应地提高了。

儿童的思维的抽象性愈发显现，可以设想许多可能的即使与其自身经验相去甚远的画面，开始思考一些抽象的社会问题。该阶段的儿童具备假设-演绎思维，即不仅能够在逻辑上考虑现实的情境，而且能够根据可能的情境进行思维；具有抽象思维，具有抽象概括的能力，在思考问题的时候能够运用符号；具有系统思维，在解决问题时能够在心理上控制若干变量，同时还能够考虑到其他几个变量。

这个阶段的学生基本进入了中学以后的学段，学生需要使用有意义的学习材料，对思维技能的训练也必须穿插在对学科知识的学习中，因为单纯孤立地获取知识无法满足他们的好奇心，达不到理想的教学效果。深入并持续地解决实际问题有利于他们思维的发展。

青少年的形式运算推理能力尚未成熟，常常运用一些哲理性的话语，但是对问题的认识又不可能像成人一样周延，而是充满理想主义念头，也不能深入而全面地理解某一专业领域。在这一时期，个体认知的发展非常关键，在合理的引导下，青少年能够得出具有创见性的结论，表现出极高的天赋，如很多奥运冠军都是这个年龄阶段的学生。

二、在校学生智能、情感发展的一般特征

（一）小学生发展的一般特征

小学生思维具备初步的逻辑的或言语的思维特点，这种思维具有明显的从具体形象到抽象的过渡性。

低年级（一到四年级）学生的思维具有明显的形象性，同时具有抽象概括的成分，二者的关系随着年级的高低和智力活动性质的不同而变化。到小学高年级（五、六年级）时，学生已有较强的自我评价能力和自我监控能力，自我评价的独立性、原则性和批评性都显著提高，能摆脱对外部控制的依赖，逐步学会区别概念中本质和非本质的东西、主要和次要的东西，学会掌握初步的科学定义，如圆周率、方程、记叙文之类的概念。小学高年级学生会独立进行逻辑论证，但是这些暂时不能完全离开直接和感性的经验。

针对小学阶段的教学设计，应以学生以前的经验为基础，教学内容和方法从具体形象着手，语言形象化，采用比较、分析、综合的方法逐步引导和培养学生的逻辑思维能力。因此，在小学生的教学中要注意从以具体形式为主要形式逐步过渡到以抽象逻辑思维为主要形式，而且抽象逻辑思维在很大程度上仍然是直接与感性经验相联系的，带有很大成分的具体形象性。

小学生在情感方面的自居作用、模范趋向和自我意识有较快的发展，学习动机多倾向于兴趣型，情绪发展的主要矛盾是勤奋与自卑的矛盾，意志比较薄弱，

抗诱惑能力差，需要外控性的激发、辅助和教导。注意力不稳定、不持久，难以长时间注意同一件事物，容易为一些新奇刺激所吸引。凡是生动、具体、形象的事物，形式新颖、色彩鲜艳的对象，都比较容易引起学生的兴趣和吸引他们的注意。小学生在学习过程中，易受外来刺激的干扰，常常在受到新异刺激影响时，注意力就离开学习的内容。同时，观察易受自身的生理状况和个人兴趣等因素的制约，尤其是低年级的学生表现更为明显。

随着年龄的增长和大脑的不断成熟，内抑制能力得到发展，再加上教学的要求和训练，小学生逐渐理解了自己的角色与学习的意义，有意注意便逐渐得到发展。高年级小学生在教师的指导下，对自己的思维过程进行反省和监控的能力有了提高，能说出自己解题时的想法，能弄清自己为何出错，思维的自觉性有了发展。道德判断方面，低年级小学生主要受外部情境的制约，评判是非的标准和原则取向主要依附教师和家长，在评价道德行为的时候主要根据行为的效果考虑，有了坏的结果，就是坏的行为。高年级小学生道德判断逐步摆脱成人的影响，能够做出独立的自我判断，道德判断和评价水平逐渐提高，评价道德行为开始注意到行为的动机，并把动机和效果结合起来考虑。

以上是一般的发展规律，其中也常表现出不平衡性，要关心智能由具体形象逻辑到抽象逻辑过渡的关键年龄。一般认为，抽象逻辑思维的发展在四年级的时候比较明显，教学过程中可以运用代数符号，比如 x、y，若教育条件适当也可提前到三年级。

（二）中学生发展的一般特征

中学阶段，学生的思维能力得到迅速发展，他们的抽象逻辑思维处于优势地位，表现出以下五个方面的特征：对问题的各种情况提出假设；会预判可能出现的情况；能用上位概念概括性地描述问题；自我意识或监控能力明显增强；思维能跳出原有的框架，具有发散性。

中学包括初高中两个学段。初中生抽象逻辑思维虽开始占优势，但很大程度上还属经验型，需要感性经验和具体形象的直接支持，价值观还存在着矛盾性和不稳定性。高中生的抽象逻辑思维则属于理论型，他们能够用理论做指导来分析、综合各种事实材料从而不断扩大自己的知识领域，基本上可以掌握辩证思维，运用从一般到特殊的演绎过程、从特殊到一般的归纳过程去处理问题。

初中生抽象逻辑思维从经验型水平向理论型水平转化，一般认为是从初二年级开始的，这是一个关键年龄，到高二则趋向定型，思维趋向成熟。和小学生一样，中学生的智力与能力发展也存在着不平衡性，心理的发展可以因进行的速度、到达的时间和最终达到的水平而表现出多样化的发展模式，一方面表现为个体不同系统在发展的速度、发展的起讫时间与到达成熟时期上的不同进程，另一方面也表现为同一机能特性在发展的不同时期有不同的发展速度。

在情感方面，初中阶段和高中阶段有不同的特征，初中学生自我意识更加明确，同一性、勤奋感是其情感发展的主要方面。他们富于激情、感情丰富、爱冲动、爱幻想，并开始重视社会道德规范，但对人和事的评价比较简单和片面。有抗诱惑能力，但多凭感情支配，意志行为增多。在初中的教学中，同样需要注意教学的新颖性，激发学生的学习兴趣，培养其近景性学习动机。

到了高中阶段，学生的情感发展特征主要表现为独立性和自主性，他们追求真理、正义、善良和美好的东西。高中学生的高层次自我调控在行为控制中占主导地位，其学习动机也从兴趣型逐渐变为信念型。在高中阶段的教学中，不仅需要培养学生的学习动机，还要增加对学生世界观、传统教育以及爱国主义的教育，使他们逐步建立起以人民利益为出发点的远景性学习动机。

中学生的智能和情感发展具有连续性，同时也表现出阶段性的特征。后一阶段的发展总是以前一阶段的发展为基础，在前一阶段的基础上萌发出下一阶段的新特征，当某些代表新特征的量积累到一定程度时，会取代旧特征成为具有优势的主导特征。个体之间的发展速度可以有个别差异，不同的教育起到或加速或延缓的作用，但发展是不可逆的，阶段与阶段之间也是不可逾越的。任何一个正常学生的心理发展总要经历一些共同的基本阶段，但在发展的速度、最终达到的水平以及发展的优势领域往往不尽相同，表现出个体之间的差异性。

（三）大学生发展的一般特征

大学生在智能发展上呈现出成人的特征。他们的思维有了更高的抽象性和理论性，随着社会阅历的增加，进一步表现出较多的辩证逻辑思维特征。他们观察事物的目的性和系统性意识增强，已能按程序掌握事物的本质属性和细节特征，思维的组织性、深刻性和批判性有了进一步的发展，独立性更强，注意力更为稳定，集中注意的范围也进一步扩大。

大学生在情感方面已有更明确的价值观念，社会参与意识很强，深信自己的力量能加速社会的进步与发展，学习动机倾向于信念型，自我调控也已建立在趋向稳定的人格基础上。

大学一、二年级的学生，学习动机与自我发展的目标仍存在着不协调性，不少学生努力学习的动机依然是应付考试。希望在考试中取得好成绩没有错，但一定要让学生意识到这是一类短期目标，教师要及时引导，将学习目标转化为对广博知识和技能本身的追求。比如，部分高年级大学生甚至研究生当中，学习依然具有浓重的功利化色彩，希望所学习的课程有直接的、实用的价值，即希望学习在未来的工作岗位中用得到的知识和技能，没有注意到基础课程、理论课程潜在的作用和价值。

教学设计需要针对不同层级学校、不同类型学习者的实际需要系统地设计教学，而不可简单地按照课本知识体系组织教学。另外，在教与学的各个方面都应力求目标明确，使大学生了解不同类型学习的短期利益和长远利益、显性价值和隐性价值、现实意义和终极意义之间的辩证关系，让学生自主思考、做出选择、少走弯路。

大学生的自学能力较强，多数学生愿意独立自学，希望教师更多地发挥组织学习、指导学习、鼓励学习的作用。在设计教学时，要贯彻"主动介入学习过程"的原则，让学生参与教学方案的设计，这对学生主动学习是十分有益的。

三、成人学习者的一般特征

成人教育是我国终身学习体系的重要组成部分，对于培养造就高素质劳动者和专门人才，使我国基本形成学习型社会，进入人力资源强国行列，有着直接的、重要的作用。教学设计在成人教育领域有广泛的应用前景。成人学习者不同于在校学生的特点，主要有以下几个方面。

（一）学习目的明确

成人学习者大多是带着职业的实际需要和工作中要解决的问题进行学习的，因此，他们学习的针对性非常强，希望所学内容与他们的工作实际相关，并且能够学以致用。教学设计者应根据他们的实际需要设计教学，在教与学各个方面明确目标。此外，也存在一种情况，即部分成人学习者是为了获得一个文凭，选择了一个对自己而言相对容易的专业，所学内容和他实际的工作需要并不吻合。此种情况，并不作为教学设计关注的重点，但是，为了让教学得以顺利进行，教学过程中可以增加人文社科类的文化信息，将专业知识融入人生、社会、哲学以及生活经验背景之中，体现高等教育的通用性。

（二）注重教学效率

成人学习者大多属于在职职工，时间宝贵。因此，针对他们的教学安排应尽可能合理严密、注重实效。部分成人学习者对一些基础性的内容以及对自己的工作没有直接帮助的课程，学习态度则不那么积极，甚至会采用取巧的方式通过课程考核。针对这种情况，教学设计时需要在内容的选择以及教学事件的安排上做出调整，尽量让无关内容少占用他们的时间，并且注意把教学事件和他们的实际需求关联起来。教学活动过程中师生之间多进行有效的交往互动，引导学员多参与教学活动，与学员一起进行相关的知识与技术研讨。

（三）实践经验丰富

成人学习者都是带着个人的生活经验和工作经验进入学习的，这些实践经验既是从事新的学习的基础，也是非常宝贵的学习资源。在教学设计中，要充分利用具有个性化的教学方式激活他们的实践经验，提高成人学习者的学习兴趣，使原有实践经验与新的学习内容建立有机联系。尊重成人学习者的个性，能营造良好的学习氛围，有利于顺利开展教学活动。因为成人学习者的年龄不一、学习水平不一、所做工作不尽相同、文化基础也不同，所以，教学要保持足够的包容性。在具体实施时应注意，尊重每个学员，承认他们之间的差异，为他们找到适合自己的学习方法，利用教师自己个性化的魅力吸引成人学习者，增强与学员之间的教学互动，促进教师与成人学习者共同进步。

（四）自主性强并愿意参与教学决策

成人学习者一般都具有较强的学习自主性和独立性，愿意自主学习，希望教师更多地对他们的学习给以组织、引导、帮助和鼓励，而不是以权威或领导的姿态出现。成人学习者把自己看作是负有职责的工作者，他们希望受到尊重，希望参与教学决策、共担教学责任。成人学习者在课堂上有话敢说，有问敢提，有疑敢质，愿意主动参与。教师要营造民主的课堂氛围，允许成人学习者参与教学决策，尽量给他们提供充分的参与条件，并就参与方法给予规范和引导。

第二节　学习风格分析

在各种学习情境中，每一个学习者都必须用自己的方式来感知信息，对信息做出反应，如处理、储存和提取信息。学习者之间存在着生理和心理上的个别差异，不同学生获取信息的速度不同，对刺激的感知及反应也不同。要实现真正意义上的因材施教，必须了解每一个学习者的学习风格，以便为他们提供适合其特点的教学策略、学习资源和交流方式。学习风格是学生特征的重要组成部分，对学习者风格的分析是国内外教育心理学和教育技术领域的研究人员一直在努力探索的课题。

学习风格是指对学生感知不同刺激并对不同刺激做出反应这两个方面产生影响的所有心理特性。学习风格包括的内容非常广泛，人们对它的认识依然在不断深入中。从教学设计的角度来说，最好了解学生以下两个方面的风格：对外部学习条件的偏好；在认知方式方面的差异。除此之外，本节还简要介绍其他认知人格理论，感兴趣的读者可自行查阅深入了解。

一、对外部学习条件的偏好

为了保证教学设计工作的基本效能，最好首先掌握学习者对外部学习条件的偏好。学习的外部条件影响到学生注意、加工和记忆等内部学习过程，是教学设计可以干预的部分。加涅在《学习的条件》一书中，对教学的定义是造成一些外在于学习者的活动，而这些活动是为了促进学习而设计的。

大多数教师，并不是心理学方面的专家，严格按照心理学的标准去测定学习者的学习风格是不现实的，在日常的教学工作中也没有必要。作为普通教师，了解学习者以下五个方面的偏好是有助于开展教学工作的。

（一）对内容形式的偏好

对于教材上的内容，教师可以采用多种方式加工处理，以便在课堂教学中呈现。这个时候，教师最好要了解学习者对内容形式的偏好，做到多样性并存，满足学生多样化的需求。偏好如：①喜欢用归纳法展示的学习内容；②喜欢有较多形象性描述的内容；③喜欢多使用比喻的内容；④喜欢高冗余度的教学信息；⑤喜欢在训练材料中有大量正面强化手段；⑥喜欢使用训练材料主动学习；⑦喜欢通过触觉动手操作进行学习。

需要说明的是，这里使用"喜欢"表达的是"有学生是如此情况"，并不是指所有的学生都是如此，有的学生恰恰相反也是正常的。罗列这些条目，意在提醒教学设计人员，可以从这些方面去了解学习者的特点。以下其他方面道理相同。

（二）感知或接受刺激所用的感官

人通过视觉感知外界物体的大小、明暗、颜色、动静；通过听觉感知由物体的振动所激起的空气的周期性压缩和稀疏，根据其变化辨别发声物体的性质、方向、距离及其他信息。视觉和听觉是人最重要的感觉。此外，触觉、嗅觉、味觉也可以感知到外界的信息。作为教学设计人员，要了解学生感知信息所使用感官的偏好：①喜欢通过动态视觉刺激学习，如视频；②喜欢通过听觉刺激学习，如听讲或录音；③喜欢通过印刷材料学习；④喜欢多种刺激同时作用的学习；⑤喜欢有交流互动的学习。

（三）情感的需求

每个人成长的过程中都有情感需求，即在心理上被认同而产生的一种感情满足。学校教育是一个漫长的过程，在这个过程中学习者会遇到各种挫折和困难，它们会消耗掉学习者最初的激情和动力。因此，学习者在成长过程中，需要不断地从外界或者内部获取情感支持。比如在研究生入学考试前夕，常常有一部分学生临阵弃考，这个时候但凡有一个人，能适时给予心理上的支持，他们可能就走过去了。作为教学设计人员，要了解学生情感需求的特征。例如：①需要经常受到鼓励和安慰；②能自动激发动机；③能自我调节、坚持不懈；④具有自我负责精神；⑤善于自我反思，并耐得住寂寞。

（四）社会性的需求

人作为社会性动物，有大量超越"活着所必需"之外的需求，如文化、艺术、交往等，这是个体维持和发展社会正常生活所必需的基本条件。社会性需求是起源于社会生活的、人所特有的高级需求，当个人认识到这些社会要求的必要性时，社会性需求和个人生存基本需求就会统一起来。影响学习者学习的社会性需求包括以下几个方面：①喜欢与同学一起学习；②需要得到同学的认可和赞同；③喜欢向同学学习；④愿意给同学学习方面的帮助。

（五）环境和情绪的需求

学习者由于生理的和成长环境的原因，对学习环境的要求会有所不同。个人的情绪对学习的影响作用也不一样。作为教学设计人员，最好了解学习者以下方面的特征：①喜欢安静的学习环境；②希望有背景声或音乐；③喜欢弱光和低反差光线；④喜欢一定的室温；⑤喜欢学习时吃零食；⑥喜欢四处走动；⑦喜欢视觉上的隔离状态，如坐在前排；⑧喜欢在白天或晚上的某一特定时间学习；⑨喜欢某类座椅等。

学习事件发生在学习者的认知结构内部，在外部会有部分表现性的方式，如聆听、书写、阅读、沉思、交流互动、操作观察等。通过学习者外部表现，可以初步判断其认知结构内部发生的变化。教师无法直接干预学习者认知结构内部的学习事件，只能对外部表现施加干预，间接地影响学习者的认知过程，这是教学过程中教师要做的事。

在学习信息加工的过程中，外部事件能提高学习和记忆的效果，当然，外部事件也许能有相反的效果，会妨碍学习。这里，我们只关心这些活动的积极方面，只关心它们促进学习和记忆的效果。加涅将影响内部过程的外部事件概括为表4-1，详细的内容可以进一步阅读《学习的条件》一书。

表 4-1　学习的内部过程与外部事件的对应关系

内部过程	外部事件
注意（接受）	刺激的变化引起了注意
选择性的知觉	对象特点的增加与分化便利了选择性的知觉
语义的编码	言语指示、学习建议促进语义的编码
检索	暗示或线索的呈现（如表格、箭头、节奏等）帮助检索
反应组织	关于学习目标的言语指示告诉学习者期望哪一类的动作
控制过程	指示建立了心向，以推动与选择适当的方法
期望	告诉学习者学习的目标，为动作建立特别的期望

二、学习者的认知方式

在心理科学研究的早期，人们注意到，有些人在思维中倾向于以言语的方式表征信息，而另一些人则倾向于以表象的方式加工信息。这使得人们意识到，学习者在认知方面存在不同，并用"认知方式""认知风格"等来表示这种差异。

20 世纪 40 年代以来，认知风格研究得到了长足的发展。学习心理学提出过近百种认知风格类型理论，每一种认知风格理论的基本描述、评价方法、对行为的影响以及风格类型不尽相同，众多认知风格理论对某些相同维度所用名称或标签也不一致。目前，学生在认知方式方面的差异问题，已引起教学设计人员和教师的广泛注意，这方面的研究成果成为教学设计重要的根据。以下着重介绍几种教学设计中常用的认知方式。

（一）场独立型和场依存型

在众多的认知方式中，由赫尔曼·威特金（Herman A. Witkin）提出的场独立型和场依存型，近年来教育心理学关注得较多。

场独立型是指个体根据自己所处的生活空间的内在参照去学习，从自己的感知觉出发去获得知识、信息；场依存型是指个体依赖自己所处的周围环境的外在参照，在环境的刺激影响下去定义知识、信息。

场独立型的学习者在内在动机作用下学习，而不受或很少受外界环境因素的影响，习惯于单独学习、个人研究、独立思考；场依存型的学习者较易受别人的暗示，如往往受教师的鼓励或别的暗示影响，他们学习的努力程度往往受外来因素的影响。表 4-2 总结了场独立型与场依存型学习者的偏好。

表 4-2 场独立型与场依存型学习者的偏好

偏好类型	场独立型学习者	场依存型学习者
学科偏好	理工科	文科
学习策略	独立自觉学习 由内在动机支配	易受暗示，学习欠主动 由外在动机支配
教学偏好	结构不严密的教学	结构严密的教学

场依存型的学习者在认知活动中不那么主动地对外来信息进行加工，倾向于参照外在事物，作为信息加工依据，即知觉对象是什么样就看作是什么样，通常很难从包含刺激的背景中将刺激分辨出来，所以他们的知觉很容易受错综复杂的背景的影响。例如，如果在他们熟知图形的背景中添加一些纵横交错的线条，他们则可能感到难以认出这个原来熟悉的图形。他们在受到批评时，学习效果会显著下降。这种学生喜欢有人际交流的集体学习情境，对社会学科材料的学习与记忆效果较好，需要明确的指导和讲授，喜欢结构严密的教学。

场独立型的学习者在认知活动中倾向于更多地参照内在感觉，作为信息加工的依据，通常总是把要观察的刺激同背景区分开来。他们的知觉比较稳定，不易因背景的变化而改变。他们比较自主，当情境需要或内在需要时，能对所提供的信息进行改组。这种学习者善于学习理工学科内容，往往能明确提出自己的目标，能更好地进行分析，愿意独立学习、个人钻研，对所提供的学习材料能重新组织，较适应结构松散的教学方法。

具有场独立型特征的人，倾向于以分析的态度接受外界刺激，在知觉中较少受环境因素的影响；具有场依存型特征的人，倾向于以整体的方式看待事物，在知觉中表现为容易受环境因素的影响。表 4-3 总结了场独立型、场依存型学习者的特征与教学关键。

表 4-3 场独立型、场依存型学习者的特征与教学关键

认知风格类型	优势	劣势	教学关键
场独立型	善于分析，喜欢学习无结构的材料，受外界环境的干扰较小，有个性	倾向于冲动、冒险，容易过分主观	引导学生：博采众长，多反思
场依存型	善于把握整体，处理事情条理化，喜欢与同伴一起讨论或进行协作学习，容易适应环境，受大家欢迎	谨慎，不愿冒险，容易受外界环境的干扰，学习欠主动，受外在动机支配	鼓励学生：要有自己的主见，遇到困难不要气馁

（二）沉思型和冲动型

在教学实践中，我们会发现有些学生做事比较稳、反应比较慢；有些学生做

事比较急、反应很快。在心理学上，将这两类比较对立的风格称为沉思型和冲动型。研究表明，这两种风格在学习上存在的差异主要体现在，沉思型与冲动型学习者在很不确定的情境中的解答的有效性和思考的周密程度不同。

沉思型的学习者在有几种可能解答的问题情境中，倾向于深思熟虑而错误较少；在碰到问题时倾向于深思熟虑，用充足的时间考虑、审视问题，权衡各种问题解决的方法，然后从中选择一个满足多种条件的最佳方案，因而错误较少。沉思型学习者在阅读、推理测验和创造设计中的成绩较好。

冲动型学习者根据问题的部分信息或未对问题做透彻的分析就仓促做出决定，反应速度较快，但容易发生错误。相比之下，冲动型学习者阅读困难，学习成绩常不理想。

有的研究人员通过指导冲动型学生具体分析、比较材料的构成成分，注意并分析视觉刺激，较有效地克服了他们的冲动型认知行为。也有人训练冲动型学生大声说出自己解决问题的过程，进行自我指导，在获得连续的成功以后，由大声自我指导变成轻声低语，从而使这些学生学会有条不紊地、细心地进行学习和解决问题。表4-4总结了沉思型、冲动型学习者的特征与教学关键。

表4-4 沉思型、冲动型学习者的特征与教学关键

认知风格类型	反应速度	认知偏好	错误概率	教学关键
沉思型	慢，沉稳	阅读、推理、创造性设计	小	多鼓励，提高他们的表达能力和敢于表现的勇气
冲动型	快，急躁	多角度任务，快速做出判断	大	有意识地训练冲动型学生克制冲动，培养他们勤于思考、善于分析的好品质

（三）个性意识倾向性

个性意识倾向是个体人格方面的因素，由个体的遗传特征和后天成长环境共同作用形成，一旦形成就比较稳定。如有些学生比较怯懦、孤独，他上课迟到在教室前面走过或穿着一件新衣服时，总觉得大家都在看着他，十分不自然。相反，有些学生非常希望得到被别人注意的感觉。此例只是个性意识倾向的一个方面，对学习影响比较大的倾向性差异主要有两个方面：控制点和焦虑水平。

1. 控制点

近年来，在教育心理学中，将控制点（locus of control）作为影响学习者学业成就的一种人格因素日益受到重视。

所谓控制点是指人们对影响自己生活与命运的那些力量的看法。该理论研究个体对自己的行为方式和行为结果的责任的认知和定向，即研究个体行为方式的

信息和控制过程，一般分为内部控制与外部控制。

具有内部控制特征的人相信，自己所从事的活动及其结果是由自身具有的内部因素决定的，自己的能力和所做的努力能控制事态的发展。具有外部控制特征的人认为，自己受命运、运气、机遇和他人的控制，这些复杂且难以预料的外部力量主宰着自己的行为。

属于内部控制点的人更能抵御来自他人的压力和操纵，更能区分来自他人的各种影响；属于外部控制点的人不善于说服他人，容易被他人说服，他们不怎么积极设法解决心理问题。

控制点不同，决定了个体的行为和归因方式也不同。在学生学习的过程中，学生不同的控制点对其学习成效的影响也就不尽相同。一般说来，内部控制者具有较高的成就动机，外部控制者的成就动机相对较低。

内部控制者把学业上的成功归因为能力和勤奋，因此，成功将会给他们带来更多的鼓励，提高他们的学习信心，失败则是需要付出更大努力的标志。他们对待困难的学习任务的态度是积极的，常选择适合自己能力的中等的、适度的学习任务。相反，外部控制者把学习成败归因于外因，缺乏自信，在学习活动中表现出无能为力的态度。学习成功或用鼓励及其他强化方式并不能增加他们的努力，他们不能适时改变自己的行为以选择合适的学习任务。表 4-5 总结了控制点与归因的关系。

表 4-5　控制点与归因的关系

控制点	归因		稳定性
内部	能力	成功："我很精明" 失败："我笨"	稳定
	努力	成功："我尽了努力" 失败："我没有尽最大的努力"	不稳定
外部	任务难度	成功："任务容易" 失败："任务太难"	稳定
	运气	成功："我走运" 失败："我倒霉"	不稳定

具有内部控制点的个体比具有外部控制点的个体更潜心追求知识、学习文化，因为他们认为应对自身的结果负责，知识的多少、文化素养的高低、成功的概率完全取决于自身努力的程度；他们还热衷于收集资料和信息，以利于获得成功。

2. 焦虑水平

焦虑是指个体对某种预期会对他的自尊心构成潜在威胁的情境所产生的担忧反应或反应倾向。人无远虑必有近忧，客观情境对所有的个体自尊心都可能构成威胁，进而引发焦虑。焦虑本身是人类一种正常的情感反应，焦虑的生存论意义在于引导个体迅速地采取各种措施，紧急调动各种资源，以有效地阻止现实或未来事物的价值特性出现恶化的趋势，使之朝着利好的方向发展。

同样的威胁，对不同的个体引发的焦虑水平不同，这取决于自尊心受到威胁的程度。过度的焦虑或过弱的焦虑，都会形成情感性或生理性疾病。对学习者而言，适度的焦虑可以提高学习的效率，效率和焦虑水平之间呈倒 U 形关系，过高或者过低的焦虑都不利于学习者的学习。

对焦虑水平不同的学习者，宜采用不同压力水平的教学和测验。对低焦虑水平的学生，宜采用有较大压力的教学和测验，以促使他们的动机水平提高；对高焦虑水平的学生，宜采用压力较低的教学和测验，以降低他们的动机唤醒水平，使之由高趋向中等，其学习效果也很好。焦虑水平与教学处理的这种相互作用效果已为实验结果所证实。

个体在学校学习的时期，是一个人从幼稚走向成熟、从家庭迈进社会的过渡期。在身体、自我意识和人格迅速发展的同时，学生面临学业压力，容易出现各种心理、情绪和行为异常等问题。这一阶段的心理问题没有解决好，很可能影响今后的发展。据有关调查，我国中小学生心理障碍多表现为固执、孤僻、自卑、人际关系差、情绪不稳定性和学习适应性差等，这部分个体在成年早期出现反社会人格的概率远高于普通人。

导致学生心理疾病高发的最主要原因，是各种社会压力传导至学校中，诱发了学习者的高焦虑。人们戏称"不谈学习母慈子孝，一谈学习鸡飞狗跳"，虽是笑谈，但也真实地反映了我国现阶段的教育焦虑状态。

教学设计者对高焦虑度特质的学习者要注意提供明确具体的学习目标和更多的学习机会，对他们的学习表现给予积极的和及时的反馈，尽早让他们知道考试的成绩等等。当然，这种情况也会随时随地变化，如在遇到高度陌生、异常复杂或具有威胁性的学习情境时，一个内部控制者可能也会缺乏自信，在学习活动中表现出无能为力；一个具有低焦虑度特质的学习者可能变得高度焦虑，认为自己难以胜任等等。

（四）左右半脑优势特征

脑科学研究结果表明，虽然大脑左右两半球在结构上几乎完全一样，但是在功能上却有所不同。

左半球是处理言语，进行抽象逻辑思维、集中思维、分析思维的中枢，它主管人的说话、阅读、书写、计算、分类、言语回忆和时间感觉等，具有连续性、有序性、分析性等机能。右半球是处理表象，进行具体形象思维、发散思维、直觉思维的中枢，它主管人的视觉、复杂知觉、模型再认、形象记忆、空间关系认识、几何图形识别、想象、隐喻理解、隐蔽关系的发现、模仿、态度、情感等，具有不连续性、弥漫性、整体性等机能。

　　由于生理类型的差异，有的学生在心理能力上表现为左脑优势，有的是右脑优势，有的则是两半球脑功能和谐发展。分析学生左右脑功能优势，对教学内容、方法、媒体、评价等方面的设计具有一定的实践意义。对于正常学习者来说，大脑左右两半球的功能是均衡和协调发展的，既各司其职又密切配合，二者相辅相成，构成一个统一的控制系统。若没有左脑功能的开发，右脑功能也不可能完全开发，反之亦然，无论是左脑开发，还是右脑开发，最终目的是促进左右脑的均衡和协调发展，从整体上达到个体潜能的最大化开发。

　　在日常教学实践中，我们会发现有的学生左手用鼠标，有的学生右手用鼠标。有些人在生活中做技巧性活动习惯用左手，俗称左撇子；大多数人习惯用右手，称为右利手。有人说左撇子聪明，但这并没有充分的科学依据，从严格意义上讲，人体没有办法做到绝对均衡和对称，人的肢体侧向性发展是正常的。

　　大多数人习惯用右手运动，如写字、打球、拿锤子、使刀子等，于是在教育孩子的时候，也倾向于右利动作，给孩子纠正一些"错误"的侧向。也有理论认为，右脑主要从事形象思维，右脑的存储量远大于左脑，右脑有如此巨大的存储量，不去应用是浪费资源，主张应该多用左手开发右脑。从教育的角度来说，应该顺其自然，充分利用各自的优势，不必刻意纠正，做到左右脑协调平衡发展，就一定会收到很好的效果。

三、其他认知人格理论简介

　　（一）格雷戈克的学习风格分类

　　安东尼·格雷戈克（Anthony F. Gregorc）将学习者的学习风格分为具体序列、具体随机、抽象序列和抽象随机四种类型，其特点分别如下所示。

　　（1）具体序列型风格的学习者喜欢通过直接动手实验来学习，希望把学习经验组织得逻辑有序。采用学习手册、演示和有指导的实验练习，能使他们获得最佳学习效果。

　　（2）具体随机型风格的学习者能够通过试误法，在探索的过程中迅速得出结论。他们喜欢教学游戏、模拟，愿意独立承担设计项目。

（3）抽象序列型风格的学习者善于理解以逻辑序列呈示的词语和符号信息，喜欢阅读和讲授的教学方法。

（4）抽象随机型风格的学习者特别善于从演讲中抓住要点、重点，理解其意思，还能对演讲者的声调和演讲风格做出反应。小组讨论、进行有问答的讲授、播放电影和电视的方式，学习效果较好。

（二）拉齐尔的多元智能理论与学习风格

戴维·拉齐尔（David Lazear）认为学习者的智能是多元的，对学生来说，以测验为本的学习是一种不公平的学习方式，因为测验主要考查学习者的言语和逻辑智力，只能使具有这两种智力特征的学生受益。

为此，拉齐尔把多元智能理论和学生的学习风格联系起来，提出多元化的学习方式，志在改变学校单一的学习方式，满足各种学习风格的学习者。他认为通过利用适合学习者的独特的学习风格，学生就会很好地以个人的学习方式来理解学科内容，并能充分发挥自身的智力潜能。拉齐尔提出的不同智力类型与认知偏好和学习风格的关系如表 4-6 所示。

表 4-6　不同智力类型与认知偏好和学习风格

智力类型	认知偏好	学习风格
言语/语言智力	通过书写、口语、阅读等语言层面的方法	讨论、辩论、公开的演讲，正式和非正式的谈话、创意写作以及语言上的幽默等
逻辑/数理智力	通过寻找和发现形态的过程以及解决问题的过程	计算、思维技巧、数字、科学推理，逻辑、抽象符号以及形态辨别
视觉/空间智力	通过外在的观察与内心的体验	素描、绘画、雕塑、剪贴、具体化、形象化以及创造形象等
身体/运动智力	通过身体移动和从操作中学习	舞蹈、戏剧、游戏、角色扮演、非语言行为、运动与创作
音乐/节奏智力	通过倾听音乐节奏以及旋律的方法	唱歌、演奏乐器、环境背景的声音以及各种音质的组合及各种节奏等
人际交往智力	通过人与人之间的联系、沟通，与他人合作，同情心，社会交往以及竞争等	有效的语言与非语言交往，与他人合作性的工作，对集体活动的组织和安排
自我内省智力	通过反思自我和元认知方法	有效地处理自己的情绪问题，调整自己的学习计划
自然观察智力	通过识别周围的事物，并能概括出其本质性特征	实地考察，动手摆置观察其变化

(三)阿姆斯特朗的多元智力理论与学习风格

托马斯·阿姆斯特朗(Thomas Armstrong)在《课堂中的多元智能》(*Multiple Intelligences in the Classroom*)一书中提出,每一个学习者都有其自身的智力优势,同时也有其不足方面,用较为狭隘的单一维度的智力来衡量所有的学生,势必无法发现存在于每个学生身上的闪光点。阿姆斯特朗认为,应该将每个学生的智力强项或优势与适合学习者本人的学习方式结合起来,建立一套与每个学生的智力强项相匹配的学习风格。他描述了不同智力类型与学习需要和学习风格的关系,如表4-7所示。

表4-7 不同智力类型与学习需要和学习风格

智力类型	学习需要	学习风格
言语/语言智力	书籍、日记、会话、讨论、辩论等	主要通过听、说、读、写的方式学习,听故事、讲故事、谈话能激发他们产生学习的欲望。教师应为他们提供丰富的阅读与视听材料
逻辑/数理智力	做试验用的材料、科学素材,喜欢参观	主要通过概念形成和模式识别等方式学习,长于计算,善于收集资料。教师应为他们的实验和操作提供具体的材料,如魔方、益智游戏等
视觉/空间智力	艺术、电影、游戏、插图,喜欢参观艺术博物馆	教师应通过想象、画面、图片和丰富的色彩进行教学,同时还应该帮助孩子的父母对他们所幻想的内容进行生动的描述
身体/运动智力	角色扮演、戏剧创作、运动	主要通过触觉、身体运动等方式学习,角色扮演、戏剧的即兴创作均能激发他们的学习欲望。教师应安排用手操作的活动来为他们提供最佳的学习机会
音乐/节奏智力	唱歌、听音乐会、演奏音乐	喜欢听音乐,主要通过节奏和旋律进行学习,喜欢把所学的内容唱出来,喜欢在做事时拍打节奏
人际交往智力	要有众多的朋友,喜欢小组学习、集体活动、社会参与	主要通过与他人的联系、合作、交往等方式学习,小组教学是适合他们学习的最好方式,教师应为他们提供与同伴交往的机会,参加学校与班级的各种活动
自我内省智力	需要有单独的时间,需要自定步调、自主选择	主要通过自我激发式学习,通过自定计划能学得更好。教师应尊重他们的业余爱好,承认他们所从事的活动
自然观察智力	接近自然,需要有探索自然的设备和工具	运用科学仪器来观察自然,喜欢从事些与自然相关的项目;参加环境/野生动物保护组织;积累和标示出各种自然收集物

第三节 学习者初始技能分析

任何一个学习者都是把他原来所学的技能带入新的学习过程中的,因此教学设计者必须了解学习者原来具有的水平,我们称之为起点水平或初始能力。教学好比旅行,旅行前必须知道出发点和目的地,教学前也必须明确教学目标和学习者的原有学习准备情况。通过对学习需要的分析，我们已确定了总的教学目标，即目的地，而初始能力分析就是要确定教学的出发点。

评定学习者在新的教学开始之前的起点水平，其目的有两个：一是预备技能分析，即了解学习者是否具备了进行新的学习所必须掌握的知识与技能，包括对当前学习有辅助作用的背景知识或技能；二是目标技能分析，即了解学习者对所要学习东西的已知程度。

一、对预备技能和目标技能的测试

对于学校教育，由于教学对象的特征相对稳定，教学大纲和教学计划有一定的规律性和连续性，学生的成绩、各方面的情况也有记录。因此，教师可以采用一般性了解手段获得学生的初始技能信息。比如，对先行课的掌握情况，可以查阅学生的成绩，以及通过学科的任课教师了解学生的情况。这样可以对学生具备的先决知识、技能有一个大体的了解。但是通过这种方法获得的信息不十分准确可靠，为了弥补该方法的不足，通常在一般性了解的基础上对学生的初始能力进行测验。

根据新的学习内容的基础知识和预备知识编制测试题，测试学生对预备知识的掌握情况。这种测试称作前测，是比较准确有效的方法。前测的主要作用是确定学生究竟已掌握了多少将要教的知能，检查学生的"先知"程度。前测的另一个作用是了解学生对目标技能的掌握情况。所谓目标技能就是通过学习要求学生掌握的知识或达到的技能水平。对目标技能的预测有助于我们确定教学内容，做到内容组织详略得当。

对于高等学校的学生，即使在同一个年级的同一个班，由于兴趣爱好的差异，对某一课程的理解和具备的知识、技能也会有很大差异，所以面对这样一个班级授课时，要考虑学生对该学科的目标技能。当然，假如教师知道学生对学习内容是完全陌生的，这类预测就失去了意义。

教学设计强调教学效果的评价以预先确定的目标为依据。在学习结束时，以具体学习目标为基础编制考试题目，来检查学生达到目标的程度，这样，学习目标与测试题之间就存在一种直接的联系。所以，在一门学科开始时，可以根据教学目标编制与期末考试内容相似的测试题来考查学生的目标技能。

有的学者主张直接使用期末考试题对学生进行预测，从理论上说，同样的考试题分别用于前测和后测，前后两次成绩的差距即反映了学习效果。

二、了解学生对所学内容的态度

学习态度与学业成绩呈较显著的正相关，学习态度决定学生对学习的付出。

学生具备良好的学习态度，学习就会自发努力，他们会想方法去解决学习过程中遇到的问题，在认知的品质方面也会有所提升，比如思维深刻、广泛联系、学以致用等。

　　了解学生对所学内容的认识和态度，对选择教学材料、确定教学方法、圈定教学侧重点等都有很大影响。比如，对一个非师范专业的班级讲授教学设计理论，学生的学习态度可能是不积极的，这一因素对教学的许多方面都有影响。对教学设计者来说，学习者对待所学内容的态度对教学效果也会产生重要影响。判断学习者态度最常用的方法是使用态度量表。可在有些时候，态度是难以衡量的，无法像预备技能那样通过测试获得。对态度的了解，可以采用问卷、谈话、面试观察等方法获得。

　　通常，课前测试可以用一套问卷，问卷结果出来之后，应对信息进行分析、处理；根据处理的结果，要对教学目标重新进行审核，对教学内容及时分析、进行修正，或通过补课，或删除学生在宗教信仰方面无法接受的内容，使学习内容更加适合所教的对象，提高教学的效果。目前，学习心理学领域有许多比较成熟的学习态度测量量表，在教学设计工作中可以根据需要选择、修订使用。以下是对大学课程的学习态度测量问卷的部分内容。

- 上课前，我会提前到教室。
- 上课前，我会关闭手机。
- 上课时，会想些别的事，以致老师讲解的许多内容，我似乎都没有听到。
- 上课时，我尽量集中注意听老师的讲解。
- 上课的教室比较明亮。
- 某些特别重要的或特别难学的章节，我会在课前预习。
- 我借阅过与本课程相关的书籍。
- 我阅读教材时会画线、做记号或批注。
- 做作业时，有些不好解答的题目，我会想法解答。
- 我和同学交流过与本课程相关的话题。
- 本课程的授课老师，仪容端庄，形象不错。
- 课间，我单独与本课程的老师交流过。
- 我有本课程的课堂笔记。
- 本课程的课堂上，我被老师提问过。
- 本课程的课堂上，我主动发言过。
- 学习本课程，我偏重理解。
- 课后，我会把课堂上所学的内容再回顾一遍，对重点内容进行研读。

- 我喜欢老师讲的许多具体事例。
- 本课程的作业，我都按时上交。
- 在校园里，我曾遇到过本课程的老师，并和他打过招呼。
- 在校园里，我曾遇到过本课程的老师，但没有和他打招呼。
- 我曾经把本课程学过的知识和生活中的事情联系起来过。
- 听老师讲课时，我总喜欢动笔记一些要点、例子等。
- 老师提问时，我期待自己被叫到发言。
- 在准备考试时，我特别希望这门课考出高分。
- 考试前，我整理笔记。
- 考试前，我复印过同学的笔记。
- 关于这门课，我询问过往届的学长。

对学习态度的观察和测量是非常困难的，具有很强的主观性，很容易受学习者对待问卷态度的影响，稍微有点心理学常识的人，可以轻松地给出完全相反的测量结果。所有的测量只能以假设学生真实地回答为前提，通过外显行为推测其内部的态度。如学生每天提前到教室，其实，学生早到教室可能是因为复习其他课程的内容，不一定是对所要上的课有积极倾向。但在统计学意义上，学生对某门课程有端正的学习态度，大概率会早一点到教室，并选择靠前的座位。在一学期中，上课前5分钟有半数以上学生到教室，80%的学生中每人至少有一次早来，上课时学生自觉关闭手机，课间愿意和老师交流等等，从这里我们可以推断学生对该课程的学习持有积极的态度。

第四节 非智力因素及其教学运用

知识、技能的学习是一个非常复杂的过程，要提高学习的成效，不仅需要学生的注意力、观察力、记忆力、思维力、想象力等智力因素的参与，也需要调动动机、兴趣、情感、意志、性格等非智力因素的积极参与。一个人即使具有高水平的智力，如果不同非智力因素相结合，也不可能获得高度的成就。智力因素和非智力因素对获得学习的成功来说是缺一不可的。智力因素与遗传因素的相关性较高，具有相对稳定性，教学设计特别强调对非智力因素的干预，本节对非智力因素及其教学运用作简要介绍。

一、与学习活动相关的非智力因素

非智力因素又称非认知因素，是指除了智力与能力之外的又同智力活动效益发生交互作用的一切心理因素。广义的非智力因素包括智力因素以外的心理因素、生理因素以及道德品质等。狭义的非智力因素则指那些不直接参与认知过程，但对认知过程起直接制约作用的心理因素，包括动机、兴趣、情感、意志、性格等。非智力因素虽不直接参与工作和处理知识信息，但它却推动知识信息的加工处理，如成就动机、求知欲望、学习热情等。非智力因素也包括其他的因素，如勇敢、热情、大方等，这类因素与学习活动相关性不强，我们不作讨论。总体而言，与学习活动相关的非智力因素具有以下特点：①非智力因素是一个整体，具有一定的结构和功能；②非智力因素与智力因素的影响是相互的，而不是单向的；③非智力因素只有与智力因素一起，才能发挥它对学业成就的作用；④非智力因素是学习的动力调控系统。

二、非智力因素在学习中的作用

从人类智慧行为的心理结构看，非智力因素属于非认知性心理机能系统，即动力系统，在学习上发挥着动力、定型、强化和创造等方面的功能。一个学生学习成绩的优劣，除了与记忆能力、观察能力、思维能力等智力因素有关外，还在很大程度上与动机、兴趣、情感、意志、性格等非智力因素有关。

在教学实践中，会发现有很多学生，特别是一些学业成绩不佳的学生，由于调动了非智力因素，极大地发掘了自身的潜能，获得了理想的结果。学习者的非智力因素对知识的掌握以及能力的发展起到如下三个方面的作用。

（一）动力作用

一个学生一旦确立正确的学习动机，会激发出浓厚的学习兴趣，在热烈的情感和顽强的意志驱使下，必然能坚持不懈为之拼搏，不达目的决不罢休，这是非智力因素极好的表现。其实智力本身并没有积极性可言，智力的积极性只能通过非智力因素来调动。

非智力因素是学生学习的动力，是学习积极的心理机制。非智力因素能促进学生的智力健康发展，非智力因素发展较好的学生，学习积极性高，态度正确，求知欲旺盛，注意力集中，自制能力强，这就有助于他们学习成绩的提高，促进智能发展。反之，非智力因素发展不良的学生，学习积极性不高，缺乏自觉性，注意力涣散，情绪不稳定，缺乏毅力。

因此，在教学设计工作中，要注意培养学生的成就动机，训练其负责、刻苦学习的态度，不断激发学生的求知欲和学习热情。

（二）习惯或定型作用

良好的学习习惯，本质上是良好认知和行为的组织情况越来越固定化的结果。智力与能力的发展，往往取决于学生主体原有的意志、气质等非智力因素，以及各种技能的重复练习程度。意志或意志力直接影响智力与能力的目的性、自觉性和坚持性，从而影响认知或活动的质量。自我调节的强度、速度和灵活程度等因素，直接制约智力与能力的性质、效率和品质，长久地坚持就会起习惯或定型的作用。

（三）补偿作用

非智力因素能够弥补智力与能力的某方面的缺陷或不足，所谓勤能补拙就是这个道理。学生的性格在这方面的作用是比较突出的，如学生在学习过程中的责任感、坚持性、主动性、自信心和果断性等意志特征，以及勤奋、踏实的性格特征，都可以使学生克服因知识基础较差而带来的能力上的弱点。智力发展不好的学生，只要非智力因素得到发展，便可以弥补其智力的不足。笨鸟先飞、早起的鸟儿有虫吃，说的就是用良好的非智力因素补偿不良智力因素。正因为发挥了非智力因素的作用，某些智力水平不是太高的学生也能取得良好的学习成绩。另外，由于缺乏非智力因素的培养，学生的成绩、能力、耐力也势必会受到影响。

有相关研究表明，非智力因素在一定程度上对成就的影响比智力因素还要大，在对成就影响的诸要素中，智力因素只占较小的比例，而控制情绪的能力、抓住机遇的能力等非智力因素更为主要。

三、与学习活动相关的非智力因素的分析

在教育实践中，我们发现学习者的学习动机、学习情感、意志力、个性意识倾向性、性格与学业成绩有较强的相关性，在教学设计的工作中需要给予重视。

（一）学习动机

学习动机是指引发与维持学生的学习行为并使之指向一定学习目标的一种动力倾向，包含学习需要和学习期待两个成分。学习活动中动机的作用是复杂的，对于教学设计者来说，了解和掌握学生学习动机的类型和特点，有利于进行有效的教学设计。

与学习活动相关的动机主要是成就动机。所谓成就动机，是指按个人意愿去做自己认为有价值的事情，并力求获得成功的一种内在的驱动力量。成就动机主要由认知内驱力、自我提高内驱力和附属内驱力构成。

1. 认知内驱力

认知内驱力是一种求知的需要，即一种指向学习任务的动机。这种内驱力主要是从好奇的倾向派生出来的，如探究、认识、理解事物的奥秘。这些好奇心与探究环境的倾向，最初只是潜在的动机力量，这种潜在因素要通过在实践活动中不断取得成功才能逐渐形成和稳固下来。学生对某门课程的认知内驱力不是与生俱来的，而是在学习过程中，由于多次获得成功，体验到满足需要的乐趣并逐渐巩固，从而形成一种比较稳固的学习动机。

认知内驱力与学习的目的性有关，当一个人清晰地意识到自己学习活动的意义，并以它来推动自己的学习时，这种学习的意义就成为一种有力的动机。在学习过程中，学生能够不断获得成功的学习经验，成功的学习经验又会使他们在随后的学习中有新的期待。由此可见，认知内驱力与学习之间的关系是相互促进的。认知内驱力对学习起推动作用，学习又转而增强认知内驱力。研究表明，这种获得知识本身的认知内驱力在学习中是一种最重要和最稳定的动机，它对学习起很大的推动作用。

认知内驱力指向学习活动本身，满足这种动机的强化物又是由学习自身产生的，因而也被称为内部学习动机。

2. 自我提高内驱力

自我提高内驱力是指个体因自己胜任学习而赢得相应认可的需要。这种需要在儿童期已开始萌芽，入学后日益发展，逐渐起重要作用，成为成就动机的主要组成成分。自我提高内驱力既可促使学生把自己的行为指向当时的学业，又可促使学生在这一成就基础上把自己的行为指向未来的目标。

自我提高内驱力与认知内驱力不同，它并非直接指向学习任务本身，而是把一定成就看作是赢得一定地位和自尊心的手段。一个人赢得的地位通常是与他的成就水平相称的，成就的大小决定着他所赢得地位的高低，它是一种外部动机。

在学习中认知内驱力固然重要，但激发学生自我提高内驱力也是必要的。不可忽视的另一个方面是和学业上的失败相联系的丧失自尊的威胁。这种威胁也可以促使学生在学业上做出艰苦努力，因而也是调动学生学习动机的一种策略。在教学过程中，教师中肯而又切合实际的批评，会成为激发学生进一步努力学习的动力，但是，不应让学生在学业上屡遭失败。如果考试一直得低分，学生便会产生焦虑，从而使自尊心受到严重伤害。经常失败的体验还会导致志向水平的降低，最终将引起回避和退缩反应，使学生丧失学习的信心。

3. 附属内驱力

附属内驱力是指一个人想获得自己所附属的长者，如家长、教师的认可和赏识的欲望。研究表明，具有高度附属感的学生，一旦得到长者的肯定或表扬，就会情绪高涨，心情愉悦，从而会进一步努力学习，争取更好的成绩。反之，如果他们的努力暂时得不到长者的赞许，可能会导致学习积极性下降，甚至丧失努力的动力。附属内驱力不是直接指向学习任务的，只是为了满足教师、家长的要求，从而保持自己得到教师、家长的赞许或认可的需要而已。它也是一种外部动机。

对于在校的学生而言，认知内驱力、自我提高内驱力和附属内驱力在动机结构中所占的比重，在教学设计过程中需要重点关注。通常随着年龄、人格结构、社会地位、文化背景等因素的变化，这三种内驱力在动机结构中所占的比重会发生变化。比如，有一些成人学习者，不再需要参加考试，不指望别人的表扬，好奇心也在下降，甚至看淡了名利，但是仍能活到老学到老。

（二）学习情感

在对非智力因素的研究中，情感是一种对智力活动有显著影响的非智力因素。所以，在教学设计时，必须关注学习情感的稳定性和激励性，控制冲动性和抑制性，发挥其有利于学习的作用。20世纪60年代以后，心理学家对认知与情感的相互关系进行了大量研究，为我们认识情感在智力活动中的作用提供了有益的根据。

情感具有两极性，表现为情感的肯定及否定，如满意和不满意、愉快和悲伤、爱和恨等。情感的产生以需要为中介，如果外界的事物能够满足我们的需要，符合我们的愿望与观点，就会使我们产生肯定的态度，引起满意、愉快、喜爱、羡慕等积极的体验。否则，就会使我们产生否定的态度，引起不满、悲哀、厌恶、轻蔑等消极的体验。构成肯定或否定两极的情感并不绝对互相排斥，它们可以在一定条件下相互转化，甚至可以在同一事件中同时出现，如悲喜交加、又爱又恨等。

积极的情感能提高学习者的学习能力，如愉快的情绪能鼓舞学习者的信心，甚至使其忘我地去钻研；消极的情感则会降低学习者的学习能力，如忧愁、悲伤、焦虑、灰心等会减弱学习效果。情感的两极性，反映了情感的内容、强度、稳定性、概括性和深刻性等，反映了情感的发展水平和复杂程度。在教学设计工作中需要注意情感的两个方面。

1. 情感强度

情感强度对智力活动的影响是明显的，情感强度差异同智力操作效果之间呈倒U形关系，也就是说，过低或过高的情感唤醒水平，都不如能够导致较好操作效果的适中的情感唤醒水平。

极高强度的情感，往往使学习者进入应激状态，导致行为紊乱，出现不必要的动作或思维混乱、记忆失误等。当然，人不能没有应激，长期没有应激状态，也不能使人获得锻炼，因为人总会遇到出乎意料的紧迫情况，必然会引起急速而紧张的情感状态。学生临考时的怯场，往往是缺乏应激状态锻炼的结果。

在教学实践中，部分学生会出现焦虑过度的状态，这种状态会对学习产生抑制作用，破坏短时记忆，使学生不会随机应变，重新组织思维活动受抑制，如有的学生在考试的时候突然出现头脑中一片空白的现象。教学设计过程中，需要考虑对不同焦虑水平的学习者给予适中的唤醒水平，这样既可以引导个体积极主动地应对学习困难，又保证了智力活动必要的活力。

2. 理智感

理智感是在智力性活动中认识事物时所产生的情感体验，如在学习时表现出的兴趣、好奇心和求知欲，在研究中面临新问题时的惊讶、怀疑和困惑，对自己深思所得结论的确信感，认识某一事理后所感到的欣然自得等。学习者越是积极地参与智力活动，就越能体验到更强烈的理智感。

学生的学习是一个漫长的、艰苦的过程，不可能总靠兴趣引导，也不可能依靠外部激励维持，需要不断地自我激发学习情感和学习理智感，并把情感维持在适中的水平上，始终保持着学习的理智感，让学习的情感性和理智性密切地联系着，彼此相互激发，成为自激系统。如果两者相结合，可以使学生在积极的情感气氛中，把智力活动由最初的愉快体验逐步发展为热情而紧张的智力过程，从而积极地提高学习成绩。教师要不断培养学生的理智感，激发学生的求知欲，并让学生在学习中体验到获得知识的快乐和获得成功的喜悦。

（三）意志力

意志力是人们自觉地克服困难完成预定目的任务的心理能力，是人能动性的突出表现形式。学习者的意志力极大地影响着学习活动，甚至是学业能否取得最后成功的决定因素。

人类的活动是有意识、有目的、有计划的。只有人类才能在自然界打上自己意志的烙印，能够自觉地确定目的、克服困难、实现目的。克服困难的过程，需要意志对个体的行动发挥支配或调节作用。意志对行动的调节，有发动和制止两个方面，前者是推动人去从事达到预定目的的积极行动，后者表现为抑制或拒绝不符合预定目的的行动。发动和制止这两个方面又在实际活动中得到统一。正是拥有这种调节，才使人去克服各种外部的或内部的困难。

与智力性活动有关的意志因素主要是意志力。意志力是学习者在长期的学校生活中所形成的意志品质，这种品质一旦形成就相对稳定。一般说来，意志力具有四个方面的特征。

1. 意志的自觉性

作为社会性存在的人，行为模式和动物有着本质性差异，人能够对自己行动目的的正确性进行反思和判断，明确地认识行动的意义，从而自觉地行动，以达到既定的目的，这叫自觉性。人的自觉性是一种意志品质，它使人主动、独立地调节自己的行动，使行动服从于既定的目的，而不是事事依靠外力的督促和管理。例如，学生在没有教师和家长监管的情况下，仍能刻苦读书、自觉学习，不需要别人去督促，这是学习得以成功重要的前提。学生如果一直靠外力督促去学习，缺乏意志自觉性，是很难走远的。

与自觉性相反的是受暗示性和独断性。有些人没有坚定的意志力，很容易受别人的影响而改变既定目的，这叫受暗示性。也有一些人，不接受别人的合理建议，毫无理由地坚持自己的错误做法，独断专行，这叫独断性。受暗示性和独断性两者在表面上似乎截然不同，实际上都是对行动的原因、结果及意义缺乏认识，是意志薄弱的表现。

2. 意志的果断性

果断性是善于迅速地辨明是非，当机立断，做出决定，执行决定。果断性的发展与人的自觉性、抽象思维能力的发展分不开。一个具有果断意志品质的人，善于根据具体材料进行分析、判断，分辨是非真假，迅速而正确地做出行动的决定。

与果断性相反的是轻率和优柔寡断。有人遇事不加考虑，轻举妄动，草率地做出决定并采取行动；也有人经常表现出三心二意、徘徊犹豫的心情，甚至议而不决，决而不行，最终取消已执行的决定。这两者都不是果断性的表现。

3. 意志的坚定性

坚定性又叫毅力，是人能克服外部或内部的困难、坚持完成任务的品质。意志坚定的人，能以充沛的精力和坚韧不拔的毅力克服困难和障碍，坚决完成既定目的、任务的意志品质。学校教育中，学习成绩提高得快的学生，一般都与坚持刻苦的学习显著相关。

与坚持性相反的是意志薄弱。有的人虎头蛇尾，一遇到困难就垂头丧气，动摇妥协，失去信心和决心，这叫没有毅力；明知行不通，也要顽固地坚持，缺乏纠正的勇气，这也不能算是有毅力。

4. 意志的自制力

自制力是人控制和支配自己思想、感情和行动的能力。有时表现在迫使自己去完成应当完成的任务，有时表现在抑制自己的想法或行动而不去想或不去做某事。

与之相反的是任性和冲动，即不善于控制自己，率性而为放纵自己，不能调节行动。在教学实践中，不少学生智力条件并不差，但学习成绩却并不理想，与自制力不强是有直接关系的。当然，也存在一种情况，个别人活力不足、性格拘谨、躺平懒惰、浑浑噩噩，这种情况不属于自制力，不应该把自制力与这些不良个性特点混同起来。

（四）个性意识倾向性

个性意识倾向性，本质上是"需要"的表现形态，包括兴趣、爱好、动机、目的、欲望、理想、信念、世界观等等。不论这些表现形态有多少种，也不论它们之间有何细节的区别，整体而言它们都体现了需要的三个特点：一是对象性，即需要及其表现形态总是具有自己的内容，总是指对某种东西、某种条件或活动的某种结果的需要或者兴趣、欲望、理想等等；二是周期性，即许多需要及其表现形态能重新产生、重新出现，这是主体内部或外部环境周期性及其要求变化的反映；三是动态性，即需要及其表现形态是不断变化和发展的，它随着满足需要的具体内容和方式的改变而不断变化和发展。

对学习者的心理发展来说，个性意识倾向性是学习的动力系统，教学过程中，需要借助于个性意识倾向性动力作用，为智力性活动提供活动的能量。与在校学生学习有密切关系的个性意识倾向性主要有理想、兴趣和动机。关于动机问题前面已经讨论过，在此主要讨论理想和兴趣这两个因素。

1. 理想

理想是表现为奋斗目标的个体倾向，总是指向未来，表现为个体对未来的向往和追求。对在校学生来说，理想的种类及其表现形式很多，影响理想形成的因素也非常多样，如家庭成员和教师的言传身教，成长过程中某类事件的启发指引，文艺作品、影视的激励或诱导，英雄人物、杰出科学家的榜样示范等等。随着年龄的增长，具体的英雄人物、家长、教师的影响逐渐由大变小，而社会、伴侣的影响逐渐由小变大，个体的理想也会发生改变，如有的孩子小时候想当科学家，看了一些影视作品以后想当英雄。

教学设计过程中，需要关注青少年的特点，遵循其身心发展的规律，将正确的价值观融入教学设计的各个环节，抑制和降低社会不良影响的作用。

2. 兴趣

兴趣是一种带有情绪色彩的认识倾向，它以认识和探索某种事物的需要为基础，是推动个体去认识事物、探求未知事物的一种重要意识倾向，是学生学习中最活跃的因素。兴趣是个人对某种事物积极探究、对某种活动积极参与的心理倾向。有了学习兴趣，学生会在学习中产生很大的积极性，并产生某种肯定的、积极的情感体验。心理学对兴趣的研究主要包括四个方面：兴趣的内容及其社会性、兴趣的起因及其间接性、兴趣的范围及其广泛性、兴趣的时间及其稳定性。

学习者的学习兴趣有一个发展过程，一般说来，他们兴趣发展的趋势是由对学习的直接兴趣引向间接兴趣，由笼统的兴趣走向兴趣的逐渐分化，由不稳定兴趣趋向稳定兴趣，兴趣的社会性和广泛性也在逐步发展。一般而言，兴趣层次高的学生，对符合社会意义的内容具有健康的认知兴趣。他们不仅有直接兴趣而且有间接兴趣，既有中心兴趣又有广泛的兴趣，学习兴趣稳定而持久。

教学设计过程中，要注意不同年龄阶段的学生在学习兴趣上的兴趣点不同。小学生的学习兴趣还不稳定，对学习的形式感兴趣并从中获得满足，任何新颖的、形象的、具体的事物都会引起他们极大的兴趣。因此，多使用信息技术手段呈现丰富多彩的教学资源，变化教学方式，使教学内容编排生动活泼、新颖具体。

中学生的学习兴趣开始明显分化，并趋向稳定，其学习兴趣的范围也不断扩大，表现为对课外阅读和课外活动的兴趣增强，开始注重学习内容的广度。在教学过程中，教师要引导学生在该领域涉猎更广泛的知识，培养学生的志趣。作为教师，要注意从教材中深度挖掘相关知识，引导学生去广泛涉猎，使学生处于积极开动脑筋的智力活跃状态。

大学生的兴趣比较广泛，无法一概而论。一般而言，多数大学生对有关社会生活、人生路向、国家状态、世界格局等的话题比较感兴趣，教学设计时可以适当融入。但是，专业性和理智性是大学教育最重要的，不建议使用太多的教学技巧。

（五）性格

性格是一个人对待现实的稳固态度以及和与之相适应的行为方式的独特结合。性格在个性中起核心作用，学生在成长过程中，各种事物不断地渗透到个体的经历之中，形成了个体对待事物的独特的态度和反应。这种态度和反应在个人的经验中得到巩固，就会成为该个体在某些场合中的习惯行为方式。

从性格表现的倾向性来划分，性格包括内倾和外倾两种类型。在中小学阶段，学生形成稳固的性格特征之后，性格就成为影响学生智力活动的一个重要因素。在各种性格类型中，与学习活动密切相关的有以下五种，在教学设计中需要给予注意。

1. 竞争型性格

这类学习者争强好胜，努力学习是为了表现自己比班上其他人聪明，把课堂视为展现自我的机会，把班级视为竞争的场所。他们注意分数和教师的肯定与奖励，希望在与其他学生的共处中表现突出。同种性格的同学之间关系紧张，暗中较劲，人际关系问题是需要注意的问题。教学设计时，注意引导这种性格的学生多参加协作学习、合作学习。

2. 协作型性格

这类学习者喜欢与同学合作，把课堂看作学习社交的生活场所。愿意同其他人交换意见，乐意帮助别人，遇到问题愿意问同学，善于和老师沟通。

3. 回避型性格

这类学生对课堂学习和班里发生的事不感兴趣，不愿意参与课堂里的师生活动。表面有点无所谓的感觉，但是内心还是渴望老师或同学能看到自己需要帮助、陪伴和安慰。别人没有注意到自己，就会觉得自己不够重要。

4. 依赖型性格

这类学生表现为缺乏独立性，没有朝气，感到自己无助、无能。将自己的事务依附于别人，顺从于别人的意志。适应场依存型风格的教学，希望老师布置作业、细致地安排学习任务，在群体中总指望权威人士出现。

5. 独立型性格

这类学生喜欢自己独立思考，独立完成学习任务，学习自己认为重要的内容，但也愿意听取别人的意见和想法。独立型性格的学习者能积极地适应环境，遇到困难能镇静沉着地思考应对措施，较少受他人的暗示，相信自己的观点和理解是正确的，敢于坚持自己的观点和做法。

客观地说，每一种性格都有其优势，在学校教育中都有其发挥自身优势的环境，但是，任何一种性格一旦超过一定的限度都会对学习者的发展造成障碍。对多数学习者而言，他们的性格都是几种独立性格的复合，会在不同的情境中表现出不同的性格。从教育的角度来说，需要引导学习者注意自己性格的特征，根据不同的情境及时进行自我调整，如在协作学习任务中，要摆脱依赖性，又不可过分独立，注意和同伴的协作，才能顺利地完成学习任务。

本 章 习 题

一、简述题

1. 描述皮亚杰的认知发展阶段学说。

2. 学习者对外部学习条件的偏好有哪些？
3. 简述场独立型和场依存型的学习者在认知活动中的特性。
4. 简述沉思型和冲动型的学习者在认知活动中的特性。
5. 如何进行初始技能分析？
6. 简述非智力因素的教学运用。
7. 简述学习动机的内涵。
8. 举例说明分析学习内容与确定教学起点的关系。

二、思考题

1. 结合自身实际情况，分析自己对外部学习条件的偏好。
2. 对于场独立型和场依存型的学习者，如何因材施教？
3. 教学设计为什么要重视学习者的非智力因素？

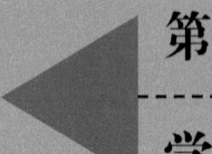

第五章

学习目标的阐明

【学习目标】

学完本章后，学生应能做到：
（1）简述有关学习目标的研究背景。
（2）给学习目标下定义。
（3）阐述学习目标的意义。
（4）阐释布卢姆关于认知领域学习目标的分类。
（5）阐释克拉斯沃尔关于情感领域学习目标的分类。
（6）阐释辛普森等关于动作技能领域学习目标的分类。
（7）用实例说明编写学习目标的基本要求。
（8）指出情感领域学习目标编写的特点及其方法。
（9）在自己熟悉的学科领域里编写符合 ABCD 模式的学习目标。
（10）论述阐明学习目标的主要意义和局限。

【教学方法】

讲授为主，辅助课堂练习

【教学环境】

安装多媒体投影系统的教室

【教学过程】

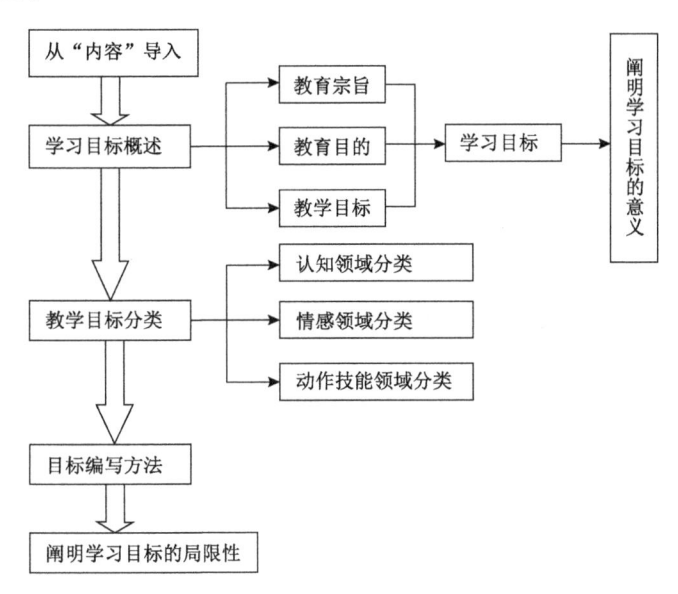

```
从"内容"导入
      ↓
学习目标概述 ──→ 教育宗旨 ──┐
           ├─→ 教育目的 ──→ 学习目标 ──→ 阐明学习目标的意义
           └─→ 教学目标 ──┘
      ↓
教学目标分类 ──→ 认知领域分类
           ├─→ 情感领域分类
           └─→ 动作技能领域分类
      ↓
目标编写方法
      ↓
阐明学习目标的局限性
```

【教学说明】

讲授的顺序和教材上内容的编排顺序略有变动，原因：先讲述"意义"有利于学生对后面内容的重视，便于激发学生的学习期望。

【课堂作业】

用实例说明编写学习目标的基本要求。

【讨论】

阐明学习目标的局限性。

通过前面的学习，我们已经掌握了内容的分析和学习者的特征，在此基础上，我们应阐明学习者在教学活动中要达到的学习目标，使之具体化、明确化，为以后制定教学策略以及开展教学评价提供依据。目标编写和需要分析、内容分析是相辅相成的，内容分析以课程和教材为基础，编写具体的学习目标也离不开具体的内容。

在阐明学习目标的过程中，常有必要对内容做进一步的调整和修改。学习目标的最终确定，还取决于对学习者实际能力的分析。

第一节　学习目标概述

　　学习需要分析的结果确定了要进行设计项目的教学总目标，学习者分析了解了学生的特征，学习内容分析确定了达到教学目的的知识体系。接下来的工作就是将总的教学目的转化为确切的、具体的学习目标。这里首先介绍几个相关性很强的概念。

一、教育宗旨、教育目的、教学目标

　　教育宗旨是指国家或政党在一定历史阶段提出的教育工作发展的总方向、总要求。内容一般包括教育的性质、目的及实现目的的基本途径等。不同国家的社会政治、历史文化背景不同，关于教育宗旨的提法也各异。教育宗旨是教学目标的宽泛性规定，涉及国家教育理念、有关教育的哲学观念、学校的社会角色和人才的理想形象等。

　　教育宗旨也是教育完成特定社会要求的基本指导原则，往往由教育部或其他教育行政部门、专家小组或社会决策者来制定和颁布。陈述的语言往往是描述性的，包含的意义宽泛，可以做多种解读，如为国家培养栋梁之材、提高学生的社会适应能力、应强调全民的终身教育等。教育宗旨规定了学校的办学方向和教书育人的基本要求。在进行教学设计时，由于具体的任课教师较少接触这一层次的目标，故在此书中不做赘述。

　　教育目的是从国家、地区和社会等的角度，要求教学工作者系统分析教学中学校、教师、学生将要完成的教育任务，确定学校的教育计划，也就是所有学生在学校的学习生涯中应该达到的教育水平的描述。教育目的的制定工作常常由教育专门小组、教材编写组或地区教育机构等来完成。相比教育宗旨，教育目的更具体，但还是没有明确教师要完成的具体任务，或学生应该达到怎样的学业水平，如学生阅读技能的发展、艺术欣赏水平的提高等。在教育目的的形成过程中，制定者往往需要考虑这些问题：在社会需求和学生能力发展或素质提高两方面侧重哪一方面？学校教育是精英教育还是大众教育？学术、职业和一般能力三方面是否需要齐头并进？

　　教学目标是对教师授课或学生学习的具体知识、技能、任务、内容和态度的描述，是在学校教育目的的指导下，在课程教学中，教师需要完成的具体教学任务。它可以帮助教师选择教学内容并测评教学效果。在大多数的课堂教学中，学生结构基本固定，教学内容比较明确，而教师面临的主要问题是：哪些内容最为

重要？哪种学习活动最有利于学生学习？怎样的教学计划最为有效？教学目标为这些问题的回答确立了依据。

二、学习目标

学习目标也称行为目标，是对学生通过学习以后能做什么的一种明确、具体的表述，是学生通过学习后能够达到的学习效果与状态。对教师或教学设计者而言，它也常被称作教学目标。

在教学实践中，教学目标和教学目的常常被混同。严格来说，教学目标和教学目的是内涵和外延有着很大不同的两个概念。教学目的是作为统领教学活动全局的一种指导思想而存在的，它是教学领域里为实现教育目的而提出的一种概括性的总体要求，它所把握的是各科教学的发展趋势和总方向。

教学目的是需要大量时间与教学才能实现的复杂的、多方面的总目标，它是被概括陈述的，并包括大量较具体的目标。教学目的的功能在于为政策制定者、课程开发人员、教师和人民提供长远观点和奋斗口号，是当前所期待并为之努力的某种东西。例如：学生经历在学校的学习后，将具备良好的素养；学生学会使用自己的知识，以使他们成为可以解决实际问题的人。但是，教学目的毕竟只是对教学活动的一种原则性规定，对于复杂的教学活动来说，只有一个原则性规定是不够的。要使总的要求落实到整个教学活动体系的各个部分中去，就必须对实际的教学活动水平做出具体的规定，以便层层贯彻和检验。教学过程是由若干等级不同的小过程组成的，每一层次、每个小过程都有自己的具体规定，这就是学习目标或教学目标。

教学目标是体系化、结构化、具体化的，制约着课程、活动等具体任务的进行，是实现高层次目标的基石。教学设计主张，把教学目标转化成学习者视角去描述，并习惯性地将其称为"学习目标"。

学习目标表述的是学习者的学习结果，即学生能做什么，不说明教师将要做什么。学习目标的表述应力求明确、具体，可以被观察和测量，避免用含糊的和不确切的言语表述。例如：小学二年级的学生可以列竖式计算三位数的加减法；初中二年级的学生能够在 1 分钟内输入 60 个汉字；初中二年级的学生能够说出鸟纲的主要特征。

这样的表述，可以让其他教师、教学管理者、学生和其他相关人员明白教学目的具体内容，便于观察和测量教学目标是否实现。

三、阐明学习目标的意义

阐明学习目标包括编写明确、具体的学习目标并把这些学习目标组织成一个层次分明的体系。在这个体系中，最基本的是学习目标，学生学习目标的达成实现了教师的教学目标，教学目标的达成最终实现了教育目标。三者共同形成目标体系，如图 5-1 所示。

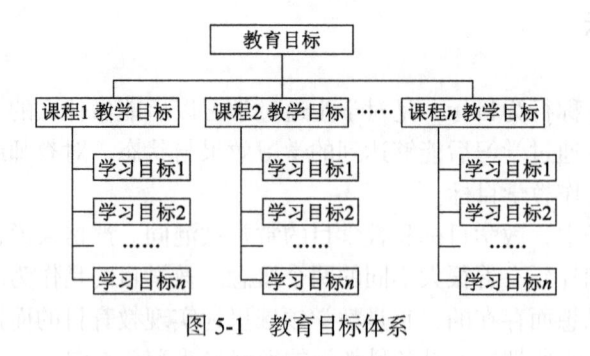

图 5-1　教育目标体系

学习目标的编写很早就受到了教育界的普遍重视。1962 年，马杰在《程序教学目标的编写》一书中提到，假如不清楚要去的目的地，那么，很可能会抵达另一个地点，而且还不知道走错目的地了。该书已成为美国教育界的一本经典著作。从 20 世纪 60 年代起，学习目标成了教育心理学中的一个重要概念，教学设计也特别强调这个概念。学习目标编写工作有五个方面的意义。

（一）保证教学设计的方向

学习目标在方向上对教学设计起着导向作用，对教学设计的步骤和方法有规定约制的功能。教学活动要取得怎样的结果，先达到什么结果，后达到什么结果，它们之间应具有怎样的逻辑联系等，这些都取决于学习目标的规定。学习目标的存在可以保持课程的稳定性，这是课程规范化的先决条件。

学习目标预先规定了教学活动的大致进程，教学活动展开的过程也就是学习目标一一落实的过程。因此，明确的学习目标有利于对教学活动的控制，有利于提高教学设计的科学性。在教学实施过程中，教师和学生对课程结束时要求学生达到的水平有一个清晰的概念，这有助于保持课程的明确性，防止个别人员对教学大纲另作随意解释。

（二）有利于课程规范化

学习目标的存在，可以让承担同一门课程教学的教师使用统一标准。在学习目标的具体规定上，过去缺乏共同的、统一的规范术语，每一位教师对同一门课程的理解存在差异，由于各人在理解上的悬殊，教学过程失去了客观的衡量标准。

如果没有统一的学习目标，面对课程时，学生也不十分明确应学到怎样的程度才算合格。如果教学目标的描述不科学规范，教师之间就会缺乏交流和研讨的基础，师生之间也不能科学地利用反馈矫正的环节来有效地改进教学。明确的学习目标有利于师生双方共同遵循客观标准，保证教学效果的达成。

（三）提供了教学评价的依据

教学过程中存在多种教学质量评价的方法，如诊断性评价和形成性评价。无论哪一种评价都需要以学习目标为依据，因此开展科学评价的首要条件是编写出可测量的学习目标。

学习目标如果仅仅是教师的假设和期望，而不能确切表达学习者应获得的学习结果，假如只是用"了解""深刻了解""掌握""熟练掌握"等含义模糊的谓词，缺乏质和量的科学的、客观的、具体的规定，则无论是测验的效度、信度，还是试题的难度、区分度都将失去合理的保障，用这种测验来衡量和评价学习者的学习结果不可能精准。因此，教学设计主张用行为术语来描述学习目标，以保证学习目标可以作为评价的依据。

（四）有利于提高教学水平

阐明学习目标的确是一项艰苦细致的工作，要求教师非常清楚每一部分学习内容的关键知识点及其内在逻辑关系，只会照本宣科的教师是不可能做到这一点的。

编写明确、具体的学习目标要求教师认真钻研教学大纲，对学科教材内容有深刻的掌握，并对学生的学习结果有清晰的概念，这无疑有利于教师正确地选择教学方法，妥善地组织教学过程，科学地进行教学评价。

此外，阐明学习目标意味着教师不仅明确某一特定教学活动所提出的学习目标，而且又能对它前后各个相关教学活动所要实现的学习目标以及它们之间的相互关系有所把握，这就为教师提供了一幅学习者在某一学科领域中的认识和发展过程的蓝图。如果学习者的学习在某一方面存在缺陷，这幅蓝图将有助于教师精准地了解学习者在学习上的失误，以便及时补救。

（五）有利于保证学习效果

学习目标是学习效果检验的参照和标准，学习目标的设定更需要满足学习效果的需求。编写学习目标需要明确学习者的学习水平、课程内容，并且要求教师充分考虑预期的学习效果，针对学习提出合理、科学的目标，让学生明确地了解预期的学习结果并在学习过程中时常自我检验、对标，促使学习者自我监督、自我激发，达到理想的学习状态，激发成就动机。

第二节 教学目标分类理论

有学者主张，在教案编写时使用"学习目标"，体现"以学生为中心"的教育理念。当然，也有学者主张使用"教学目标"，因为教师在教学过程中的主导地位是不可被忽视的。在教学实践中，教师的教案中使用"教学目标"的占多数，鉴于教育实践的现实，在本节统一使用"教学目标"。需要强调的是，无论使用何种表达，教学过程的"教师主导、学生主体"这一教育理念都是必须要坚持的。使用"教学目标"这样的表达，也要注意到教学活动结束之后，学生所能达到的水平。

美国俄亥俄州立大学的拉尔夫·泰勒（Ralph W. Tyler）教授被称为行为目标之父，他指出，可以用行为的术语来阐明学习目标，然后在行为目标的基础上编写试题。之后，一批从事考试研究的教育工作者，针对当时教育领域缺乏统一评价标准的状况，开始致力于制定一个可用于促进考试者之间交流的理论构架，这就是最早的教育目标分类。之后，对教学目标分类，基本上都参照这个早期的分类框架。

1956 年布卢姆及其合作者发表了《教育目标分类学：第一分册 认知领域》（*Taxonomy of Educational Objectives: Handbook 1 Cognitive Domain*），1964 年布卢姆和其同事大卫·克拉斯沃尔（David R. Krathwohl）发表了《教育目标分类学：第二分册 情感领域》（*Taxonomy of Educational Objectives: Handbook 2 Affective Domain*），许多年以后，安妮塔·哈罗（Anita J. Harrow）和伊丽莎白·辛普森（Elizabeth J. Simpson）完成了《教育目标分类学：第三分册 动作技能领域》（*Taxonomy of Educational Objectives: Handbook 3 Psychomotor Skill Domain*）。布卢姆为教学目标的理论建设做出了重要的贡献。学习目标的编写之所以能受到教育界的普遍重视，与马杰的努力是分不开的，他在《程序教学目标的编写》一书中，阐述了用行为术语说明教学目标的理论和方法，强调必须以明确具体的表述方式说明学生完成学习任务以后应该达到的行为指标。该书是美国教育界的一本经典著述，影响很大。

在 20 世纪 60 年代，美国教育界为了提高教学质量，曾举办了许多研习班培训学校教师编写学习目标。当时出现过两个问题：一是尽管教师都掌握了编写的基本技巧，但不知道编写的内容是什么；二是教师编好学习目标以后，不知道用途是什么。主要原因是当时还没有形成一个完整的教学设计过程的模型，脱离教学系统的整体去研究学习目标，这对改进教学质量的作用是有限的。

布卢姆等把教学目标分为认知领域、情感领域和动作技能领域，每个领域的目标又有低级到高级若干个层次，以下作简要介绍。

一、认知领域教学目标分类

在教学目标分类理论的研究中,有关认知目标分类的研究成果最多,也最受人关注。《教育目标分类学:第一分册 认知领域》一书,将认知领域的教学目标按照从简单到复杂、从具体到抽象的序列分为知道、领会、运用、分析、综合、评价六个水平。

(一)知道

在有些文献中,knowledge 也被译为"知识",由于在教育学领域"知识"具有更宽泛的含义,具有名词性质,故在教育技术领域统一译为"知道",与以下各水平同属谓词性质。知道是指那些注重记忆的知识和技能,这种记忆是通过对观念、材料或现象的再认或者回忆而获得的,包括具体事实、方法、过程、理论等的回忆。

在学习情景中,要求学生把某种信息储存在大脑中,以后所要做的就是回忆这些信息。知道是这个领域中最低水平的认知学习结果,它所要求的心理过程主要是记忆。学校教育中存在大量需要记忆的知识,布卢姆将"知道"层次的知识分为具体知识、方式方法知识、普遍原理和抽象概念知识三个亚类,并进一步细化为9个细化亚类,见表5-1。

表 5-1 知道层次的亚类

知识的亚类	细化亚类	内涵描述
具体知识	术语的知识	最为普遍公认的符号的指称物的知识,用来表示单一指称物的各种符号的知识,或者最适合于某种符号的特定指称物的知识
	具体事实的知识	有关日期、事件、人物、地点、信息来源等方面的知识。可以被分解成独立的、分离的元素的那些事实,它们不同于那些只能在较大背景中才能认识的事实
方式方法知识	惯例的知识	对待和表达观念与现象的独特方式的知识。是某一领域中的一些惯用法、风格或习惯
	趋势和顺序的知识	各种现象在时间上的过程、方向和运动的知识。趋势和顺序强调相互关系和过程,是一些高度动态的行动、过程和运动,是不能完全用静态的言语、图画和符号形式来描述的
	分类和类别的知识	指类别、组别、部类及排列的知识。学生能熟悉事物的分类,并了解这些分类在什么情况下是适当的
	准则的知识	有关检验或判断各种事实、原理、观点及行为所依据的准则的知识。学生了解这些准则,利用这些准则,并与具体情境联系起来,对于学以致用非常必要
	方法论的知识	有关某一特定学科领域里使用的研究方法、技巧、步骤的知识。重点是个人具有关于方法的知识,而不在于个人使用方法的能力。这类知识往往是历史性的或百科全书式的,是实际运用的先导

续表

知道的亚类	细化亚类	内涵描述
普遍原理和抽象概念知识	原理和概括的知识	有关对各种现象的观察结果进行概括的特定抽象概念方面的知识。这类知识在解释、阐述、预见或确定最适宜、最恰当的行动或行动方向方面是具有很大价值的
	理论和结构的知识	有关为某种复杂的现象、问题或领域提供一种清晰的、完整的、系统的观点的重要原理和概括,以及它们相互关系的知识。这类知识是一些最为抽象的表达形式,可用来表明大量具体事实的相互关系和组织结构

(二）领会

学校教育最普遍的学习内容是智力技能,要求学习者知道学习材料的意义,并能够利用材料中所包含的观念。在这里所讲的"领会"一词,比大家普遍所理解的意义要狭隘一些,指把握知识材料意义的能力。领会与完全理解并不是同义词,甚至与完全掌握信息也不是同一回事。

领会是建立在对认识对象进行深入思考与用心体悟的基础之上,发自内心的真实感受,而非简单的认识或者知道。在这种理解过程中,学生可能会在自己头脑中改组学习内容,或者用自己觉得更有意义的某种形式处理内容。领会超越了单纯的记忆,代表最低水平的理解。可以借助以下三种形式来表明对知识材料的领会：转换、解释和推断。

1. 转换

转换,即用自己的话或用与原先的表达方式不同的方式来表达所学的内容。人们的转换能力取决于是否掌握必需的或有关的知识。如果一个人不了解各部分内容的含义,或者是不参考直接的或紧接的上下文,那么他就不可能对内容进行比较复杂的思维活动。

学习者把所学的内容用于和别人交流,这个层次要超过知道（原文背诵）。因为,交流内容中的特定术语对他来说,必须代表一种普遍的概念,或是代表有关观念的一个集合体。为了交流,学习者有必要把交流内容的外延部分转换成更简略甚至是更抽象的术语或符号。

2. 解释

解释即是对某知识群加以说明、概述并与他人交流。为了解释交流的内容,学习者首先必须能够转化学习内容中的各主要组成部分,使用各种表达手段进行转化。其次,他必须能够领会各部分之间的关系,并在自己的头脑里重新整理内容,以便对内容有一个总体看法,并使这些内容与自己的经验和观念联系起来。

解释需要能熟练地对内容进行抽象概括，能权衡内容中不同要素的相对重要性。在这些方面，解释就成了分析的同义词，而且具备了与评价同样的特征。解释行为要求学生具有良好的判断意识和谨慎行事的习惯，以避免臆想胡编，通过对学习内容换一种说法来确定学习内容所包含的普遍观念和展示自己的学习水平。

3. 推断

学习者对学习内容去情境化，理解了内容的本质，在新情境中再将具体条件加载到普遍性知识上，对新事物的发展趋势进行推断。如学习者在学习了热胀冷缩的知识后，他能推断出密闭的装满水的玻璃瓶在急速冷却的条件下可能会炸裂。

（三）运用

运用指把学到的知识应用于新的情境，它包括概念、原理、方法和理论的应用。运用的能力以知道和领会为基础，是较高水平的理解。如师范生知道因材施教的教学原则，当他在教育实习时能有意识地将该原则运用到实践中。很显然，这要求学生对该原则要知道并领会。

运用比领会更高一个层次，二者的区别在于：领会在于要求学生充分了解某一抽象概念，当要求学生具体说明抽象概念的用途时，他们能够正确地加以说明；然而，运用要比这更进一步，当学生遇到一个新问题时，他要在没有提示哪个抽象概念是正确的、在这种情境中如何运用它的情况下，运用合适的抽象概念。领会的标志在于，当说明抽象概念的用途时，学生能使用该抽象概念；运用的标志在于，在没有说明问题解决模式的情况下，学生会正确地把该抽象概念运用于适当的情境。

（四）分析

分析处于比领会和运用稍微高级一些的水平。领会注重掌握材料的意义和含义；运用注重回忆适当的抽象概念或原理，并把它们运用于特定的材料；分析则注重把材料分解成各个组成部分，弄清各部分之间的相互关系及其构成的方式。

把复杂的知识整体材料分解为组成部分并理解各部分之间的联系的能力，包括对部分的鉴别、分析部分之间的关系和认识其中的组织原理，能区分其中的因果或其他逻辑关系等，如识别史料中作者的观点或倾向等。分析代表了比运用更高的智力水平，因为它既要理解知识材料的内容，又要理解其结构。另外，分析还包括那些用来传递意义或辅助理解的技术和手段。

从教育的观点出发，可以把分析看作是充分领会的辅助手段，或看作是为材料的评价做准备。分析技能是任何学科领域都具备的一个目标。从事自然学科、社会学科、哲学和人文学科，分析技能都是主要目标之一。布卢姆将分析层次的目标分为要素分析、关系分析、组织原理分析三个亚类，见表5-2。

表 5-2　分析层次的亚类

分析的亚类	内涵描述	典型例证
要素分析	知识或技能都可以分解成更为基础、更为简单的要素，分析是人们认识事物最基本的方式，可以更精确地把握认知对象的细节	自然界的组成：金木水火土，原子，化学元素
关系分析	要素之间相互作用、彼此关联，共同发挥出大于个体功能之和的效果。熟悉的字词组合，表达深奥的思想，其中就是关系在发挥作用	元素之间的化学键，字词之间的语法结构，文章的篇章结构
组织原理分析	知识材料的编著者总是遵循着某种原理对内容进行组织编排，材料包含着作者的意图、观点、态度和学科最基本的理念	某段描述风景的文字表达作者怎样的思想情感

（五）综合

综合是将各种因素和组成部分组合起来，形成一个整体。它是一个对各种要素和组成部分进行加工的过程，是一个用这种方式将它们组合起来，以构成一种原先不太清楚的模式或结构的过程。如发表一篇内容独特的演说，运用所学的知识写出一篇有独到见解的文章，拟定一项操作计划，从过去的事件中概括出一套抽象关系。综合所强调的是创造能力，即形成新的模式或结构的能力，这种综合不是完全自由的创造性表现。比如在高等学校的文科教学中，有一种作业形式是让学生阅读某文献资料然后写出述评，就是很典型的综合类目标，综合对比分析更高级。

领会、运用和分析也涉及各种要素的组合和意义的构成，但从组合任务的要求来看，领会、运用和分析与综合相比往往比较局部和不完全。

综合目标要求学生从多种渠道获取各种要素，并把它们组合成一种原先不清楚的结构或模式。如大学本科毕业论文就是典型的"综合"教学目标，目的在于加强综合运用所学知识、理论和技能解决实际问题的能力，培养学生的科学研究能力，从总体上考查学生学习所达到的学业水平。

（六）评价

评价指对学习材料如论文、课文、数字化资源、研究报告等作价值判断的能力，包括按材料内在标准（如组织）或外在标准（如与目的的联系）进行价值判断。例如，判断实验结论是否有充分的数据支持。这是最高水平的认知学习结果，因为它要求超越原先的学习内容，并需要基于明确标准的价值判断。评价需要用准则和标准来评估这些项目的准确、有效、经济、满意等程度。判断可以是定量的，也可以是定性的，并且准则可以是学生自己制定的，也可以是别人为他制定的。

评价处于一个复杂过程中相对来说比较晚的阶段，它涉及对知道、领会、运用、分析和综合等所有其他目标的组合。除此之外，还涉及价值在内的准则、个人情感状态和人际关系。由于评价在某种程度上涉及所有其他类别的行为，因而把它放在认知领域的最后部分，但是评价并不一定是思维或问题解决中的最后一个步骤。在有些情况下，评价过程是获得新知识、领会或运用或新的分析和综合的开端，这都是完全有可能的。

人们对于进入视野的几乎所有东西，难免总要加以评价、判断、评估或估价。这种评价有很多是完全以自我为中心的，个体是根据事物与自己的联系来对它们进行判断的。因此，对于对自己有用的观念和客体，可能评价很高；而对于对自己用处不大的客体（它们对于别人可能非常有用），则可能评价很低。

二、情感领域教学目标分类

情感是个体对外界刺激是否满足自己的需要而产生的体验，如喜欢、幸福、厌恶等。情感是一个价值标准不断内化的过程，个体的情感会影响他做出行为上的选择。情感目标的学习与形成同改变态度、提高鉴赏能力、更新价值观念有关。这是教育的一个重要方面，然而，这方面的学习目标却不容易编写。克拉斯沃尔依据价值内化的程度，将情感领域的教学目标分为五级。

（一）接受或注意

接受或注意指学习者愿意注意某特定的现象或刺激。例如，静听讲解，参加班级活动，意识到某问题的重要性等。学习结果包括从意识某事物存在的简单注意到选择性注意，是低级的价值内化水平。这个类别的目标又被分为三个亚类：①觉察，个体让自己的注意集中到某刺激上，如觉察到班上来了一位新同学；②愿意接受，个体把注意到的刺激与其他各种刺激做出区分，并关注这种刺激的状态，如注意新来同学的言行举止；③有控制或有选择的注意，个体有意识地去关注新刺激的相关事物。

（二）反应

反应指学习者对刺激主动做出回应，积极反应，表示较高的兴趣。例如，完成教师布置的作业，提出意见和建议，参加小组讨论，遵守校纪校规等。学习的结果包括默认、愿意和满意的反应。这类目标与教师通常所说的"兴趣"类似，强调对特定活动的选择与满足。

这个类别的目标包括三个亚类：①默认的反应，学习者仅仅是遵照各种期望，如根据教师的要求做出反应；②愿意的反应，学习者日益对内部要求做出反应，如自愿寻找感兴趣的事物；③满意的反应，学习者还做出带有情绪的反应，如有一些愉快的体验。到了这一个层次，学习者已对情感刺激做了区分，他们已开始有获得它们的欲求，赋予它们以情绪意义。

（三）评价

评价指学习者用一定的价值标准对特定的现象、行为或事物进行判断。它包括接受或偏爱某种价值标准和为某种价值标准做出奉献。例如，欣赏文学作品，在讨论问题时提出自己的观点，刻苦学习外语等。这一阶段的学习结果所涉及的行为表现出一致性和稳定性，与通常所说的态度和欣赏类似。

这个类别的目标包括三个亚类：①价值的接受，如学习者希望拥有良好的写作能力，并对拥有这种能力的愿望越来越强烈；②对某一价值的偏好，这种内化水平介于对某一价值单纯的接受和信奉之间，可能会被其他价值代替；③信奉，这个层次的信念具有高度的确定性，有助于提高所期望的行为的水平，个人情感牢固地建立在近乎偏见的执着之上，如理科学习者相信理性的力量和科学的实验方法。

（四）组织

学习者遇到的不只是一种价值情境，他会把各种价值相继加以内化。组织是指学习者在遇到多种价值观念呈现的复杂情境时将价值观组织成一个体系，包括对各种价值观加以比较，确定它们的相互关系及它们的相对重要性，接受他自己认为重要的价值观，形成个人的价值体系。例如，先处理集体的事，然后考虑个人的事，形成一种与自身能力、兴趣、信仰等协调的生活方式。值得重视的是，个人已建立的价值体系会因为新观念的介入而改变。

这个类别的目标包括两个亚类：①价值的概念化，概念化的意义在于从个体事件到普遍性事件的飞跃，可以迁移到类似的情境中；②价值体系的组织，各种价值之间可能并无多少联系，需要在学习者内部有一个排序，理想的状态是内部和谐不纠结。

（五）价值与价值体系的性格化

价值与价值体系的性格化指学习者通过对价值体系的组织，逐渐形成个人的品性。各种价值被置于一个内在和谐的构架之中，它们的层级关系已确定。个人言行受其所确定的价值体系的支配，观念、信仰和态度等融为一体，最终的表现是个体世界观的形成。这一阶段的行为是一致的和可以预测的。例如，保持良好的健康习惯，在团体中表现出合作精神等。这一分类启示我们，情感的教学需要入心、践行，落实在行为和行为倾向的改变上。教师或教科书上所介绍的价值标准，对学生来说是外来的，学生必须经历接受、反应和评价等连续内化的过程，才能将它们转化为自己信奉的内在价值。情感的教学不只是政治课和思想品德课的任务，各门学科也都包含这方面的任务，因为任何知识、技能和行为、习惯都不能离开一定的价值标准。

三、动作技能领域教学目标分类

动作技能涉及骨骼和肌肉的使用、发展和协调，在体育课、职业培训、军事训练科目、实验课中是主要的教学目标。不同学者的学术背景不同，研究的出发点也不尽相同，因此对动作技能领域的目标分类也有所差异。动作技能类教学目标在学校教育中涉猎不多，这里简要介绍三个比较有代表性的分类：辛普森的分类、哈罗的分类和罗伯特·基布勒（Robert J. Kibler）的分类。

（一）辛普森的分类

1972年，辛普森提出动作技能教学目标分类，共分为七级，是目前应用比较广泛的一种分类方法。

（1）知觉。指运用感官获得信息以指导动作，主要了解某动作技能的有关知识、性质、功用等。知觉是客观事物作用于感官在意识中产生的对事物的认识，具有整体性、恒常性、意义性、选择性。知觉是一种对事物进行解释的过程，学习者通过知觉理解作用于我们感官的事物是什么，继而思考用什么样的动作去回应它。

（2）准备。指对固定动作的准备，包括心理定向、生理定向和情绪准备（愿意活动）。知觉是其先决条件，如知道动作的要领、变化路线，身体各部位协调配合，为做动作做好准备。我国有人把知觉和准备阶段统称为动作技能学习的认知阶段。

（3）有指导的反应。指复杂动作技能学习的早期阶段，在教师或教练的指导下表现出所要求的动作，包括模仿、试误、摸索等。通过教师的反馈或动作的结果，可以知道动作的准确性、正确性。

（4）机械动作。指学习者的反应已成习惯，能以某种熟练和自信的水平完成动作，如能迅速地调试摄影机，扛在肩上，对准被摄物体。这一阶段的学习结果涉及各种形式的操作技能，但动作模式并不复杂。

（5）复杂的外显反应。学习者因为掌握了所需要的动作技能，能够应对复杂的外部环境。也就是说，学习者已掌握某种技能，能花费较少的时间与精力完成某种相对复杂的动作行为，这时候动作基本定型，复杂的动作被条理化、自动化。比如开车路考，看到红灯自动去踩刹车，遇到障碍物自动避开，而不是惊慌失措地问怎么办。

（6）适应。指技能的高度发展水平。学习者能修正自己的动作模式以适应特殊的装置或满足具体情境的需要，比如开车上路，并且是陌生地区的道路，应对前面可能出现的各种新情况。

（7）创新。指创造新的动作模式以适合具体情境，强调以高度发展的技能为基础进行创造。如专业的车手，驾驶车辆不局限于在道路上安全行驶，而是做出各种惊险、刺激且具有艺术性的动作。体育竞赛场上时常出现各种新的动作，都属于这个层次。

（二）哈罗的分类

1972年，哈罗提出了一个新的分类系统，这是一个较综合性的分类，把动作技能由低级向高级分为反射动作、基础性动作、知觉能力、体能、技巧性动作、有意交流六个层次。

（1）反射动作。反射动作是个体在无意识的情况下对某些刺激作出的反应。它虽是不随意动作，但被认为是动作行为的必要基础。

（2）基础性动作。其是在儿童出生后第一年时出现的，它的发展是建立在身体内部固有反射动作基础之上的。同时，它又是为那些专门的复合技巧动作奠定基础的。其亚类主要包括位移动作、非位移动作、操作动作三类。

（3）知觉能力。包括动觉辨别、视觉辨别、听觉辨别、触觉辨别和协调能力等。这一水平指学习者对所处环境中的刺激进行观察和理解，并做出相应的调节动作的能力。知觉为学习者提供所处环境的信息，以便协调身体各部分之间的动作，应对外部环境。

（4）体能。又叫体育能力，主要是指身体各系统正常发挥的功能，这种功能使得学习者能够适应所处环境对他的要求，包括耐力、力量、韧性、敏捷性、反应时间、灵活性等。这是学习更高层次技术动作的基础，构成运动技能训练中的基本功训练。例如，初中二年级男生在学期结束至少能做5个俯卧撑。

（5）技巧性动作。这一水平要求学习者具有熟练完成复杂动作的能力，如体操、舞蹈、技艺、武术等。这一层次需要以基本动作为基础，结合知觉能力和一定的体力，经过一定的综合练习，就能熟能生巧地掌握技能动作，如学生能正确地翻出一系列的筋斗。

（6）有意交流。这一水平涉及的是学生的表现性动作，能传递出学习者的感情、意图和思想的体态动作，包括姿势、面部表情，艺术性、创造性的身体动作。如学生自己编出舞蹈动作，并伴着音乐进行表演。

其中，反射动作和基础性动作，是随着身体发育的发展而自然形成的，不是习得的技能，在教学设计中不设定这两方面的低层次的学习目标，只关涉到后面四类较高层次的动作技能。

（三）基布勒的分类

基布勒等于1981年提出一个分类系统，把动作技能分为四类：①全身运动，包括上、下肢体或部分肢体的运动，要求臂、肩和腿的协调，如投掷篮球、跳水、做体操等；②细微协调动作，包括手和手指、手和眼，以及手和耳、眼、脚的精细协调动作，如插花、打字、驾车、演奏乐器时读乐谱等；③非言语性表达，包括脸部表情、手势和身体的动作等，如眼神示意、使用手势指方向、哑剧表演等；④言语行为，包括发音、音节组合、声音和手势协调等，如用语言发指令、朗读文学作品、用手势表示强调等。

基布勒的分类将全身动作技能和精细协调动作加以区别，弥补了哈罗分类的不足。教学中可以根据基布勒的分类，先重点教全身动作的技能，然后着重培养精细动作技能。体育运动、艺术表演、工具操作技能等，一般都可以用上述中的一个或综合使用几个上述分类系统来加以分类，从而确定相应的学习目标。动作技能的行为通常外显化，容易观察、描述和测量。

对教学目标进行分类，是为了讨论和研究的方便。在实际学习的过程中，往往同时涉及多种不同的方面，各类学习之间密切联系，不同类型的学习是同时发生的。因为教学内容并不仅仅是单一的含义，例如，知识信息不应该也不可能是认知结果信息，其中渗透着情感、态度、意向、师生关系等成分。学生学习我国的历史，除了要知道历史事件，还要培养历史的观点和对祖国历史成就的情感。各类学习之间存在着相互关系，是学习的一个基本规律。这提示我们在确定教学目标时，综合考虑学习内容多方面的教育含义，把教学视作一个促进学习者个性全面发展的过程。

第三节　学习目标的编写方法

教师们在写教案时需要编写教学目标。关于教学目标的编写，理论和实践一直存在着较大的差距。实践中，目标的描述一般比较笼统、宽泛，如"提高学生听说读写的水平""培养学生的鉴赏能力""掌握油画的绘画技巧"等，这类描述对教学过程和教学结果的测量、评定不能起到具体指导作用。还有一些教学目标描述的是教师的行为或者教学活动的安排,如"讲解某古诗的含义""演示某操作的步骤""组织讨论"等,没有说明学生学习以后的学习结果是什么。用来表述教学目标的词语常常比较含糊,如"知道""掌握""提高"等,没有进一步说明如何观察和测量这些内部变化。

教育学理论领域一直主张教师需要详细地描述学习目标,使学习结果可观察、可测量、可用作评价的依据。对于如何描述教学目标,大致有两种不同观点:行为主义倾向的学者强调用可以观察或可以测量的行为术语来描述学习目标;认知主义倾向的学者则强调用内部心理过程来描述学习目标。尽管这两种观点有上述不同,但它们一致认可描述学习目标不只是列出课程内容的重点,学习目标的核心应放在学习者知识、行为和能力的变化上。

本节介绍两种学习目标编写的方法:一种是 ABCD 法,基本上反映了行为主义的观点;另一种是内外结合的方法,结合了认知心理学和行为主义心理学的观点。值得注意的是,理论上所述的编写方法,虽然在术语的使用、格式的完整方面比较科学严谨,但是在教学实践中阐明学习目标时,应结合本校实际情况和当代的习俗规约,博采众长,因地制宜,避免一些机械的做法。

一、ABCD 表述法

以研究行为目标著名的马杰,在《程序教学目标的编写》这本经典著作中提出,一个学习目标应包括三个基本要素:行为、条件和标准。根据三要素模式编写的学习目标很明确具体,清楚地告诉人们,学生将获得的能力具体是什么,如何观察和测量这种能力,克服了传统方法表述笼统、含糊不清的缺陷,至今仍为教育界所广泛接受。

在教学设计的实践中,有的研究者认为,有必要在马杰的三要素基础上,加上对学习主体的描述,即教学对象,这样,一个规范的学习目标就包括四个要素:教学对象、行为、条件和标准。这四个要素对应的英文单词分别为 audience、behavior、condition、degree,人们把其首字母连起来,简称为 ABCD 模式。

(一)A——教学对象

学习目标的表述中应注明特定的教学对象,例如"大学一年级上学期的学生"。若有必要可以再具体一些,如什么层次的学生、男生还是女生、全体还是多大的比例,甚至可以再进一步地说明学生的基本特点。

实际教学中,对这一点的要求没有这么严格,因为教师的教案往往针对某一个班整个学期的课,无须在每一次备课前都注明该项,只要在整个教案的最初说明中标注即可。

(二) B——行为

教学目标中,行为的表述是最基本的成分,说明学生在学习结束后,应该获得怎样的能力,即能做什么。在传统的教师教案中描述教学目标,较多使用"知道""理解""掌握""欣赏"等动词来描述学生将学会的能力,如果需要,再加上表示程度的状语,以反映教学要求的提高,如"深刻理解""充分掌握"等。这些词语的含义较广,各人均可从不同角度理解,因而使目标的表述不明确,给以后的教学评价带来困难。这些词语可用来表述总括性的课程目标和单元目标,但在编写教学目标时应避免使用。表 5-3 为认知领域学习目标编写可选择行为动词列表。

表 5-3 认知领域学习目标编写可选择行为动词列表

学习目标层次	特征	可参考选用的动词
知道	对信息的回忆	定义、列举、排列、选择、重复、背诵、说出(写出)、辨认、记住、回忆、陈述、标明、指出、命名……
领会	用自己的语言解释信息	解释、鉴别、选择、转换、区别、估计、引申、归纳、表明、报告、举例说明、猜测、预测、改写、讨论……
运用	将知识运用到新的情境中	选择、计算、演示、改变、阐述、解答、说明、证明、修改、计划、制定、发现、操作、利用、产生、修饰……
分析	将知识分解,找出各部分之间的联系	分析、分类、比较、对照、图示、检查、调查、编目、评析、评论、猜测、细述理由……
综合	将知识各部分重新组合形成一个新的整体	编写、创造、设计、提出、排列、组合、计划、形成、综合、归纳、总结、建议……
评价	根据一定标准进行判断	鉴别、鉴赏、讨论、估计、选择、对比、比较、评定、评价、判断、衡量、预言、结论……

下面是动作技能领域学习目标的两个例子。

· 初中一年级的学生,能说出人体骨骼的名称。
· 外语专业一年级的学生,能举例说明中西方文化的主要异同。

描述行为的基本方法是使用一个动宾结构的短语,其中行为动词说明学习的类型,宾语则说明学习的内容。例如"操作""举例说明""复述"等行为动词,在这样的动宾结构中宾语部分与学科内容有关,学科教师都能很好地掌握。表 5-4 为动作技能学习目标编写可选择行为动词列表。

表 5-4　动作技能学习目标编写可选择行为动词列表

学习目标层次	特征	可参考选用的动词
知觉能力	根据环境刺激做出调节	意识到、接住、踢出、移动、旋转、屈身、保持平衡
体能	基本素质的提高	提高耐力、迅速反应、拉起、举重、推动、持续
技巧性动作	进行复杂的动作	演奏、使用、装配、操作、调节
有意交流	传递情感的动作	用动作表达感情、改变脸部表情、舞蹈

注：本表采用了哈罗的动作技能分类，反射动作、基础性动作主要属于学前阶段，这里不再列入。

下面是动作技能领域学习目标的一个例子。

・教育技术学专业二年级的学生，能操作专业级摄像机，以肩扛的方式拍摄。

教学目标的编写以学习内容的确定为基础，同时，在教学目标的编写过程中，也可对不十分清楚的内容进行澄清和修改。在确定行为动词时，一定要注意，这里的行为是指学生学习后能做什么，是学生的行为而不是教师的行为。另外，也须避免写成教材内容、教学过程或程序。

对于某些课程，学生在学习结束后，不一定会立即表现出某类行为，比如美育课程、人文社会学科课程。对于这类问题，采用 ABCD 方法编写学习目标的局限性非常明显，我们将在下面提供另一种目标编写方法。

（三）C——条件

即应说明上述行为在什么条件下产生。条件表示学生完成规定行为时所处的情景，即说明在评价学生的学习结果时，该在哪种情况下评价。如要求学生能操作摄像机，该要求中的摄像机是全自动模式的还是手动模式的，是专业级的还是家用级别的，是以肩扛的方式还是在云台或摇臂上等等。此外，条件一般包括以下因素：①环境因素，如空间、光线、气温、室内外噪声等；②人的因素，如个人单独完成、小组集体完成、个人在集体的环境中完成、在教师指导下完成等；③设备因素，如工具、设备、图纸、说明书、计算器等；④信息因素，如资料、教科书、笔记、图表、词典等；⑤时间因素，如速度、时间限制等；⑥问题明确性的因素，如为引起行为的产生，提供什么刺激、刺激的数量如何。

在描述条件时，应注意，目标中的条件往往也是评价学生时的条件；另外，在写条件时，不要把学习本身当作行为的条件。

（四）D——标准

标准即规定上述行为合格的界限。作为教学目标的组成要素，它对行为做出限定性描述，使教学目标具有可测性的特点。标准一般从行为的速度、准确性和质量三个方面来确定。例如，"使用某输入法，在5分钟内打汉字120个"。

在确定目标中的标准时，应注意，标准是指每个学生完成行为的标准，而不是教师教学成功的最低标准。教学目标中，有些条件和标准较难区别，这个问题关系不是很大。评价教学目标的主要依据是它的表述是否说明了编写者的意图，如果能用以指导教学及其评价，那么，对条件和标准的区别并不重要。标准标明了行为合格的最低限度，正是这个要素使得学习目标有了可以测量的特点。教师或第三方可以依据标准来评估学生完成目标所规定的行为的质量，学生则可以用它来判断自己的行为是否达到了学习目标。以下是三个例子。

- 入职三个月的战士，在1分钟以内准备好必需的消防器材。
- 医学院大学二年级学生，测量血压误差在5毫米汞柱以内。
- 工学院一年级学生，加工件与标准样板的偏差值不超过0.1毫米。

在一个教学目标中，行为的表述是基本部分，不能省略，同时行为术语也是比较难写的。相对而言，条件和标准是两个可选择的部分。目标编写中，如不提标准，一般是认为要求全体学生达到100%的正确率。下面是几个运用ABCD法编写的学习目标实例。

- 提供10个有关人类瘟疫的是非判断题，大学一年级学生通过查找资料做出判断，其中8道题正确为合格。
- 社会学二年级的学生，阅读指定文献资料，能分析概括出作者的社会史观。
- 新兵营的战士，通过一个月的射击训练，应能在距离标准圆靶100米之处，使用标准步枪在20秒以内射击5次，且至少有4次击中靶心。

学习目标中，有些条件和标准较难区别，如上文提到的"在5分钟内"既可理解为时间的条件，也可看作是行为速度的标准。

二、内外结合的表述方法

运用ABCD法编写的行为目标，虽然避免了用传统方法表述目标的含糊性，但它本身也有缺陷，只强调了行为结果，而未注意内在学习导致的心理过程变化，因而可能引导人们只注意学生外在行为变化，而忽视学习者内在的能力和情感的变化。在具体的教学实践中，还有许多心理过程无法行为化。因此，描述内部心理过程的术语不能完全避免。我们还需运用内外结合表述学习目标的编写方法。

先用描述内部心理过程的术语来表述教学目标，以反映理解、应用、分析、创造、欣赏、尊重等内在的心理变化，然后列举反映这些内在变化的例子，从而使这些内在心理变化可以被观察和测量。这就是用内部过程与外显行为相结合描述学习结果的方法。下面以情感领域目标编写为例说明这类方法。例如，学习目标是"学生懂得体育锻炼的重要意义"，由于这个目标难以直接评价、判断，所以我们可以将这个目标细化为几个二级子目标，二级子目标中的行为应力求可观察可测量。我们通过对以下几个方面行为的观察来判断学生是否达到目标要求。

培养学生的某些态度、建立起一定的观念、养成一定的好习惯、形成高尚的道德品质等，都是情感领域的目标，在教育中占重要地位。情感领域相对于认知和动作技能领域来说更内在一些，所以，对他们用可观察和可测量的行为术语来进行描述存在一定的困难。但是，意识总会有它的物质做依托，具体言行是思想意识的外在表现。因此，我们可以通过能观察到的行为间接推断出这些目标，学生说的和其行为可以被假定是这个目标有关的行为证据。通过间接测量，即通过二级线索推断学生的情感，这就是情感领域目标编写的一个特点。根据这一特点，编写情感领域目标可采用内外结合的表述方法。

学习目标：学生懂得体育锻炼的重要意义
- 每天早晨坚持锻炼；
- 积极参加各种体育活动；
- 愿意阅读有关体育健康方面的杂志；
- 积极参加身体体育保健方面的各种讲座；
- 有体育明星偶像。

从这个例子我们也可以看到，这些行为只是情感目标是否达到的一种表示，其实，我们无法直接测量到它，有时也会被一时的行为所蒙蔽，这也是情感领域学习目标难以测量的一个方面。所以，要测量情感目标，需要多种环境、途径、长时间才能下结论。

一般说来，提出这类目标比较容易，但是从哪些方面来判断目标是否达到则比较困难，所以在教学实践中，教师编写目标时常常笼统含糊。教学设计主张可以从"接近意向"的角度来观察和判断学生是否具有某类态度或情感。

学习目标：学习者具有热爱集体的态度
- 积极参加班级组织的各项活动；
- 有兴趣谈班级建设方面的话题；
- 愿意承担班主任、班委布置的任务；
- 鼓励他人参与班级活动；
- 愿意帮助有困难的同学。

值得注意的是，有时候人的认识和情感变化不是参加一两次活动就可以完成的，教师很难预测某一个教育活动之后学生的内部心理过程到底发生了什么变化。因此，在教育教学过程中，这类目标的实现绝不是通过采用简单的某次活动即可的，更不是通过背诵某些规章原理就可以解决的，很多时候是通过言传身教，逐步熏陶培养才能实现看似简单的教学目标。

三、编写学习目标的注意事项

一个时期的学习目标受当时时代的主流意识形态、科技文化水平和教育行政主管部门主导的教育理论影响，比如现在我国教育领域提倡创新创造、立德树人、课程思政，要求各科教师按照三维目标理论编写教学目标。需要说明的是，学习目标和教学目标不是一个概念，内涵上有一定的差别，但由于在我国教学实践中人们惯用教学目标这一表述，故在本书的表述中有的地方采用教学目标这一大家习惯的叫法。

（一）尊重现实，有意识创新

三维目标是我国教育理论和实践领域中的一个名词，指教学过程中应该达到的三个目标维度，即知识与技能、过程与方法、情感态度与价值观，是基础教育阶段学生知能结构的一种具体表述。三者在教学过程中各自起着不同的作用：知识与技能是学生学习的基础，是引导学生展开学习过程、历练相关能力、陶冶态度情感所依靠的材料；过程与方法是实现各种目标的桥梁，是学生研究材料、进行探索、形成认识、习得能力、体验情感的运动载体，是学生获得知识、锻炼能力、培养情感的主要策略和途径；情感态度与价值观是教育的终极目的。

设计三维教学目标，是现时代教育主管部门推动和要求的，具有一定的实践意义。作为新入职的教师，一方面要深刻理解该目标理论的内涵，实践中体现教学目标的多元整合，三个维度的目标齐头并进；另一方面也要注意将其他目标理论有益的成分吸收进来，甚至创造性地发展学习目标编写方法。学习目标的编写不仅需要将目标具体化，还需要充满着教师的专业判断。目标陈述是否科学、务实、清晰，预示着后续对学生学会了什么的测量与评价是否有用，这体现了编写目标的教师的专业素养与水平。

（二）目标陈述的应是学生学习的结果，而不是教学活动或学习内容

学习行为的主体是学生，学习目标反映的是教学活动结束时学生认知和行为的改变，而不是学习的内容。在教学过程中，测验和评估是达成目标的手段，考查目标描述的学习结果是否出现。许多学科教师在编写教案时所列出的"教学目的"指

的往往是课堂教学的活动，例如，第一节课的教学目的和时间分配如下所示：

- 使用情景讲解 Excuse me 和 I am sorry 的用法（5分钟）；
- 提供10种不同情景，让学生讨论 Excuse me 和 I am sorry 在各种情景中的正确使用（10分钟）；
- 学生两人一组练习对话，正确使用 Excuse me 和 I am sorry（10分钟）；
- 选择3组学生表演对话（18分钟）；
- 课堂小结（2分钟）。

例中描述的是教与学的活动，是教学过程而不是学习的结果，可以作为教学活动的安排，而不应该放在学习目标部分。

（三）目标陈述不可省略行为表述

陈述教学目标时，要尽量避免使用那些含糊的、不切实际的语词。"培养学生的创造思维和信息加工的能力""发展学生的创意素质""增强学生学好数学的信心和应用数学的意识"等陈述都是一些无法检测、难以捉摸的教学目标，对教学活动实难发挥指导作用。

在一条学习目标中，行为的表述是基本部分，不能省略，条件和标准是两个可选择的部分。在企业培训和军事训练等计划中，一般都应列出条件和标准，提出最低的教学要求。如不提标准，一般被认为要求学习者达到100%的正确率，学习目标的表述中一般可以只列出教学对象和行为两个要素。例如，大学一年级学生学完《教育技术学导论》第一章以后，应能做到：

- 给"教育技术"下一个定义，并对定义予以解释说明；
- 描述教育技术学这门学科发展的简要历程；
- 指出有关教育技术的三种错误认识；
- 分析一项教育技术学研究的成果，并从该项研究中总结出一条合适的结论；
- 说出教育技术学的理论基础有哪些。

以上实例中没有详细说明条件和标准，这是因为使用教材的教师往往需要根据特定的教学对象或不同的教学目标分别制定合适的标准。

第四节 阐明学习目标的局限性

国内外教育界对编写学习目标的认识和理解存在一些分歧。持支持态度的占多数，至于其理由，详见前文"阐明学习目标的意义"。为了全面地反映人们对此问题的看法，这里也概括出反对使用学习目标的学者们的意见。

1. 凡是可以被明确罗列出来的目标，都是显性层面的知识，忽视了隐性知识和教学效果的后显性特点

人类的知识，有些是可以用书面文字、图表和数学公式加以表述的，这一类称为显性知识。显性知识能够被人类以一定符码系统如数学公式、盲文、手势语等符号系统加以完整表述。还有一些知识，是不好被文字和语言表述的知识，像人们在做某事的行动中所拥有的经验和智慧，这一类称为隐性知识。教学过程中，除了教材上以及教师讲授中所传递出来的知识之外，学生在整个教学环境中，还被大量隐性知识所影响。使用所谓明确的学习目标，会极大地忽视隐性知识的存在。

此外，教学效果有长远的后显性特点，需要经过长期的内化并和其他知识、技能融合，才会发挥作用或者显示出来。教师所编写的学习目标，只会呈现近期的效果，对长远效果的关注不够。

2. 在教学之前确定具体的学习目标有悖于发现法，遏制了创新创造意识

发现学习可能会产生很多不可预知的学习结果，这些结果的价值可能比之前所列出的目标更大，甚至没有达到预定的学习目标时发现学习的过程依然具有很大的发展意义。任何知识的学习都存在多种途径，在教学设计中采用行为目标可能会引导教师"直奔"目标而去，忽略了与目标相关的更为广泛的内容。如导游带游客到达了景点就以为是完成了旅游过程。

3. 适宜用规范格式编写的学习目标通常是较简单、低层次的学习目标

有些学习内容，有许多心理过程是不能完全通过外显行为表现出来的，特别是一些较高层次的认知能力和情感因素。这类知识具有情境性特征，与特定的情境紧密相连，依托特定情境而存在。学习者对这类知识的建构，在潜移默化中进行，而非常规的识别记忆和逻辑思考的过程，这类知识的学习也称为深度学习或高阶学习。这类学习内容不宜用学习目标描述出来，因为学习者在自己的头脑中建构出什么是教师无法预测的。

4. 学习目标的罗列并不能完全反映学科的知识结构，可能会割裂知识的完整性

学习目标如同景点的标志物，景区的风景实际上是连续的，仅仅"打卡"几个标志物，不足以把握景区的全貌。知识和技能的应用场景是丰富的，完成学习目标标记的内容，距离全面把握学科的知识体系还有很大的距离。

在学习目标的阐明中，如何对现有的编写方法做到扬长避短，如何使一些高层次认知和情感的学习结果转化为可观察、可测量的具体行为等，还有待教育心理学家和教学设计研究人员深入探讨。

本 章 习 题

一、简述题

1. 如何理解学习目标的内涵及意义？
2. 简述布卢姆关于认知领域学习目标的分类。
3. 简述克拉斯沃尔情感领域学习目标的分类。
4. 举例说明学习目标的四个要素。
5. 简述阐明学习目标的意义和局限。

二、思考题

1. 学习目标在教学设计中的地位如何？
2. 有人认为，教学中不应该过分地强调学习目标，在实际的课堂教学中，教学结果通常都会超过既定的学习目标，特别是一些隐性的教育内容。你如何看待这个问题？

第六章

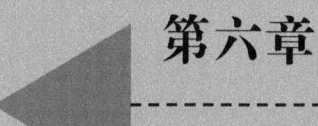

教学策略的制定

【学习目标】

学完本章后，学生应能做到：
（1）为教学策略下定义。
（2）举例说明制定教学策略应考虑的因素。
（3）简述学习的信息加工理论。
（4）简述加涅的九大教学步骤。
（5）说出针对不同知识类型的教学活动程序有哪些。
（6）至少描述两种国外有影响的教学活动程序。
（7）界定教学活动程序、教学组织形式、教学方法的含义。
（8）列举三种基本教学组织形式的优点和局限。
（9）阐释若干主要教学方法与教学目标的相关性。
（10）试为练习性的教学设计课题制定一套教学策略。

【教学方法】

讲授为主，辅之讨论，安排模拟课堂

【教学环境】

安装多媒体投影系统的教室；微格教室

【教学过程】

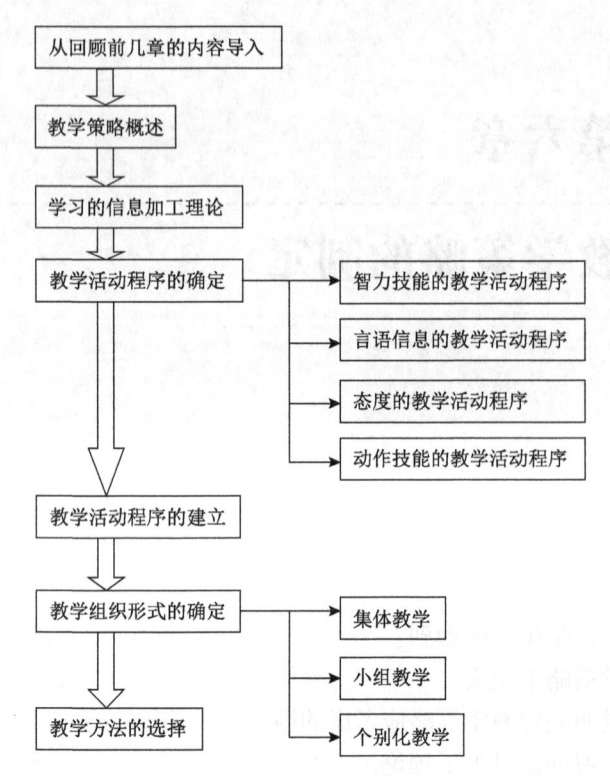

```
从回顾前几章的内容导入
        ↓
    教学策略概述
        ↓
    学习的信息加工理论
        ↓
    教学活动程序的确定 ──→ 智力技能的教学活动程序
                    ──→ 言语信息的教学活动程序
                    ──→ 态度的教学活动程序
                    ──→ 动作技能的教学活动程序
        ↓
    教学活动程序的建立
        ↓
    教学组织形式的确定 ──→ 集体教学
                    ──→ 小组教学
                    ──→ 个别化教学
        ↓
    教学方法的选择
```

通过前面几章的阐述，我们已经讨论了四个问题：为什么要进行教学设计？从哪里开始？教学的目标是什么？从"起点"到"终点"需要教和学哪些内容？

接下来我们面临的问题是：为了实现既定的目标、满足学习需要，应该采取哪些教与学的行动？即要回答一个教师如何教、学习者如何学的问题。换言之，就是要为既定的教学任务确定教学的安排，我们统称之为教学策略。

第一节　教学策略概述

广义而言，教学策略是对完成特定的教学目标而采用的教学活动程序、教学组织形式、教学方法和教学媒体等因素的总体考虑。狭义的教学策略是指在特定的教学理论和教学模式规定下，所采用的具体的教学操作方式。教学策略主要是解决教师"如何教"和学习者"如何学"的问题，这也是教学设计研究的重点。

一、教学策略的分类

（一）按照功能可以分为组织策略、传递策略和管理策略

组织策略涉及学习活动的决策，包括向学习者提供呈现的类型、呈现的排序、主题的排序及其结构、练习的类型、反馈的性质等等。组织策略还可以细分为宏组织策略和微组织策略。宏组织策略要关注所要呈现的学科内容之选择、排序及其组织结构；微组织策略则着重关注个别的呈现，包括其特征、内在联系和排序，实际上等同于呈现策略。

传递策略同信息如何传递给学习者的决策有关，包括对采用的教学模式、教学方法、教学组织形式以及教学资源的总体考虑。

管理策略是对教学过程和教学资源的管理，其中包括对需要得到帮助的学习者与学习活动互动的方式做出决策，它涉及动机激发技术、个别化教学的形态、教学日程安排及资源配置等方面。

（二）按照性质可以分为预设型教学策略和生成型教学策略

预设型教学策略强调教师的作用，由教师设计教学方案。它为学习者安排各种教学活动，如安排课前的预习，引起学习者的注意，呈现教学材料，提问、交流、互动，布置课外活动和作业等。这种策略倾向于减弱学习者自主学习的负荷，以便于学习者掌握与学习任务有关的知识和技能，发展认知能力。其优点是教学效率高，有利于学习者对基本知识和基本技能的掌握，学习策略有局限和场依存型风格的学习者容易获得成功；而缺点在于学习者的投入度不足，信息处理的深度不够，容易导致被动地接受。由于教师把教学过程安排得过于周到、细致，对学习者来说缺乏挑战性，因此可能造成学习者的学习动机不强。这种策略只要求学习者付出较少量的努力，对于有些学习者可能缺乏挑战性和刺激性，所以容易使学习者养成依赖教师和教材的习惯，也容易使学习中的意义习得缺乏个性化。

生成型教学策略强调教学活动是在教学过程中形成的而不是预先设计的，学习目标、学习内容、学习进度、学习顺序以及对信息的加工方式等，都应该需要学习者根据自己的情况决定接受到什么程度。学习者是知识的探索者和意义的建构者，教师是学习者学习的支持者和帮助者，因此学习活动主要由学习者控制，通过自主探究活动来进行学习。这种策略的优点是可以充分体现学习者的主体作用，发挥学习的主动性、创造性；而缺点在于容易忽略教师的主导作用，使得学习变得支离破碎，影响了学习者的全面发展。

二、教学策略的特点

教学策略是个外延比较丰富的概念，可以用来指教学中的各种做法。教学实践中，教学设计者可以根据具体的学习需要，合理地配置各种策略要素，构成一堂完整的课或者其他的教学设计产品。教学策略具有以下特点。

（一）具有指示性和灵活性，不具有规定性和刻板性

教学策略指向具体的学习目标，不同的学习目标需要使用不同的教学策略。教学设计者需要像医生一样根据病情安排治疗方案，即使同样的病种，由于患者的实际情况有差异，治疗方案也不尽相同。药剂师可照方抓药，但医生不可以照抄药方。这是由教学策略指示性和灵活性的特征决定的，在教学策略的选配过程中，要充分体现教学理论具体化和教学活动方式概括化的作用，不可以刻板教条。

（二）没有任何单一的策略能够适用于所有的情况

教学策略的使用可谓"一人一方"，这里的"人"既指学习者也指教师，对于不同的班级、不同的课程，教学策略的选配不一样。同样的教学策略，不同的教师去操作，效果也不一定相同。因此，不存在最有效的教学策略，有效的教学需要有可供选择的各种策略因素来达到不同的教学目标。

（三）教学策略选用是系统问题

最好的教学策略就是在一定情况下达到特定目标的最有效的方法论体系，需要考虑整个教学过程所涉及的各种因素。一方面，教学策略总是在教学思想的指导下，遵循教学规律和原则，综合教学过程的诸要素而建构起来的，是理论的具体化，比较接近教学实际而易被人们理解和接受；另一方面，教学策略的产生并不是为了空洞的思辨，而是为了让人们去把握和运用。教学策略将理论运用于实际生活中，促进知识的迁移，更有利于学习者的发展。

（四）教学策略本身无所谓优劣，关键在使用者

提高教学质量的关键在教师，教师如果能在教学活动中针对学习者的实际状况、教学内容和教师自身条件选择相适应的策略，那将有助于提高学习者的学业成就。也就是说，在教师的教学活动中，寻找影响教学效果的关键性因素，这样才能真正找到提高教学质量的方法和途径，而教学策略就是影响教学质量的关键因素。如同各种武术种类，简单地比较哪一种武术比较厉害是没有意义的，要看练武之人的天赋和努力。除了教师，提升教学质量也在于提升学习者的学习效果，

教学策略针对学习者的特征设计出符合教学情境的方法，目的正是在于提升学习效果。

三、制定教学策略需要考虑的因素

（一）学习准备和学习动机

任何学习，都必须首先拥有一定的前提和基础，即学习准备，在制定教学策略时，必须要关注这一点。学习者为了完成要求他们学习的任务，必须掌握基础知识和技能，具有一定的认知能力。这不仅能保证他们在新的学习中获得成功，而且还使他们合理地利用学习时间和精力。为此，教学策略中应包含对学习准备的考虑，如提出学习者应具备的基础知识和技能，组织必要的补习等。教学策略需要唤起学习者的注意与兴趣，可以选择适当的媒体来引起学习者的注意，这是激发学习动机的一部分。

学习者对即将进行的学习有期待，具有学习的欲望，当他意识到学习对个人是有意义的就会产生积极和进取的态度，行为内驱力会增强。选择对学习者合适的教材、组织学习者感兴趣的活动等，能进一步增进学习者的学习欲望。提供的学习内容和活动方式，应当对学习者具有一定的挑战性，并带来文化刺激，要使学习者相信能够通过努力获得成功。为了使学习者保持积极而长远的学习动机，需要帮助他们建立对学习的正确态度。

（二）学习目标和学习内容

明确教学目标是教学设计重要的工作，同时，还要让学习者明确自己的学习目标。作为教师一定要明白，无论在理论上还是实践中，教学目标不等于学习目标，更不等于学习结果。为了尽可能达到自己理想的状态，可以向学习者展示达到学习目标的典型例子，鼓励学习者一定能完成任务。如向学习者提供规范的解题程序或正确的行为实例，展览往届学习者的优秀作业或成果等，都能显著促进学习。

把学习内容按照自身内在的逻辑关系和学习者年龄段应有的心理程序组织起来，慎重地安排学习内容的呈示顺序，能使学习者容易认知、便于理解，并长久地记住，不容易遗忘和被干扰。学习内容呈现的量、复杂程度和困难程度，需要根据学习者的特点、学习内容的类型而定。

（三）指导学习和提供反馈

大部分学校教学，学习者的学习都是建立在有指导的基础上，教师在教授时应该明确重难点，在关键处帮助学习者学习相关内容，适时提供评价并及时反馈学习效果，让学习者看到学习目标与目前状态的差异，并给出建议强化学习体验。学习者在学习时所接受的刺激和做出的反应，应当尽量与教学目标的情境要求相一致。

在教学过程中，应该逐渐减少这种指导或提示，培养学习者主动注意必要信息和加工处理信息的能力，使他们最终在没有教师指导的情况下完成学习任务，接近"教是为了不教"的理想状态。

（四）学习者的实际情况和个别差异

在一个班级里，全体学习者都掌握了所学内容，达到预定教学目标，是教学成功的理想状态。由于人类个体的心理特征，如兴趣、能力、气质、个性等有差异，因而学习的速度和方式也不同，教学活动的安排需考虑到这种情况。制定教学策略时要设身处地以学习者为出发点，尊重学习者独特的认知特征、情感特征和人格特征。尤其是对待成绩较差的学习者，更应注意理解和尊重，教学设计要把促进每一个学习者在各自原有的基础上不断提高作为根本目的。

第二节 学习的信息加工理论

信息加工论者认为，学习实质上是由习得和使用信息构成的。一个基本假设是行为是由有机体内部的信息流决定的，由于这种信息流只是一种猜想，是不可能直接观察到的，所以心理学家们构建了不同的模式来推导这种信息流。

在教育界流行着这么一句话，"学习者怎么学，我们就怎么教"，这句话所包含的教育原理是教学策略需要根据学习规律来制定。关于学习者是如何学习的，在学习科学和脑科学领域有大量的研究，其中加涅关于信息加工理论的认识对教学设计具有直接的启示意义，本节对此做简要介绍。

一、信息加工的基本内涵

信息加工就是以通过分析我们周围世界的信息而获得知识为中心，以智力发展为目的，而知识的获得和智力的发展都是通过学习者积极介入他们的环境来实现的。

运用信息加工理论指导教学设计，既是为了帮助学习者获得大量有用的信息，又是为了帮助学习者发展思维技能。学习的信息加工理论把学习者看作是其环境的考察者，而不是一个被动接受刺激或奖惩的人。

信息加工理论把人视为信息的探索者、处理者，以及是信息的创造者。该理论认为学习是一种认知过程，包括知识的获得、转换和评价三个同时发生的过程。与机械地记忆内容相比，信息加工被作为学习的手段，强调了有意义学习的重要性，并认为大脑的首要功能是对世上事物的信息积极地探寻、选择、获得、组织、储存，并在适当的时候取出储存加以利用。学习的信息加工理论认为学习是这样的过程：①学习很少是偶发的，相反，是直接指向一个意识到的或尚未意识到的目的；②学习很少是被动的，学习者一般都主动投入一种使他对环境理解得更多的尝试；③认知发展是环境与学习者认知结构相互作用的结果，环境是指特定时空条件里影响个体的刺激物的总和；④认知结构是指个体在一个时期所具有的有组织的认识的总和。

当学习者能够理解和应对他所处的情境时，就会发生不含有认知结构变化的信息加工；而当学习者的认知结构不能理解和吸收环境因素时，就会出现改变他的认知结构的信息加工，使之顺应新的情境。下面是两个关于学习信息加工的实例：

> 一位社会学专业教师想要学习者理解"社会"的概念，他首先讲解这个概念的定义，并把这个概念与学习者已知的教育、经济、军事等概念联系起来，然后向学习者提供组织结构的社会现象，要求他们判断哪些具有社会性组织的特征，待学习者熟练后，教师再要求他们自己举例加以解释。

> 一位生物教师想要学习者了解人类的血液循环系统是怎样活动的，带领学习者参观城市自来水系统和污水处理系统，并要求他们将血液循环系统与城市的卫生系统相比较。学习者总结出血液循环系统与诸如大型自来水干线、抽水站和下水道污水处理厂等卫生系统结构有相似之处。

上述例子的共同特征是：教师每次上课都设法使学习者获得信息，以传授某种形式的知识；在各种情况下，学习者对教师所提供的信息进行加工，经过加工，学习者把信息转换成更有用的知识形式。这是一般信息处理所具有的共同特性。

二、学习的信息加工模式

美国著名教育心理学家加涅认为，教学必须考虑影响学习的全部因素，即学习的条件。学习的条件又分为内部条件和外部条件。为了分析学习的内部条件和外部条件，加涅根据信息加工原理，提出了一个得到广泛认可且影响深远的学习的信息加工模式，如图 6-1 所示。

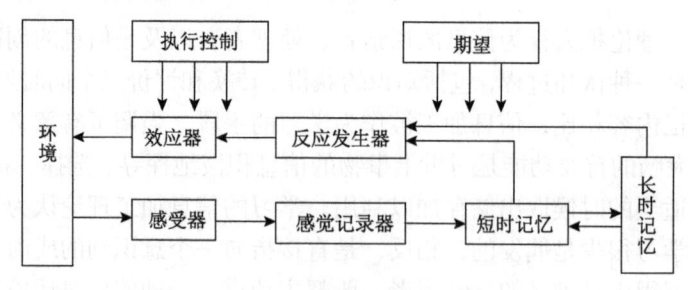

图 6-1　学习的信息加工模式

从图 6-1 中可以看出，它分为两部分：下方为学习者对信息的加工过程，也就是"学习"的过程；而上方为控制环节，这部分内容比较复杂，人们对其内部机制尚不完全清楚，所以并不与任何一个部分发生实质性的联系。

学习者从环境接受的刺激，以信息流的方式到达感受器即人的感官。感受器马上把信息传递给大脑中的感受神经中枢，我们把它称为感觉记录器——类似计算机的缓存，并在极短的时间内在大脑中建立起短时记忆——类似计算机的内存。短时记忆过程一般只能维持几秒到十几秒的时间，该信息如不能被强化、促进迁移，很快就会被忘掉。实验证明，在短时记忆区中，同时存在的刺激大概有七个，这个刺激在心理学上被称为组块。

经过强化后，信息进入长时记忆区，便可永久储存。但有时形成永久记忆的信息，如果长时间不被访问，也会变成短时记忆，进而消失。学习者对环境的作用，主要是靠长时记忆的信息。此时，反应发生器从长时记忆中提取出信息，指挥学习者的效应器如手、口、身体其他部分对环境发生作用，完成学习过程。当然，有时也可以直接从短时记忆中提取信息来执行。学习的结果要靠预期定向如学习目标来控制，同时受认知策略的影响，当学习者具有良好的认知策略结构时，就可获得有效的学习。

学习信息加工模式是一个假想的信息流，信息从一个结构流向另一个结构，此过程受期望和执行控制的影响和干预。期望指学习者期望达到的目标，它对信息加工过程起定向的作用，使学习活动沿着一定的方向进行。执行控制即认知策略，它对信息加工过程起调节、控制作用，使学习活动得以实现。上述信息加工理论为制定教学策略提供了依据和方向，但是学习过程是很复杂的，"教学有法"而"教无定法"，广大教师在各自的实践中积累的经验非常丰富，这些经验通过总结和提炼，会促进信息加工模型的完善。

三、基于信息加工理论的学习阶段

加涅把学习视为一个过程，可以把此过程分成若干阶段，每一阶段需进行不同的信息加工，在各加工阶段中发生的事情即学习的事件。与此相应，教学过程既要以学习者内部加工过程为根据，又要影响这一过程。因而，教学阶段与学习阶段是完全吻合的，学习阶段与信息加工的过程是相吻合的，如表6-1所示。

表6-1 信息加工过程与学习阶段对应关系表

信息加工过程	学习阶段	信息加工过程	学习阶段
期望	动机	提取	回忆
注意；选择性知觉	领会	迁移	概括
加工处理；储存	习得	反应	作业
记忆存储	保持	强化	反馈

学习是学习者与环境之间相互作用的结果，学习过程可以分成八个阶段，每一个阶段彼此相连形成一个链条，但这些阶段在日常教学中不一定都能观察到，其中某几个阶段会联合发生。

（一）动机阶段

要使学习得以发生，首先应该激发起学习者的动机。要促进学习者的学习，就要使他们具有一种奔向某个目标的动力。要把学习者想要达到的目标，也就是头脑中的期望，与学习者的实际学习活动联系起来，并激起学习者学习的兴趣。

学习者的动机或期望对整个学习过程都有影响，在有些场合，学习者最初并没有受达到某种目的的诱因所推动，这时就要帮助学习者确立动机。通过使学习者内部形成一种期望，可以使学习者形成动机。期望是指学习者对完成学习任务后将会得到满意结果的一种预期。加涅指出，尽管教师可以通过告诉学习者学习的结果来形成学习者的期望，但是，理想的期望只有通过学习者自己的体会才能形成，光凭教师的许诺是不行的，对年幼的学习者来说尤其是如此。

因此，为了使学习者形成这种期望，往往需要做出安排，在学习者实际获得有关知识、技能之前，先让学习者能够达到某种目标，以便向他们表明他们能够达到预期的目标。在加涅看来，形成动机或期望是整个学习过程的预备阶段。

（二）领会阶段

在此阶段，学习者的心理活动主要是注意和选择性知觉。注意作为一种心理活动，是指个人的意向指向特定刺激，同时伴随着感知觉、记忆、思维、想象等心理过程的发生。一旦注意某种刺激后，它就起一种控制执行过程的作用，其他的心理过程只对被注意到的刺激予以加工。注意是由外部刺激诱发的，注意的时间和跨度因人因事而不同。最初的注意往往是因新异刺激的突然出现而转移的，因此，教师可以采用许多手段来引起学习者的注意，如改变讲话声音、使用手势动作和其他各种方法。

具有较高学习动机的学习者容易接受外部刺激，使外部信息进入自己的信息加工系统，并储存到自己的记忆中。但并不是所有的外部刺激都能够被学习者接受，在知觉过程中，学习者会依据他的动机和预期对信息进行选择，把自己的注意放在那些和自己的学习目标有关的刺激上。

（三）习得阶段

对外部信息一旦开始注意和知觉，学习活动就可进入习得阶段。习得阶段指的是所学的东西进入了短时记忆，也就是对信息进行了加工处理和储存。研究表明，经过加工处理的信息与最初的信息并不完全相同，也就是说，对信息加以处理包括规则化或者歪曲。

只有当学习者注意或知觉外部情境之后，学习过程才真正开始，知觉信息被转化成一种最容易被储存的形式，这种转化过程被称为编码过程，即知识内化为学习者能提取的形式。这一过程对于了解学习者的心理活动来说极为重要。当信息进入长时记忆时，信息又要经历一次转换，这一转换的目的是便于保持信息。如用某种方式把刺激组织起来，或根据已经习得的概念对刺激进行分类，或把知识内容简化成一些基本原理，这些都会有助于信息的保持。

（四）保持阶段

经过习得阶段，已编码的信息将进入长时记忆存储器，这种存储可能是永久的，而且应指出的是长时记忆的能力是很大的，至今还没有实验证实出大脑记忆容量的极限。加涅认为，相对于其他阶段，我们对保持阶段了解得最少，因为对它进行研究需要借助脑科学知识和技术。但有几点目前是公认的：对于储存在长时记忆中的大部分知识内容，其强度会随时间的递增而减弱，如一个人已习得的外语单词会因不用而遗忘；记忆储存会受干扰的影响，新旧信息的混淆往往会使信息难以提取。

鉴于此，教学设计过程中需要对学习条件作适当安排，例如：避免同时呈现十分相似的刺激，可以减少干扰；布置课后作业对习得内容进行强化，可以加深学生对学习内容的理解；经常性地检查，加深记忆，有利于信息的保持。

（五）回忆阶段

回忆阶段也就是信息的检索阶段，这时，所学的东西能够作为一种活动表现出来。在这个阶段中，线索是很重要的，提供回忆的线索将会帮助人回忆起那些难以回忆起来的信息。因此，在学习一开始，教师就要提供一些有利于记忆和回忆的线索，教会学习者检索、回忆信息的方法和策略，比如提供有关的人物、场景等。

学习者习得的信息要通过作业表现出来，信息的提取是其中必需的一环。相对其他阶段而言，回忆或信息提取阶段最容易受到外部刺激的影响。教师可以利用各种方式使学习者提取线索，这些线索可以增加学习者的信息回忆量。但作为教师，最重要的是指导学习者，使他们为自己提供提取线索，从而成为独立的学习者。所以，对于教学设计者来说，通过外部线索激活提取过程固然重要，但更重要的是使学习者掌握为自己提供线索的策略。

（六）概括阶段

对所学东西的提取和应用并不限于同一种学习情境，它不是只在所学内容的范围里才出现的，人们常常要在变化的情景或现实生活中利用所学的东西。在教学中，教师总是提醒学习者把学到的知识运用到各种类似的情境中去，而不是仅仅按教材的方式呈现出来，因此，学习过程中必然有一个概括的阶段。学习者要想把获得的知识迁移到新的情境，首先依赖于知识的概括，同时也依赖于提取知识的线索。

加涅把概括说成是学习的迁移。一般说来，学习者学习某件事情时经历的情境越多，迁移的可能性也就越大，条件是学习者必须掌握其中的内在规律，就是说要从一般意义上来理解学习内容的意义。教学设计过程中，注意提供有利于把学习内容用于新情境的提示，给学习者提供在不同情境中运用提取过程的机会。

（七）作业阶段

学习过程需要有作业阶段，通过作业能反映学习者是否已习得了所教授的内容。这是信息加工的反应发生阶段，反应发生器把学习者的反应组织起来，使它们在操作活动中表现出来，作业的好坏是学习效果的反映，当然，我们并不能用个别的作业来说明一般成绩。教师在这一阶段要提供各种形式的作业，使学习者有机会表现他们的操作活动。

对有些学习者说来，作业的一个重要功能是为了获得反馈，但在有些学习者看来，通过作业看到自己的学习结果能获得一种满足。作业主要是给教师看的，凭借作业情况可以对学习者的多个方面做出判断，如书写能力、组织表达能力、思维逻辑、学习态度等等。但是，有些学习者可能碰巧做得很好，而有的学习者则做得不理想，这种情况也是存在的。因此，教师需要根据多次作业才能对学习者的真实情况做出推断。

（八）反馈阶段

加涅所讲的信息反馈，类似于其他心理学家所讲的强化。强化在学习过程中之所以起作用，是因为学习者在动机阶段形成的期望在反馈阶段得到了肯定。动机阶段对学习的重要性，在强化过程中又一次得到了强调。学习者认识到自己的学习是否达到了预定的目标，这种信息的反馈可以为学习者提供调整下一步学习行为的依据。强化过程对人类的学习来说是很重要的，它证实了预期的事项，从而使学习活动告一段落。

第三节 教学活动程序的确定

上述信息加工理论在一定程度上揭示出人类学习的内部过程，在此认识的基础上，有目的、有计划地对这个过程施加外部事件的影响就是教学活动。教学设计的目的是要科学地影响学习的内部过程，所以，要合理地组织和安排外部的教学事件，优化教学活动的程序。本节着重介绍加涅关于教学活动的安排以及针对不同知识类型的教学活动程序。

一、加涅的九大教学步骤

在加涅看来，学习的发生要同时依赖外部条件和内部条件。教学的目的就是合理安排可靠的外部条件，以支持、激发和促进学习的内部条件。这就需要对教学进行整体设计，从教学目标分析、教学过程展开及评价等方面事先做出一系列筹划，即进行教学设计。基于信息加工理论模型，加涅提出了学习阶段说，在此基础上加涅认为，一个完整的教学过程应包括九个步骤，即教学活动程序，如表 6-2 所示。

表 6-2　教学步骤、信息加工过程与学习阶段的对应关系

教学步骤	信息加工过程	学习阶段
1. 引起注意	期望	动机
2. 告知学习目标	注意；选择性知觉	领会
3. 刺激对先前知识的回忆	加工处理；储存	习得
4. 呈现学习材料	记忆存储	保持
5. 提供学习指导	提取	回忆

续表

教学步骤	信息加工过程	学习阶段
6. 诱发学习者行为	迁移	概括
7. 提供反馈	反应	作业
8. 评估学习行为	强化	反馈
9. 促进记忆和迁移	检索或创新	考试或实用

教学活动理应是一个连续的、完整的过程，将完成的教学活动划分成九个步骤的目的是让教师明晰自己行为的指向，以便使教学活动更加符合学习者的学习规律，促使学习过程有效发生。下面对九大教学步骤的具体内容作简单介绍。

（1）引起注意。注意是指心理状态的指向和集中，它是任何学习活动的前提条件。上课之初，教师必须唤起和调控学习者的注意，调动学习者认知注意和情绪注意。基本方式常有：引起学习者兴趣，如提出学习者感兴趣的问题；突然改变刺激，如教师突然提高或降低说话音量，或者改变声调等；用体态语引起学习者注意，如手势、表情、身体动作等。

（2）告知学习目标。教学开始时，应让学习者具体了解当教学目标达成后，他们将学会做什么，应能达到什么指标，获得什么能力，从而激起学习者对学习的期望，有利于形成学习者的认知内驱力。

（3）刺激对先前知识的回忆。学习者已有的知识、技能是学习新知识的重要基础。教师应有意激发学习者检索已有的知识、能力，让学习者在学习新知识之前回忆与该新知识有关的先前学习的知识和技能，使学习者充分利用认知结构中已有的观念同化新知识，有助于学习者进行有意义的学习。

（4）呈现学习材料。为学习者呈现适当的学习材料。为了促进学习者的选择性知觉，通过各种媒体呈现的学习材料应具有鲜明的特征，例如提供多种例题和变式、合理使用正例和反例等。这样，学习者的知觉就会变得更容易和更准确。另外，还要注意适当安排学习材料呈现顺序和学习材料的分量。

（5）提供学习指导。为了使学习者的学习成功，教师要通过某种方式给予学习者某些指导。这种指导并非告诉学习者答案，而主要是为了使学习者不要偏离正确的学习方向或程序。这种指导可以通过教师或教材进行。学习指导的程度必须适应学习者特征，指导过多会使理解得快的学习者厌烦，而指导过少则可能使领会得慢的学习者失去信心。

（6）诱发学习者行为。这是促使学习者做出反应的活动。其主要目的是使学习者积极参与到教学过程中去，并使学习者的学习结果以外显行为的方式表现出来。参与指主动地学习，即在教学过程中学习者对教学内容以各种方式做出积极的反应。通过参与，学习者能更好地理解并保持所学内容。

（7）提供反馈。在学习者做出反应、表现出行为之后，应及时让学习者知道其结果，这就是提供反馈的活动。提供反馈的目的是促进强化的内部学习过程。教师为学习者提供反馈的方式多种多样，包括向学习者点头、微笑以及做手势等非言语的交互作用方式。

（8）评估学习行为。学习者的学习是否真正产生和成立，应根据学习者的学习行为加以确定。评定学习行为的目的是促进回忆并巩固学习结果。评定方式是要求学习者完成更具总结性的作业，作业一般分为重复性作业和相似问题性作业，作业完毕后对学习成绩进行评定。一般来说，测试是评定行为的主要手段，既能检查学习结果，又能起强化作用。

（9）促进记忆和迁移。这项活动的目的是使学习者牢固地掌握所学知识和技能，并能将其运用到新的情境中，解决新问题。

这九个步骤对各类学习均有促进作用，可以作为确定教学活动的一般指导，具有通用性和普适性。教师可以通过研究和掌握九大教学步骤，结合具体的学习内容类型和时间限制，进一步优化出一般的教学活动程序，形成自己的教学风格和教学策略。

由以上九大教学活动所组成的教学程序具有一定的普遍性，但教师所面临的教学对象、教学内容以及教学环境都处于不断的变化之中，因此教师在具体应用时还需注意以下几点：首先，这九个步骤组成的教学活动只是教学活动程序的基本框架，并非缺一不可、不可调整的刻板程式，在教学实践中，教师可以根据实际情况适当增减。其次，九步骤教学活动的设计，较多的是从预设型教学策略角度考虑的，如果完全照搬应用，可能会陷入策略的单一化，而会忽视生成型教学策略的优势。在实际教学过程中，哪些活动由教师来安排，哪些活动的主动权交给学习者，应当根据具体情况灵活地加以选择应用。再次，对不同类型的学习内容，应采用不同的教学活动程序。例如，"告知学习目标"这一步，在发现法教学中是不必要的，在先行组织者式教学策略中往往可以使用。最后，对一节课的教学活动的设计应灵活、突出重点，不必在每一节课都包含所有的九个教学活动。例如，我国学校将课分为单一课和综合课两种类型。单一课是完成一种教学任务的课，涉及少数教学活动，或重复进行一项活动，如复习课、练习课等；综合课是同时完成几种教学任务的课，一般包括多项教学活动。

教学设计属于学习外部条件的控制，这些活动是由教师、教科书的作者、教学媒体的设计者、自学课程的制作者等控制的，但学习的外部条件又不是在教学中发生的全部事情，教学活动是一种旨在影响学习者内部心理过程的外部刺激，教学程序应当与学习活动中学习者的内部心理过程相吻合，这是教学设计工作的依据。

二、针对不同知识类型的教学活动程序

不同知识类型的教法和学法是一样的。例如，言语信息类的知识要求记忆，但智力技能类知识要求领会和运用，对于原理、定律、公式等典型的智力技能类的知识，如果要求学生背诵记忆，就大错特错了，教法的错误会导致学习上事倍功半。教学活动程序的确定，是教师进行教学实践时必然会遇到的问题，对于不同类型的知识，教学活动程序是不同的。学校教育中大量存在着智力技能、言语信息、态度和动作技能四种类型的知识，关于这四类知识的教学活动程序，本节重点加以讨论。

（一）智力技能的教学活动程序

关于智力技能的教学活动程序，比较常见的有两种模式：一是自下而上的顺序，即从简单到复杂、从具体到抽象；二是自上而下的教学顺序，即从一般到个别、从抽象到具体。在此，介绍普通教学活动程序和发现学习的活动程序。

1. 普通教学活动程序

普通教学活动程序，是指按照人们认识事物的最基本过程而展开的一种教学顺序。前面章节介绍过加涅关于智力技能的研究，他从学习层级论的观点出发，把教学内容转化为一系列习得能力目标，然后根据这些目标之间的关系，从较简单的辨别技能的学习到复杂的高级规则技能的学习，将全部教学内容按等级来排列，每一简单的部分都是复杂部分的先决条件，复杂部分的教学都是以简单的教学为基础的。

学习者的学习，从最简单的技能开始，在掌握先决技能的基础上，再学习更为复杂的技能。由此体现了由浅入深、由易到难的编排原则，教学活动也按照这个顺序展开。例如，在学习"功＝力×距离"这条"规则"时，学习者首先应学会"力"和"距离"这两个"概念"，如果学习者没有掌握这两个"概念"，就无法学习"功＝力×距离"这条"规则"，也就是说学习者不具备学习的内部条件。可以说，掌握力和距离的"概念"是学习这条"规则"的前提条件。加涅所主张的教学顺序是自下而上的思路，实际上，在教学实践中广大教师使用最多的也是这种活动顺序，在此不需要过多过细的解释。

2. 发现学习的活动程序

学习原理、原则等一般性知识固然重要，但是，学习者学习能力的发展也是非常必要的。学习能力的提升，需要学习者在不断的探索发现过程中养成。在发现学习的过程，学习者探索新问题情境、做出假设、推测关系、应用自己的头脑

解决问题，发现新事物特征与规律，这助于学习者学习能力的提高。在教学中，适当安排发现学习的活动程序，也有利于打破长期讲授教学所导致的单调局面。

发现学习是指对新信息的学习主要是学习者自身努力的结果。发现学习的一个基本标准是学习者在参与学习活动中发现有关概念和抽象原理。在教学中，教师不把教学内容直接告诉学习者，而是向他们提供问题情境，引导学习者探究问题。

布鲁纳认为，发现不只限于寻求人类尚未知晓的事物，而且还包括用自己的头脑亲自获得知识的一切方式。发现学习有以下四点作用：第一，有利于激发学习者的智力潜力，能够培养学习者解决问题的能力；第二，有利于学习者从外部动机向内部动机转移；第三，有利于学习者学会做出发现的最优方法和策略；第四，有利于记忆的保持和迁移。发现学习的顺序是自下而上的，即从具体到抽象的顺序，它的一般程序可以归纳为四个步骤：①确定任务。学习者应首先把握问题，这些问题是用现有的知识和经验所不能解决的。教师应为学习者创设问题情境，为学习者提供思考和分析的素材。②建立假说。学习者利用原有的知识和经验，以及教师和教材所提供的某些具体材料，对问题提出假说。③检验假说。通过观察和亲自试验，收集数据，检验假说是否正确。学习者有不同观点可以展开讨论。④总结。验证假说，使问题明确，最终得出结论。在此过程中，教师要发挥一定的指导作用。下面举一个发现学习的示例（部分）：

学习目标：学生通过自主探究，发现铁生锈的条件

（1）确定任务。由铁片的生锈现象提出问题：铁在什么条件下会生锈？指导学生注意观察铁的颜色、光泽度、硬度、磁性、导电性、对热的反应性。

（2）建立假说。很多东西在加热时表面会发生变化，铁皮被加热时表面也会发生变化，这可能是导致生锈的原因，于是建立起"空气中加热生锈假说"。当然，也可以有别的假说，比如通电导致生锈、碰到磁体导致生锈、遇到其他化学物质导致生锈等等。

空气中加热生锈假说	分析假说的方法
a 因为煤烟附着在表面	如果是 a，一擦即掉，不是铁锈
b 因为加热而烧焦了	如果是 b，再继续加热，里面也会被烧焦
c 因加热变为与铁不同的物质	如果是 c，导电性明显不同

（3）检验假说。根据实验，a、b 被排除，确定为发生质变的 c。

总结出更高层次的假说："铁在空气中用火加热，是否变为与原物质不同的黑色物质？"如果不只是与加热有关，与空气也有关系的话，用什么方法来确定呢？

继续检验：可以做出接触空气和不接触空气的两个面的加热实验，将两片铁皮叠起来加热。

……

（4）总结。根据实验结果得出结论，总结出铁在空气中被加热时：

铁+空气（加热）=铁锈……

发现学习是学习者相对独立地探索、发现的学习活动，它可以提高学习者的智力潜能。因为在学习中不仅有新知识的获得、转换，而且包括对已有知识的内部改组，这需要学习者发挥其智慧。发现学习不是给学习者一个已有的结论，而是让学习者体会发明与创造的过程，它可以培养学习者对科学的兴趣，形成内部动机；发现学习可提高学习者的思维能力，包括直觉思维和分析思维，能增强学习者对知识的迁移能力。因此，在教学活动程序的设计上不同于一般的讲授法。

布鲁纳对教师设计发现学习活动程序提出四点原则：第一，要想让学习者在学习情境中经由主动发现原则而获得知识，教师必须先将学习情境及教材性质解说得非常清楚。第二，教师在从事知识教学时，必须先配合学习者原有的经验，将所授教学内容做适当组织，以使每个学习者学到知识。第三，教材的难度与逻辑上的先后顺序，必须针对学习者的智力发展水平及认知表征方式做适当的安排，以便学习者的知识经验前后衔接，从而产生正向学习迁移。第四，在教材难易的安排上，必须考虑学习者学习动机的维持。如果教材太容易，学习者会缺少成就感；如果教材内容太深，学习者难以学会，又易产生失败感。因此，适度地调整教材的难度才能维持学习者内在的动机。

（二）言语信息的教学活动程序

言语信息的学习可分为机械的言语信息学习和有意义的言语信息学习。

机械的言语信息学习是符号所代表的新知识与学习者认知结构中已有的知识建立非实质性和人为性的联系，学习的内容与学习者原有知识没有什么必然联系，各项言语信息的学习内容之间也不存在逻辑意义，学习者仅仅记住某些符号的词句或组合。例如，要记住两个英语单词 dog、bike 或记住两个电话号码 01012345678 和 01087654321。在教学顺序上，先学什么、后学什么关系不大。

有意义的言语信息学习是符号所代表的新知识与学习者认知结构中原有的知识建立实质性和非人为性的联系。它的学习材料必须具有逻辑意义，就是说，有意义学习必须以具有逻辑意义的学习材料为前提。因此，教学时需要按一定的逻辑联系安排教材顺序，例如，学习目标是"要求学习者领会皮亚杰的认知发展阶段学说"，那么，教学活动程序应按时间的先后，依次介绍每一个发展阶段的特征。

在言语信息的教学中，可以使用奥苏贝尔的先行组织者技术，简明扼要、高度概括地向学习者提示本课材料的结构。这样，学习者在接受教材时就不仅仅是被动地听、看或读，而是主动地将所学的具体知识与引介的概要加以联系。同时，使用他已有的认知结构来组织教材，还可能使新知识与原有知识产生有机联系，使新知识的学习具有意义。

奥苏贝尔认为，促进学习和防止干扰的最有效的措施，是利用适当相关的和包摄性较广的、最清晰和最稳定的引导性材料，即所谓的"组织者"。由于这些材料通常是在呈现教学内容本身之前介绍的，目的在于用它们来帮助确立有意义学习的心向，使学习者在"已经知道的"与"需要知道的"之间架设起桥梁，因此又称先行组织者。它的基本过程是：提出先行组织者，逐步分化，综合贯通。奥苏贝尔还区分了两类组织者。一类是"陈述性组织者"，它提供适当的类属者，与新的学习内容产生一种上位关系，适合于学习者对所学材料完全是新的和陌生的情境。另一类是"比较性组织者"，既可用于新观念与认知结构中基本类似观念的整合，又可用于增强本质不同而貌似相同的新旧观念之间的可辨别性。它更适合于学习者对所学材料有一定的经验基础的情境。言语信息习得的阶段如表 6-3 所示。

表 6-3　言语信息习得的阶段

教学阶段	教学程序
呈示资料、确认属性	·教师呈示有标记的学习内容 ·学习者比较肯定和否定言语信息是非 ·学习者提出并验证假设 ·学习者根据基本属性阐述自己的理解
验证获得的信息	·学习者确认补充的未加标记的事件为"是"或"否" ·教师判断学习者的假设正确与否，重述言语信息 ·学习者提出确信的言语信息理解
分析思维策略	·学习者描述自己的学习体会 ·学习者讨论自己的认知过程 ·教师帮助学习者识别本质特征，并鼓励学习者用自己的语言来表达所学内容

下面举一个实例来具体说明其教学活动程序。

教学内容：初中地理课有关自然环境的成分——三种地形

教学活动程序：

（1）呈现"先行组织者"。教师在黑板上写出地形的定义："地形是具有共同形状和构成成分的陆地表面。"同时，在讲台上呈现高原、丘陵和高山的模型。

（2）呈现下位内容。让学生讨论三个模型的异同，进行比较，同时教师强调这节课的主要目的。

（3）补充下位例子。师生共同补充三类地形的具体例子。要求学生指出各类地形的特征。

（4）帮助学生融会贯通。对照黑板上的组织者，师生共同小结，进一步对三种地形进行比较，找出三种地形的共同点与不同点，使学生对知识融会贯通。

通过这个教学实例可以看出，奥苏贝尔讲解式教学的特点是不断分化和综合贯通。比较布鲁纳和奥苏贝尔的两种显著不同的教学顺序，我们可以发现两种教学顺序各有利弊。一般而言，发现法更适合高年级、具有一定基础的学习者，有助于远迁移能力的培养，但其缺点是太费时，课堂难以掌握。先行组织者更适合低年级，教授确定性比较大的现象、事实、概念等言语信息类的知识，省时且易于操作，有助于学习者快速地掌握。

（三）态度的教学活动程序

态度是影响个体的行为选择的内部状态，无法直接授递，绝不是记诵几个守则、规范和条文就能实现的。它与一般性知识的教学活动程序有较大的差异，在教学实践中，比较有效的方法是让学习者观察一个他所信赖、尊敬的榜样人物所表现出来的特定的态度及行为，然后看到榜样人物受到奖励。由此产生的教学效果比直接的劝服工作更有效。这为我们设计"态度"教学的顺序提供了三点重要启示：第一，让学习者了解并接触公众认可的社会先进个体。例如，旨在使大学生具有做社会服务志愿者的态度，开始可介绍榜样人物做志愿者的事迹，以及被周围的民众表扬的一些采访，以此建立榜样人物的形象、感染力和可信性。第二，由榜样人物示范或展现符合学习目标的行为。例如，播放志愿者在疫情防控期间穿戴防护服在社区防疫过程中的故事的视频。第三，向学习者介绍榜样人物受到的奖励。如有关领导人表彰志愿者，展示他们获得的志愿者证书和社区给单位的表扬信时，榜样人物本人满意和愉快的表情。这样，学习者能受到替代性强化。

这是一种比较常规的教学程序，对不同年龄的学习者应采用不同的方法，视频资料是比较具有说服力的，人们有"眼见为实"的思维习惯。态度的习得有一个价值内化的过程，价值内化的过程可分为三个阶段：顺从、认同和内化。这一过程对我们安排态度学习的教学程序很有启发意义。

1. 顺从阶段

顺从是表面上接受他人的意见和观点，在外显行为方面与他人相一致，而在认识和情感上与他人并不一定一致。这种情况是个人的"态度"受外部奖励与惩罚的影响的结果，因为顺从可以得到奖励，不顺从则受到惩罚。因此，教学顺序的第一步应该使学习者顺从。日常生活中人们常说"感情是培养出来的"，这个培养即是从顺从开始的。

2. 认同阶段

认同是在思想、情感和态度上主动接受他人的影响，比顺从深入一层。如某学习者自愿认可奉献社会这样的理念和做法，表现出愿意帮助周围的同学，在班级事务上愿意参与，在需要的时刻把自己的物品给班级使用。认同不是受外在压力的影响，而是主动接受他人的影响。

3. 内化阶段

内化指在思想上与他人的思想一致，将自己所认同的思想和自己原有的观点、信念融为一体，构成一个完整的价值体系。由于在内化过程中解决了各种价值的矛盾，当个人按自己内化了的价值行动时，会感到愉快、满意；而当出现了与自己的价值标准相反的行动时，会感到内疚、不愉快。这时稳定的态度便形成了。可见"态度"的教学是一个由外向内的变化过程。

（四）动作技能的教学活动程序

动作技能和智力技能一样，也要经历习得、保持和迁移过程。不过动作技能的形成主要是通过练习从而逐步掌握，一般可分为三个阶段：认知阶段、联系形成阶段、自动化阶段。这些阶段反映出动作技能学习的过程。

1. 认知阶段

学习者在学习一种新的动作技能时，通过教师的言语讲解或观察动作示范，理解任务及其要求。做一些初步尝试，把任务的组成动作构成一个整体并试图发现它们是如何构成的，这一阶段的学习也称认知学习，是所有动作技能学习都必须经历的阶段。

这一阶段的学习者全身肌肉紧张，动作忙乱而不协调，出现多余的动作，不能察觉自己动作的全部情况，难以发现错误和缺点。此时需要通过教师的言语讲解和纠正，理解任务及其要领和技巧。

2. 联系形成阶段

在这一阶段，重点是使适当的刺激与反应联系。主要特点是技能的局部动作被综合成更大的单位，最后形成一个连续技能的整体。如用拼音法输入汉字，学习者必须知道汉字拼音字母顺序，而且打第一个拼音字母反应成为打第二个字母的刺激，在每一个动作之间建立动作联系。

联系形成时必须排除过去经验中的习惯的干扰。例如，已经学会开手动挡汽车的人，在学习开自动挡汽车时，必须排除踩离合的习惯。此外，还必须排除局部动作之间的相互干扰，如初学游泳时，手、脚、头等的动作是相互干扰的，手脚不能协调，动手时忘了动脚，动脚时又忘了动手，手脚协调了，却又忘了抬头换气。

3. 自动化阶段

在这一阶段，整个动作协调流畅。达到动作技能学习的自动化，其前提条件是提供大量练习的机会。整个动作相互协调似乎是自动流出来的，无需特殊的注意和纠正。技能逐步由脑的较低级中枢控制，这就是说，学习者不再需要考虑下一步做什么。

在自动化阶段，人们可以一边熟练进行当下的动作，一边考虑或者做其他的事情。例如，骑自行车时可以和朋友谈话；有经验的司机，在正常开车时可以听音乐，同时内心思考如何优化路线。上面所论述的熟练操作的特征就是动作技能的学习进入第三阶段的特征。许多体育技能的训练表明，一个运动员要达到自己的最高水平，需要多年的练习。要保持这一最高水平，同样需要大量的练习。

第四节 国内外经典教学活动程序简介

古代的教学由一个教师分别指导学习程度参差、进度各异的多个学生，教学过程是交错的和机械的，多条教学活动程序交叉进行，被大量重复劳动造成的错综复杂现象所掩盖。直到班级授课制形成以后，人们开始追求教学的效率，才注意到对教学活动程序进行设计。捷克教育家夸美纽斯倡导的直观教学，算是教学活动程序研究的开端。夸美纽斯认为，人总是首先通过观察事物的本身，从事物的本身去获得相关的知识，所以教学应从实际事物开始。

在夸美纽斯代表作《大教学论》（*The Great Didactic of John Amos Comenius*）的影响下，瑞士教育家裴斯泰洛齐进行了简化教学程序的尝试，他重新倡导直观教学，并进一步探讨从感性印象向理性观念上升的途径，提出"教学要素"的概念，创造性地提出各种学习的方法，并将这些方法作为实现这一上升的途径，成为研究教学活动程序的先驱。这里简要介绍教育学历史上著名的赫尔巴特、杜威和苏联关于教学活动程序的思想以及我国常用的教学活动程序。

一、杜威的五步教学程序

美国教育家杜威是现代教育学的创始人之一,其实用主义的理论对中国教育界、思想界产生过重大影响,他也曾到访中国,见证了五四运动并与孙中山会面,影响了中国一批学者,被视为20世纪最伟大的教育改革者之一。他提出反省思维理论,为确立教学程序提供了新的依据。他认为学习思维是对问题进行反复、持续的探究的过程,共有五个步骤,并据此确立包括五个相应步骤的教学程序,如表6-4所示。

表6-4 杜威的五步教学程序

教学程序	内容
问题的发现	创设能使学生觉得与自己有密切关系的情境,引起学习的兴趣
确定问题及其性质	当时的情境须能激起学生的观察和回忆,以发现情境中的和解决问题相关的信息
提出假设,拟定解决计划	要假定一种在理论上或假设上认为是最便于进行的计划
演绎假设所适用的事例	实施所定的计划
假设经实验证实而成立为结论	把实行的结果和最初的假设相比较,来决定采用的方法的价值,并辨别它的优缺点

杜威的学生威廉·赫德·基尔帕特里克(William Heard Kilpatrick)于1918年基于杜威"从做中学"的教育思想及其教学程序,根据内部动机与附随学习的理论,提出"设计教学法",其教学程序是:①教师利用学生已有经验和现成的环境,去引发学生进行设计的动机;②教师与学生共同讨论,决定进行设计的目的;③依据目的,由学生确定达到目的的行动计划;④学生根据计划自己组织实行之;⑤学生对实行的结果进行试验和评价。

二、赫尔巴特的五步教学程序

19世纪初,德国教育家赫尔巴特在裴斯泰洛齐的主张和努力的启发下,以其良好的心理学素养,使教学程序的研究大为深化。他把心理学中的统觉理论与教学实践相结合,利用已有的观念吸收新的观念构成统觉团,增强吸收新知识的能力,从而把教学活动分成四个阶段:明了、联合、系统、方法。这就是所谓的教学形式阶段。后来,赫尔巴特的学生赖恩(W. Rein)把"明了"分为"预备"和"提示",加上"联合""统合""应用",合称"五段教学"或"五步教学",具体如表6-5所示。

表 6-5　赫尔巴特的五步教学程序

教学程序	内容
预备	唤起有关的旧观念、常识和有关的经验，以引起对新知识的兴趣，为学习新知识做准备
提示	结合教材，讲授新内容，引导、提示新旧知识之间的共同点
联合	对新旧知识进行分析比较，使之建立联系
统合	帮助学习者求得一条可以解释一类现象、解决一类问题的结论、定义或法则
应用	运用得出的概念或法则解答课题或练习

在世界教育史上，赫尔巴特建立的五段教学程序，第一次将心理学作为教育学的基础，系统构建了教学过程的程序，很好地解决了从个别化教学向班级授课转变过程中的问题。五段教学程序的最大特点是程序清晰、可操作性强，避免个人感性经验在课堂教学产生混乱现象，并且能使经验不多的教师迅速掌握，作为参照编制教案和授课。

赫尔巴特教育学理论对我国教育实践的影响非常大，尤其该五段教学程序是师范教育必学内容。五段教学程序的推行非常广泛和深入，中华人民共和国成立之后很长一段时间，各书局编教科书时必备一套教师用的教学参考书，教学参考书的内容极其详备，每课均有长篇教案及习题答案，教师可拿了直接上课，不必备课。教学参考书所采用的授课流程就是五段教学程序。因此，我国早期学校教育的管理者、教师对此程序极其熟悉，只是叫法上有所差异。

赫尔巴特的程序强调教师的活动，着眼于将教师已知的东西灌输给对此未知的学生；杜威的教学活动程序强调学生的活动，着眼于让学生自己去发现未知的东西。教学实践中这两种教学程序可以互相补充，前者较适用于人文课程的教学和书本知识的传授，后者较适用于理工课程的教学和操作技能的培养。

三、凯洛夫的教学活动程序

针对 20 世纪 20 年代推行杜威学派的所谓"进步教育"暴露的弊端，20 世纪 30 年代初，苏联批判设计教学法，恢复学科课程，确立了以课堂教学为主的基本教学形式，并在此基础上重新探讨教学程序问题。同时，又鉴于赫尔巴特学派的"传统教育"带有机械的形式主义倾向，以凯洛夫为代表的苏联学者提出"课的类型"和"课的结构"的概念，对以"教学形式阶段"为基础的教学程序进行加工改造。

课是学校教学工作的基本组织单元，按照课的主要教学目的的不同，可以把课划分为若干类型，如"授新课""复习课"，以及包括一切环节的"综合课"。

不同类型的课包括不同的教学活动程序，同一教学环节在不同类型课中所占时间比例不同，如表 6-6 所示。

表 6-6　不同类型课的教学活动程序

课的类型	教学活动程序
授新课	1. 揭示课题 2. 说明讲课计划 3. 依次叙述、讲解课题 4. 总结基本原理、核心概念或重要的思想 5. 课堂作业，扩展、加深、牢记新授的知识 6. 指定家庭作业
复习课	1. 让学生回忆所学的主要内容 2. 引导学生对所学的知识进行梳理、总结、归纳 3. 帮助学生解决重点、难点和疑点 4. 安排学生练习 5. 让学生对复习的结果进行评价与反馈
综合课	1. 组织教学 2. 检查作业 3. 揭示课题，确立新旧知识之间的联系 4. 讲授新课 5. 巩固复习 6. 布置作业

从表 6-6 中可以看出，苏联的教育界把赫尔巴特五步教学程序做了改进，改变成适合于不同类型课的程序。在后来的教学实施中，综合课占优势，综合课的几个环节逐渐趋于通用化，成为"教学活动程序"的苏联变种。课的类型问题的提出是非常具有改革意义的，把对教学活动程序的探索又推进了一步。

四、我国教育实践中比较常用的教学活动程序

中华人民共和国成立之后，我国与苏联的国际关系比较密切，从苏联引入较多的教育思想和教学理论。可以说，苏联的教育思想和理论对中国的教育实践影响比较广泛且深入。时至今日，中国学习者阅读以上内容，依然觉得要比源自欧美的教育思想更有似曾相识的感觉。我国广大教育工作者吸收、借鉴、改造国外

教育理论,结合我国的教学实践,形成具有中国教育特色的教学活动程序。以下简要介绍我国学校教育中普遍采用的三种教学活动程序:传递接受程序、引导发现程序、示范模仿程序。

(一)传递接受程序

该教学活动程序源于赫尔巴特的五段教学程序,后来由苏联凯洛夫等改造,传入我国并流行。广大师生在教学中都采用此教学程序,以至于很多师范生毕业后,在自己教学生涯中不自觉地采用此程序。

该模式以传授系统知识、培养基本技能为目标,其特点在于充分利用教师的经验,发挥教师的主导作用,挖掘学习者的记忆力、推理能力与间接经验在掌握知识方面的作用,使学生比较快速有效地掌握更多学习内容。该程序强调教师的指导作用,非常注重教师的权威性,对以升学应试为主要背景的教育非常有效。教学活动的程序如表6-7所示。

表6-7 传递接受程序及其内容

教学程序	内容
1. 激发动机	根据新课的内容,设置一定情境和引入活动,激发学生的学习兴趣
2. 复习旧课	为了强化记忆、加深理解、加强知识之间的相互联系,对知识进行系统整理
3. 讲授新课	教师讲授和指导,学生跟着教师的教学节奏,按部就班地完成教师布置给他们的任务
4. 巩固运用	学生在课堂上对新学的知识进行运用和练习解决问题的过程
5. 检查	通过学生的课堂和家庭作业来检查学生对新知识的掌握情况

这种程序由教师直接控制教学过程,按照学生的认知活动规律加以规划。通过教师的传授使学生对所学习的内容由感知到理解,达到领会,然后再组织学生练习,巩固运用所学的内容,最后检查或组织学生自我检查学习的效果。

这种程序的特点是,能使学生比较迅速有效地掌握较多的知识,比较突出地体现了教学作为一种简约的认识过程的特性,所以它能在实践中长盛不衰。但采用这种程序时,学生客观上处于被动接受的状态,因此不利于他们的学习主动性的充分发挥,多年来为此一直受到各方面的批评和指责。

(二)引导发现程序

这是一种以问题解决为中心,注重学生独立活动,着眼于创造性思维能力培养的教学程序,也比较适用于认知领域的教学目标。它主要是根据杜威、布鲁纳等倡导的以学习者为中心的教育思想演变而来的,教学活动的程序如表6-8所示。

表 6-8　引导发现程序及其内容

教学程序	内容
1. 确立问题	教师提出的问题一定要难易适度，并能使学生明确这个问题的指向性
2. 提出假设	教师引导学生通过分析、综合、比较、类推等，不断提出假设，引导学习者将原有的片面知识加以改组，从中发现必然的联系
3. 推理验证	教师通过进一步提供具体事例要求学生去辨认，或者由学生自己提出事实，围绕假设进行推理验证
4. 明确结论	教师引导学生回顾学习活动，分析自己的思维过程和方法，使之对学习结果感到满意

这一程序要求教师能为学生创设一个认识上的困难情境，使学生产生想解决这一困难的欲望，从而去认真思考面临的问题，独立地运用各种思维操作。随着问题情境的产生，学生在教师引导下要能提出解决问题的各种可能方案，即进行假设，并能验证其正误，得出认识上的结论。为此就要运用统觉原理，使学生能检索出先前获得的与新课题有关的经验和知识，并在此基础上能构成一个新的组合来解决新的问题。这种将问题情境转变为问题解决的顿悟，所采用的基本方法就是所谓的发现法。

这种程序的一大功能在于使学生学会如何学习，如怎样发现问题和加工信息，怎样推理和验证所提出的假设，因而有利于培养学生的探究能力。它的局限性在于比较适用于数理学科，需要学生具有一定的先行经验储备。

（三）示范模仿程序

这种教学程序历史非常久远，也是教学中最基本的程序之一，这是通过教师示范和学习者模仿来教与学如何运用内外部肌肉的动作的方法，特别适用于动作技能领域的教学目标。一般的动作技能，如实验技能、体育技能、演奏技能、朗诵技能等，由于示范较易外显，学习者较容易模仿。为了让学习者加深对动作要领的理解，教师的示范要与适当的讲解相结合，通过这种程序进行教学十分有效。教学活动的程序如表 6-9 所示。

表 6-9　示范模仿程序及其内容

教学程序	内容
1. 定向	教师向学生说明要掌握的行为技能，解释技能操作的规则、要领、程序
2. 参与性练习	教师示范以后，便由学生进行模仿
3. 自主练习	上一阶段学生会做了但还不成熟，还需要边想边做。这一阶段的任务是通过自主独立练习，由会到熟练
4. 迁移创新	这时动作达到高级阶段，可以在新的情境中灵活运用

在"定向"阶段，教师既要向学生阐明所需掌握的行为技能并解释完成技能的操作原理，又要向学生演示具体动作，学生则明确要学会的行为技能的要求。在"参与性练习"阶段，教师指导学生从分解动作的模仿开始练习，并对每次练习提供反馈信息，给予及时强化，使学生对所学的部分动作由不够精确、不太定时而逐渐走向精确、定时，并使一些不正确动作得到消除。在"自主练习"阶段，当学生已基本掌握了动作要领，并由单个的下属技能逐步结合成总括技能时，就可以脱离教师的临场指导，通过加大活动量，使技能更加熟练。在"迁移创新"阶段，学生不需要通过思考便能完成行为技能的操作步骤，即可把习得技能运用于其他的情境，或与其他习得技能组合，构成更为综合性的能力。

随着现代信息技术的发展，视频、计算机动画、VR 技术广泛使用于教育教学领域，通过技术化的方式习得动作技能更为便捷高效。

第五节　教学组织形式的确定

教学活动要通过一定的组织形式来展开。例如，可以通过教师在课堂内向全班学生进行讲授，也可以由学生个人在其他场合通过音像媒体的演示进行。教学组织形式，就是根据教学的主观和客观条件，从时间、空间、人员组合等方面考虑安排的教学活动的方式。

以组织学习者的方式为基点，教学组织形式可以分为三种：集体教学、小组教学、个别化教学。集体教学是学校教育中最通用的教与学的形式，教师通过讲授、板书演示、组织讨论、作业等教学活动向一个班级的学生传递教学信息，也称为集体授课。小组教学是若干名学生相互合作，通过自己查阅资料、讨论、交流汇报、作品展示等活动，在师生之间、学生与学生之间分享教学信息。个别化教学是教师对个别学生单独施教，或者学习者独自通过教师预设好的学习资源完成学习任务的一种方式。任何一种教学活动，无论是以教师为主导或是学生独立进行，都与这三种基本形式有关。目前，随着网络的发展应用，在线教学作为一种教学形式也越来越被普遍使用。在线教学是师生通过网络完成教学任务的一种方式，学生可以在学校实验室集中学习，也可以分布在不同的空间，比如在家里。在线教学基本上可以涵盖前面的三种形式，在本书中不作专门的阐述。充分了解这三类基本教学组织形式的特点，对教学设计是非常重要的。

一、集体教学组织形式

集体教学是以班级为单位进行的，是根据学历程度把学习者编成有固定的班级，由教师按照教学计划统一规定内容和时数，按课程表进行施教的组织形式。

（一）基本特点

集体教学的特点，可以从组织单位"班"、时间单位"课时"和"学期"、活动单位"课"进行概括。

（1）以"班"为组织单位。学习者在班集体中进行学习和生活，班级人数固定且年龄和知识水平大致相同。

（2）以"课时""学期"为时间单位。教师同时面对全班学习者上课，有统一的起止时限和相对固定的空间。

（3）以"课"为活动单位。把教学内容以及传授这些内容的方法、手段综合在课中，把教学活动划分为相对完整且互相衔接的教学单元，保证了教学过程的完整性和系统性。

该教学组织形式适用的情况包括：导入新课题的教学目标并阐述教学要求，为学习者指明学习方向；介绍教学内容的一般背景知识或必需的预备技能；系统讲解课题范围内的观点和材料；进行课题或单元的复习和小结；介绍学科领域新近的发展情况；邀请专家讲座，放映电影、录像及幻灯片等。

（二）具体组织形式

班级授课的具体形式可大致分为三种：教室上课、混合式教学和在线上课。

1. 教室上课

教室上课在学校教学中使用最为普遍。由任课教师按照课程表为全班学习者上课并向全班学习者提出共同的学习任务；教师以系统讲授为主，以其他方法为辅。教师的讲授是学习者学习的主要信息来源。学习者在课堂上可与教师、同学进行多向交流；教师对课要做精心设计，考虑内容、时间、空间及人数等因素。

2. 混合式教学

目前学校教学仍以集体教学为主要的教学组织形式，由于信息技术的普及应用，可以借助信息技术实现以班级为基础的教学组织形式的多样化，为每个学习者提供网络化、数字化的学习资源。混合式教学具有如下几个方面的特征：从外在表现形式上看，是采用线上和线下两种途径开展教学的，线上的教学不是整个教学活动的辅助，而是教学的必备活动；线下教学不是班级授课教学活动的照搬，而是协同线上资源教学而开展的更加新型的教学活动。当前，混合式教学没有统一的模式，当前目标是要充分发挥线上和线下两种教学的优势改造班级授课形式的弊端，改变课堂教学过程中过分使用讲授而导致的学生学习主动性不高、认知参与度不足、不同学生的学习结果差异过大等问题。

3. 在线上课

在线上课是以网络为传播媒介的教学方式。通过网络，学习者与教师在不同的空间里开展教学活动。此外，借助网络教育资源，学习者也可以随时随地进行学习，真正突破了时间和空间的限制。对因为某些特殊的原因不能到教室上课的学习者而言，在线上课是最方便不过的学习方式，在一定的程度上可以代替教室上课。

一方面，网络的信息数据库管理技术和双向交互功能，可以对学习者的个人资料、学习过程和阶段情况等实现完整的跟踪记录；另一方面，教学和学习服务系统可根据系统记录的个人资料，针对不同学习者提出个性化学习建议。数字化教学管理平台具有自动管理和远程互动处理功能，对学习者的答疑、选课、查询、作业与考试管理等都可以通过网络远程交互的方式完成。

（三）优缺点

集体教学的优点在于：有一定的规模效益，一位教师能同时教许多学习者；能保证学习活动循序渐进，并使学习者的学习系统完整；能保证发挥教师的主导作用，以教师的系统讲授为主而兼用其他方法；教师与学习者面对面相处，可以及时收集反馈信息，有利于及时调整讲授内容和方法；把教学内容及活动加以有计划的安排和管理，可赢得教学的速度；班集体内的群体活动有利于培养学习者的态度与情感，有利于形成学习者健康的个性品质。

集体教学的缺点在于：学习者的主体地位或独立性受到一定的限制，教学活动多由教师直接做主，学习者的探索性、创造性不易发挥，主要以接受学习为主；难以照顾学习者的个别差异，教学面向全班学习者，全体学习者被迫接受同一个进度，不利于因材施教；不能容纳和适应更多的教学内容和方法，因为它一切都固定化、形式化而缺乏灵活性；过多的言语讲授容易导致学习者的注意力随着时间的延长而迅速下降。

二、小组教学组织形式

小组教学指的是多个学习者组成一个小组，以各小组为单位共同学习的教学组织形式。这种教学形式可以有效地弥补集体教学的某些不足，给予教师与学习者、学习者与学习者面对面密切接触、相互交流的机会，有利于学习者交流互动，是培养健全人格、促使个体社会化的有效途径。

学校教学实践中主要是班内小组教学，即把一个班暂时分为若干个小组，由教师规定共同的学习任务，由学习者分组学习的班级授课形式。在全班上课的基础上开展小组学习活动，班级仍然保留；小组不是永久性的而是临时性的，主要是为具体的教学活动而组建的；各小组的人员也不固定，主要根据所要完成的学习任务以及学科性质划分；小组成员在学习成绩或活动能力上并不相同，一般把程度不同的几个人安排在一组，以便他们可以互相交流，互相促进；小组可以是学科小组也可以是活动小组，主要视学习任务、活动目的和性质而定；小组学习或活动结束时，都要进行讨论、总结并向教师汇报；教师设计并组织小组学习，经常深入各小组进行指导和督促，随时解决小组学习中遇到的问题。

（一）分组方法

学习者以小组的形式进行学习的效果，与编组的方法和学习活动的形态有着密切的联系。一般来说，有三种基本方法。

1. 按照座位顺序随机分组的方法

要注意加强引导，避免由于过于机械地组合，小组成员之间关系不和谐而影响教学效果。

2. 以课题和活动为基础，按学习者的主观愿望分组的方法

这种方法比较尊重学习者的个人意愿，让他们加入自己所希望的课题学习组，将具有共同兴趣的学习者组织在一起，面向共同的目的进行学习，这样他们之间的相互沟通更为高效，学习者更能进行积极的活动。

3. 考虑学习者智能水平，以及其他参数的分组方法

教师充分研究每位学习者的各种特征，按照学习者的学习能力、智力水平、性格、爱好、同学关系等方面的情况分组。这种方法又可分为等质分组和异质分组。等质小组的特点是成员的能力、追求的目的、爱好等基本相似，易于协同和相互促进，能够提高学习效率；异质小组由能力、爱好等不同的学习者组成，能够产生不同经验和观点的交流活动，可以起到取长补短的作用。等质和异质并不存在哪一个更好的问题，同样，这三种分组方法也不存在哪个最佳的问题，教师应该根据不同的学习目标和教学意图对学习者进行编组。

（二）活动方式

小组教学活动的方式有讨论、案例研究、角色扮演、模拟等。

1. 讨论

小组讨论中,学习者思考问题并表达他们的观点,此时的学习往往是较高层次的智力技能如分析、综合、评价的学习。教师引导的小组讨论往往由教师提出问题,要求或启发个别学习者来回答,组内思想交流比较受限。集体共商的小组讨论中,学习者自由交流思想,不受教师控制和影响,参加者自己掌握讨论的内容、深度和进程,讨论是开放的,如何进行主要取决于学习者的相互交流和反应。师生协同式的小组讨论常着重于解决一个特定的问题,教师既不占主导地位,也不是消极的旁观者,而是以信息提供者和讨论参与者的身份出席。

2. 案例研究

教师给学习者提供关于现实生活情境的详细信息,对所有有关情境及有关人员的争论和行动都有细微的描述。学习者研究和分析所呈现的情境,根据所学习的原则和本领域中普遍接受的做法,判别其中的正确与错误成分。在讨论过程中,每个人都必须就他们对案例情境的分析做出解释、证明和答辩。

3. 角色扮演

每人担任一个角色,要求他们如同在真实情境中一样,在表演过程中感受角色的思想和情感。其他学习者观摩表演,结束时讨论扮演者表达的感情和动作。通过角色扮演,学习者能进一步理解他人所处的地位及他们的态度,能进一步了解别人为判断和解决问题可能采取的步骤。在语言教学方面,使用角色扮演的形式练习讲话,已是一种常用的有效方法。

4. 模拟

模拟是真实生活情境的抽象表现,要求学习者解决复杂的问题。在模拟现实的情境中,学习者必须进行操作控制,做出适当的反应并采取行动纠正其不足或保持适当的状态。

(三)使用要点

小组成员的人数不宜太多或太少,通常以低年级 3~5 人,高年级 5~8 人为主。教师应使学习者在进行小组学习之前,明确学习活动的目的和主要任务。在进行小组讨论以前,应给学习者个人思考的机会。对于小组内的交流,应对说话方式做出某些规定。唤起学习者的注意,使所有学习者都能参与学习。有些活动可由学习者自己主持,但教师始终应该是活动的指导者和参与者,这一点十分重要。教师在运作时应格外注意营造小组成员之间协调的良好气氛,以促进教学的社会性和学习效率的提高。小组教学能够有效地进行,与成员之间良好的合作关系以及教师慎重的设计和安排是密切相关的。

（四）优点

小组教学的优点在于：有利于情感领域的教学目标的实现，如形成态度、培养鉴别能力、形成合作精神和良好的人际关系；有利于开展项目或作业活动，使学习者认知领域的某些高层次技能得到较充分的发展；有助于提高学习者组织和表达自己见解的能力；通过向其他同学解释要点和原理，学习者还能强化自己的学习，有利于学习者学习积极性的提高。

在小组内，学习者之间较易进行不同经验和想法的交流，有利于培养学习者的思维能力。学习者的心理压力相对减小，每个人发言和活动的机会相对增加，个人意见的交换变得十分容易，因此，学习者可以相互确认、相互补充和相互启发，形成团体性思考和创造，这无疑对学习者的思维品质的培养是大有益处的。教师能及时了解学习情况，并能及时给予适当指导。教师此时是小组成员之一，在心理上与学习者是平等的关系，这样更有利于发挥教师的主导作用。

（五）局限性

教学组织工作比较困难，稍有疏忽就会影响学习效果；教师的发言时机和时间长度不易控制，没有经验或准备不充分的教师容易出现长篇大论的情况，而这对师生之间、学习者之间的相互作用是不利的；要使小组所有成员都积极参与活动又不致变成无意义的闲谈有一定的难度，教学进度不容易控制。

三、个别化教学组织形式

解决个别差异问题的较合适的形式是个别化教学组织形式。这种形式并不仅仅是教师个别地教，让学习者个别地学，更重要的是明确对每位学习者进行最适当的教学，设计满足每位学习者要求的教学计划，采用适合每一个人特点的教学方法。

（一）基本特点

在教学实践中，主要是班内个别化教学，即教师因人而异地给不同的学习者布置学习任务，并花一定的时间以一对一的形式给学习者辅导。一般而言，个别化教学的主要特点可概括为：在全班上课的基础上主要面向班上需要帮助的学习者或学有余力的学习者；教师给学习者布置的学习任务以及教师进行的辅导必须以该生的学习准备、学习难点和性格特点为依据；教师的作用主要在于指导和帮助学习者自学和独立钻研；学习者学习的材料一般是由教学法专家精选或专门编制的教材，如程序教材、自学辅导材料或教学参考书；学习者的学习由开始时完成教师为之规定的任务而逐步向完成根据自己的能力而确定的任务过渡并逐步带有独立钻研的成分。

（二）个别化教学的类型

在长期的教学实践中，个别化教学的组织形式已经演变为多种多样的模式，但从总体来看，可以概括为四大类别：①对每位学习者的教学目标和教学方法相同，但学习步调或进度不同。②对每位学习者的教学目标相同，但教学方法不同。这种类型是为了实现共同的教学目标，根据每位学习者的特点而改变教学方法，以适应学习者的不同特征，如分支式程序教学。③对每位学习者的教学方法相同，但教学目标不同。这种类型是全体学习者按照一定的方法和程序进行学习，但根据学习者的不同特点来确定不同的教学目标。④对每位学习者的教学目标和教学方法都加以改变。针对不同的学习者，教学目标和教学方法都有目的地发生变化，从而适应每位学习者的特点，这是最尊重学习者个性的一种方式。

为了进行有效的个别化教学，教师和教学设计者需要充分了解学习者的个别差异，以便有针对性地布置学习任务、监督学习过程、进行个性化的学习指导、评价学习结果。学习者个别差异的表现形式是多方面的，我们可以从以下几个方面去看学习者的个别差异。

1. 智力水平

智力是指人认识、理解客观事物并运用知识、经验等解决问题的能力，包括记忆、观察、想象、思考、判断等，是对学习影响最大的一个因素，这是客观存在的差异，作为教师必须承认和接受这个现实。对于智力水平不同的学习者，在任务的布置、分配和要求上可酌情考虑，既不强人所难，也不可让学生感受到歧视，以最有利于学习者发展为原则进行教学安排。

2. 才能与兴趣特长

无论一个学习者的智力水平如何，经过后天的努力，都会在某些领域内表现出来潜在的能力和优势，诸如音乐才能、体育才能和文学才能，并体现在对某类问题的敏感性、观点的独特性和思维的灵活性上。学习任务若能与学习者的才能和兴趣特长结合起来，是比较理想的教育状态。

3. 学习风格、气质和性格

学习风格是指个体在学习行为中表现出来的特征，不同学习风格的学习者对教学的期待是不一样的。此外，学习者的气质和性格存在差异，他们在理解、存储、加工信息的过程以及与老师和同学的交往过程中所表现出来的习惯和气度也各不相同。个别化教学中，教师对学习者学习风格的了解尤为重要，比如有的学习者愿意向同学咨询问题，而有的学习者觉得问学习类的问题会有失尊严，对于不同学习风格的学习者应给予不同的学习指导。

4. 学习热情与适应性

学习热情与适应性是指学习者对学习内容有没有较强的渴望和动机，有没有探索与学习内容相关的事物和活动的倾向。学习者所接触的老师、同学和其他环境因素总是在变动不居当中，需要学习者通过自身的调节保持与外界的协调，这样才可以不断激发和保持学习的自主性。

（三）优缺点

个别化教学的优点在于：允许程度不同的学习者按照自己的能力选择相应的学习条件，如学习内容、教学资源以及学习方式等，让每个学习者都能最大限度地获得学习效益；学习者自定学习步调，自负学习责任，有利于培养学习者的学习能力，使学习者形成适应未来环境的良好行为习惯；学习的时间和空间灵活性大，特别适合于高年级及成年学习者。

个别化教学的缺点在于：教师需要花更多时间去关注个别学习者，精力和组织管理成本较高；若长期把它作为唯一的教学形式，可能会缺少师生之间和学习者之间的相互作用，不利于学习者的社会性发展，并会使学习者丧失在集体中进行隐性化的学习机会；此方式不是对所有的学习者和教师都适用，若学习者缺乏应有的自觉性，可能会拖延学业；需要有充足的资源作支持，代价较高，不经济，而且备课复杂。

（四）设计个别化教学时需要注意的问题

师生都需要明确教学目标，双方协商准备学习活动和教学资源，只有这样，才能确保教学适合学习者的特征和学习风格。仔细安排学习过程，把教学内容分成较小的独立步子，每个步子一般只包含单个知识点，认真安排各个步子的学习程序。设计特定的记录或测量方式，让学习者表现出自己对所学内容的理解情况和应用情况，以便在进入下一步学习之前，学习者知道对前一步内容的掌握程度。教师要尽可能多地与学习者面对面接触，诊断他们的困难并及时给予帮助。

第六节　教学方法的选择

教学方法是在教学过程中，教师和学习者为了达到教学目标而采取的教与学相互作用的活动方式。从活动的主体参与度划分，教学方法都可归于"侧重于教的方法"和"侧重于学的方法"，这是一种比较直观、容易被感受到的简单分类。前者以教师的活动为主，教师直接向学习者传递教学信息，管理活动过程，按照既定的标准评价学习结果，学习者接受教师的安排，较少有外显行为参与到教学活动过程中，典型的如讲授法、演示法、谈话法、模拟教学法等，也有学者从学习者的角度将这类方法称作"接受学习模式"；后者则重视学习者的外显行为的表现，主张让学习者亲身参与教学活动，意在激发学习者的主动性，如研究性学习、任务驱动法、专题讨论法等，这类方法也被称作"发现学习模式"。

在学校教育实践中，侧重于教的方法被广泛采用。长期以来，侧重于教的方法一直被诟病为"灌输"，被贴上"传统"标签成为各类教育思潮的冲击对象。我们认为，盲目地排斥侧重于教的做法是十分错误的。在教学实践中，教师的经验是十分宝贵的，可以帮助学习者减少探索试误的过程，极大地提高学习效率。再者，学校教育中的许多知识，都是一些才智卓越的人经过长期研究或实践之后的结果，将这些知识直接摆在学习者面前，让学习者去解决和发现，并不符合教育的规律。尤其在教学初期，采用侧重于教的方法给予学习者必要的基础知识也是十分重要的。当然这并不否定学习者主动性、创造性的培养，与侧重于学的教学方法相辅相成，互为补充是比较合理的。

一、侧重于教的教学方法

（一）讲授法

它是教师通过口头语言向学习者系统地传授知识、发展学习者智力的方法。从教师的角度看，它是一种传授的方法；从学习者的角度看，它是一种接受性的学习方法。这是使用最早的、应用最广的教学方法，可用以传授新知识，也可用于巩固旧知识，易于与其他教学方法结合运用。讲授法具体又可分为讲述、讲解和讲演等不同的形式。

讲述，侧重在生动形象地描绘某些事物现象，叙述事件发生、发展的过程，使学生对此形成鲜明的表象和概念，在情绪上得到感染。如叙述某一问题的历史情况，以及某一发明、发现的过程或人物传记材料时，常采用这种方法。在低年级，由于儿童思维的形象性，注意力不易持久集中，需要使用讲述的方式经常性地将他们的注意力引导向学习内容。

讲解，主要是对一些较复杂的现象、问题、概念和理论等进行较系统而严密的解释和分析。讲解在智力技能的教学中广泛应用，在理科教学中应用尤多。当演示和讲述不足以说明事物内部结构或联系的时候，就需要进行讲解。在教学实践中，讲解和讲述经常是结合运用的。

讲演，是对一个完整的主题进行系统的分析、论证并得出符合逻辑的结论的一种方法。教师就教材中的某一专题进行有理有据、首尾连贯的论说，中间不插入或很少插入其他的活动，这种方法主要用于中学的高年级和高等学校，较为典型的是高等学校开学或毕业典礼上，校长或教师代表的发言致辞。该方法要求教师有一定的表演才能，略带有娱乐、鼓动或炫技的成分，通常可以制作成教学资源片段，在教学中穿插，配合其他方法使用。

（二）演示法

围绕某些能被感知的事物，教师出示实物或可代替实物的视频、照片、图画、模型、标本等的方法，是一种教师演示、学习者观察的活动。演示法使学习者从感性上认识事物，为理性认识打下基础。教师应重视让学习者对材料各部分进行观察，必要时给予适当的指导。演示一般分为静物演示和动态过程的演示。演示法与教学的硬件资源条件关系最为密切，因此，随着新的现代信息技术的媒体的不断涌现，演示能超越时空，将过去与未来、宏观与微观的现象生动地展示在学习者面前。这是通过教师示范和学习者模仿来教与学如何运用内外部肌肉的动作的方法。

对于动作技能类的教学内容，如实验技能、体育技能、演奏技能、吟唱技能、朗诵技能等，除了使用教学媒体手段，教师亲自演示也是非常普遍的方式，在现场边示范、边讲解，学习者较容易模仿。为了让学习者加深对动作要领的理解，教师在示范、讲解的同时，还要纠正学习者不规范的做法。

（三）谈话法

在教学过程中，一些特殊的学习者常常会提出一些具有个性化的问题。对于不具有普遍性的问题，教师不宜在班级上讲授。这时教师可以通过一系列提问来引导学习者的思维，以对话的方式促使他们独立地得出结论。这种方法能充分激发学习者的思维活力，有利于训练学习者的思维能力和语言表达能力。对于部分成绩优异的学习者来说，这种方法会更增加他们勇于攻克难题的勇气，对于学困生来说，则有利于他们查漏补缺，快速提高学业成绩。谈话法又细分为有引导性的谈话、传授新知识的谈话、复习巩固知识的谈话和分析总结性谈话。

运用谈话法必须具备以下条件：学习者对教师提出的问题已具有一定的知识基础；学习者和教师之间具有比较和谐的师生关系；教师具有足够的耐心和奉献精神，以及较为良好的人际沟通能力。

（四）模拟教学法

模拟教学法是采用经过专门设计的类似于现实工作环境的教学空间，把现实中的情境微缩到模拟课堂，让学习者扮演某一角色，运用专用的教具模拟真实工作场景的一种教学方法，如模拟课堂、模拟班会、模拟法庭、模拟商务谈判、模拟急救等等。该方法可以帮助学习者切身理解、操练教学内容，以实现教学目标。模拟教学法需要在教师指导下完成，教师扮演着导演的角色，发挥着统领、评价作用。

为了营造出特定的教学情景，可以使用机器或各种专用模拟装置、各种模型，也可以让学习者们去扮演某些角色，模拟真实情景。模拟教学的意义在于创设一种高度仿真的教学环境，构架起理论与实践相结合的桥梁。

模拟教学法让学习者有机会亲身参与，容易引起学习者的学习兴趣，发展学习者的主动精神和创造性处理现实问题的能力，有利于学习者发现自身的优势和不足，还有利于提高他们的交际能力、决策能力与应变能力，增加面对现实的实践感。

二、侧重于学的教学方法

（一）作业练习法

作业是课堂教学的重要补充，是保障学习质量的重要内容，分为课堂作业和课外作业两大类：课堂作业是教师在上课时布置的对学生当堂进行检测的各种练习；课外作业是学生在课外时间独立进行的学习活动，是检测学生是否学会了课上的知识点的一种方法。它是在教师的组织和管理下，学习者运用所学知识、技能解决同类课题的方法。其特点是技能技巧的形成以一定的知识为基础，练习具有重复性，具体又可分为解答习题、实际操作两种形式。它在帮助学习者克服困难、形成认真的学习态度方面有重要作用。

（二）实验教学法

实验教学法是在教师指导下，利用一定的仪器设备，通过有意识、有计划地操作特定的设施、设备，引起某些事物或现象的发生和变化，使学习者在观察、研究和独立操作中获取知识、形成技能技巧的方法。实验教学一般是在学校实验室、实践基地进行的，有的实验也可以在教室里进行。实验教学可以帮助学习者加深对概念、规律、原理等知识的理解，也能培养学习者严谨的科学态度和探索研究及创造精神，更有利于学习者主体地位的发挥。实验法可以使学生把一定的直接知识同书本知识联系起来，以获得比较完整的知识，又能够培养他们的独立探索能力、实验操作能力和科学研究兴趣。根据实验的组织方式不同，实验教学法可分为小组实验和个别独立实验。现代教学越来越重视让学生独立地设计和进行实验，而不是简单地验证教材上的知识。

（三）讨论法

讨论法通常以小组为单位，学习者围绕教材的中心内容或者教师在课堂布置的主题，发表自己的看法和见解。不同的学习者对问题的看法可能是不同的，大家彼此倾听，发现对方的不足和闪光点，在相互交流的过程中加深对问题的理解和认识，从而获得知识和巩固知识，进行相互学习。

讨论法的作用在于：可以促进学习者加深对知识的理解；为学习者提供群体思考的机会，学习者在群体思考过程中进行思维碰撞，集思广益，互相启发；可以激发学习者的学习兴趣，培养学习者的独立思考能力。讨论法较适用于高年级学习者或成人学习者。

（四）协作/合作学习法

协作/合作学习法的教学组织形式以小组教学为主，采取异质小组的编组方法，将不同学业成绩、能力水平、个性特点的学习者进行合理的搭配，形成一个小型的合作性异质学习团体。强调以学习者自我控制活动为主，教师指导协助为辅，师生间的多向交流多于师生的单向交流或双向交流。

在成绩评定方面，采取面向小组的合作性奖励方式，即小组中某一个学习者的成功意味着其他学习者也获得了成功。这种评价方式把每个学习者的成功建立在小组集体的共同努力之上，意在促进学习者之间的互相帮助，相互激发学习者自觉学习的动机，形成乐于探索的风气及对成功进行不懈的追求的决心，改善人际关系。但在实践中，存在着组内不平衡现象，不乏有个别人跟着"划水"而有的贡献比较大的现象，最后大家的成绩一样，一些学习者会产生不舒服的感觉。

（五）实习实践法

实习实践法根据特定的教学目的，教师组织学习者在校内外的自然或实践基地，运用已有的知识和技能进行实际考察、操作或其他实践活动，以获得新知识和技能的方法。这个方法在自然学科和技术学科中占有重要地位。它的意义在于能贯彻理论联系实际的教学原则，能够培养学习者的独立工作能力。其作用在于可以验证自己的职业抉择，熟悉未来工作内容，了解行业标准，找到自身与职业的差距。宏观而言，实习实践是学习者从学校走向社会的过渡，实习实践结束时，参加实习的单位开具实习鉴定，包括实习单位、实习时间、实习职位等等内容，加盖实习单位的公章，作为学校评定学业成绩和未来用人单位的参考。

除了以上这几种常用的教学方法以外，在长期的教学实践中，特别是在网络支持的条件下，人们还提出很多具有创新性特征的方法，如发现学习、研究性学习、基于问题的学习、基于项目的学习、问题解决式学习、支架式学习、基于网络的协作学习、WebQuest 等等。

三、选用教学方法的基本原则

在教学实践中我们会发现，对于相同的教学内容，不同的教师可能会采用不同的教学方法，这基本上取决于教师本人的喜好和习惯。即便同一个教师，在不同的班级，不同的时间段，对同一教学内容施教，教学方法也不尽相同。这两点说明教学方法具有灵活性和可替换性特征，正所谓教学有法、教无定法。面对多种教学方法，在教学设计过程中如何选择、如何将各种教学方法有机地结合在一起，是制定教学策略需要考虑的问题。

《教学论》《教育学》中有不少关于选择教学方法的论述，认为应该根据教学目标、学生特征、学科特点、教师特点、教学环境、教学时间、教学技术条件等因素选择教学方法。因为涉及的因素较多，无法一一阐明何种组合适宜采用何种教学方法。在教学实践中，教师通常凭借直觉和经验即可做出较为优化的选择。鉴于此，本书只给出选用教学方法的基本原则，供教学设计者参考。

（一）目标性原则

目标性原则是选用教学方法时首先要考虑的，它规定着教学方向。任何一种教学方法都与教学目标联系，都是为实现一定的教学目标而服务的，是实现教学目的、完成教学任务不可或缺的工具。教学是一种双边活动，任何教学方法都包括学习方法，教师的教法和学习者的学法密切相关，共同指向学习目标的达成。

（二）整体性原则

教学方法是多种多样的，每一种教学方法都有其不同的功能和特点，适用于所有教学内容、万能的教学方法是不存在的。只有对多样化的教学方法进行灵活切换，才可能适应不同的教学内容、学段、教师和学习者，帮助教师高效地达到教学目的，完成教学任务。

教学方法虽然具有多样性但同时它又具有整体性，不同的教学方法共同构成一个完整的教学方法体系，在这个教学方法体系中，各种具体的教学方法彼此联系、相互配合、相互补充，综合发挥着整体的效用。类似于相声艺术讲究说、学、逗、唱，戏曲艺术讲究唱、念、做、打，教学过程也需要讲（解）、演（示）、启（发）、练（习）等具体方法，它们共同构成教学策略的整体。

（三）发展性原则

教学方法与其他教学现象一样，具有历史继承性。古今中外的教育家在长期的教育教学实践中，积累了相当丰富的教学方法，值得我们去认真总结和整理，以继承其合理的部分。任何一种新的教学方法都是在整个教学方法的历史发展过程中产生的，都与以往各个时代的教学方法有着一定继承关系，它必然要多方面吸收和利用旧的教学方法中值得借鉴的、有价值的成分。

我们更为强调的是，任何教学方法体系都不是固定不变的，应用者需要根据实际教学条件对它进行发展创新，教学设计者必须对传统的教学方法加以改造，进行补充和综合利用，形成一些具有时代性的新的教学方法。

四、教学方法对教学设计工作的意义

（一）教学方法是教学设计工作成败的关键

在明确了教学目的和任务，确定了教学内容之后，采取正确的教学方法就成了实现教学目的、完成教学任务的突出而重要的问题了。教学方法是教学过程整体结构中的一个重要组成部分，是教学策略的基本要素之一，它直接关系着教学设计工作的成败。

学习者之所以能高效获得系统而完整的知识，形成一定的技能技巧，使智力和能力得到理想的发展，往往是由于教师运用了学校工作实践中检验过的许多有效的教学方法。有些教师由于未能正确地解决复杂的教学方法问题，以至于不能实现教学目的、完成教学任务，造成学习者的学习困难，这是非常让人痛心的。

（二）教学方法直接影响教学设计的有效性

对教师设计者而言，能否选用科学、恰当的教学方法，是其能否做好教学设计工作的一个重要条件。能否激发学习者的学习兴趣和学习动机，能否将教学内容有效地呈现出来，能否在规定时间内完成教学任务、达成教学目标，这取决于教学方法的选择与运用。

在教学设计时，如果所选用的教学方法能体现教材的特点，适合学习者的身心发展水平，同时又能使教师自身的特长展现出来，在整个教学过程中，能使学习者始终保持高度的注意力和学习兴趣，使其形成较强的学习动机，在规定的时间内完成教学任务，则体现为一种高效的教学，反之则是低效的教学。

（三）教学方法的隐性作用是教学设计所重视的

教学方法既包括教师教的方法，又包括在教师指导下的学习者学的方法，它是教法和学法的有机结合和统一。科学合理的教学方法，不仅能够促使学习者高效地掌握知识、技能，还有助于学习者智力的发展和能力的培养，使其形成良好的学习习惯和学习风格。

在教学设计中，采用科学的、符合学习者身心发展规律和思维发展特点的教学方法意义极其重大，而不良的教学方法会扼杀学习者学习的热情，影响学习者的身心发展。良好的教学设计不仅能促进学习者获得良好的学业成绩，还能使学习者有继续学习的能力和愿望，后者是学习者能持续学习的基础。

本 章 习 题

一、简述题

1. 简述教学策略的分类及其特点。
2. 简述制定教学策略需要考虑的因素。
3. 画出并简述加涅关于学习的信息加工模式。
4. 简述加涅的九大教学步骤。
5. 简述与获得认知类学习结果有关的教学方法。
6. 简述杜威的五步教学程序。
7. 简述传递接受程序。
8. 简述引导发现程序。
9. 简述集体教学组织形式的优缺点。
10. 简述小组教学组织形式的活动方式与局限性。

二、思考题

1. 试比较我国常见教学程序与国外经典教学程序的差异。

第七章

教学设计成果的评价

【学习目标】

　　学完本章后，学生应能做到：
　　（1）解释教学评价的内涵。
　　（2）阐述教学方案的评价维度有哪些。
　　（3）指出形成性评价和总结性评价的含义及区别。
　　（4）列举并比较学生行为评定的两种模式。
　　（5）简述教学设计成果评价的具体方法。
　　（6）简述学习评定材料的编制方法。
　　（7）阐释教学评价在教学设计中的地位及作用。

【教学方法】

　　讲授为主，辅之讨论

【教学环境】

　　安装多媒体投影系统的教室或普通教室

【教学过程】

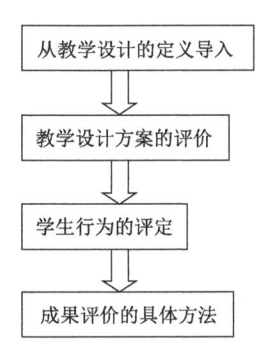

从教学设计的定义导入
↓
教学设计方案的评价
↓
学生行为的评定
↓
成果评价的具体方法

【讨论】

什么样的课是好课？

教学设计运用系统方法，系统方法要求对解决教学问题的预想方案进行不断修改。评价是修改的前提，是教学设计成果趋向完善的调控环节。评价往往以目标为依据，通过科学的测验和评估，对结果及其形成过程进行测定和衡量，并给予价值判断。

现代教学评价已经形成一套成熟的评价理论和评价技术，教学设计工作可以直接选用合适的理论和技术。按评价功能的不同，教学评价可分为诊断性评价、形成性评价和总结性评价。诊断性评价可以帮助设计出满足不同起点水平和不同学习风格的学生所需的教学方案，并分别将学生置于最有效的教学设计方案当中；形成性评价为修改教学方案收集可靠的数据和资料；总结性评价关注教与学的结果，通过对学习者所取得业绩的全面鉴定，反推整个教学设计方案的有效性。如果把教学设计比喻成烹制过程，那么，形成性评价相当于厨师在做菜的时候，品一品汤汁感觉一点味道，然后决定是否继续补充某种调味品；总结性评价相当于，把饭菜做好以后呈给评委或食客，由他们品尝饭菜并评判饭菜的质量。教学设计成果的评价既包括形成性评价也包括总结性评价。

教学设计成果的评价从结果和过程两个方面进行价值上的确认。教学设计成果首先是一套教学方案，方案设计水平如何，能否产生理想的教学效果，这个问题在设计过程结束时并不明确。此时，该方案绝不能直接拿到课堂教学中使用，把学生当作像小白鼠一样的试验品是不符合教育伦理的，因此，教学设计成果的评价是十分必要的。

判断一个教学设计成果的水平如何，需要通过系统收集的证据来说明。判断设计成果水平高低的标准可分为两个方面：一是设计过程的每一个环节是否达到阶段性目标；二是使用该教学设计方案，学生是否能高效地达到预定的学习目标。因此，教学设计成果的评价相应地分成教学方案的评价和学生行为的评定两个部分。

第一节　教学方案的评价

教学方案是一个客观存在的文案，属于教育资源类实体。对其评价应该遵循科学性、教育性、经济性和可操作性原则。教学方案在推广使用之前，要在小范围内试用，测定它的可行性、适用性和有效性以及其他情况，以便检验方案完备性。对存在问题的地方需要不断修改、完善方案，使教学设计过程及其成果更趋有效。

一、教学方案的评价维度

教学方案设计的最终目的在于有效促进学生的学习，因此，一个教学方案的优劣，必须通过实施，从教师的"教"与学生的"学"两个方面进行综合评定，才能对教学方案进行比较全面、准确的评价。

（一）与教师"教"有关的方面

首先，可从教学方案中关于教材的选用上判断设计者吸收、处理和传递知识的能力；其次，根据教材内容体系与学生实际水平之间差距弥合的程度，判断其是否符合教学目标、重点是否明确、难点是否可能解决，以及教学内容是否吸收了本领域的最新成果和反映了学科发展的最新动态；最后，选用的教学方法和教学策略是否符合学生的特点，是否能维持学生的注意和兴趣，是否能促进学生对教学内容的理解和运用。

（二）与学生"学"有关的方面

从学生角度进行评价，首先要考虑实施新的教学方案后，学生在认知、技能、态度方面的达标程度。对认知领域和技能领域的评价，可根据具体学科的特点，设立不同的层次。

其次，还可以通过学生在教学过程中的表现来分析学生对新教学方案实施的反应，如学生对讲课内容和速度的适应性、对教学内容的理解程度、对学习的注意或投入程度、对学习的爱好与需求等。

二、评价形式及评价过程

对教学方案的评价有两种形式,即形成性评价和总结性评价,它们分别在不同的时间,为不同的目的而进行。教学方案设计完成并不等于教学设计过程结束,这只是一个阶段性的成果,对教学方案的评价主要以形成性评价为主。

(一)形成性评价

形成性评价的目的在于,为教学方案每一阶段的成果提供修改依据。教学设计人员以此来获取数据,并通过这些数据修正教学方案,工作的重点是搜集证据、分析数据。

在教学设计的过程中,要及时了解刚过去的一个阶段任务完成的情况、存在的问题,并对存在的问题开出处方。这些处方是建立在学习和教学原理之上的,并且符合教学的实际需要和现实条件。就目前的研究水平而言,在教学方面我们还有很多未知数,对很多变量和干扰因素无法精准控制,因此有必要对具有代表性的学生样本进行试行,以收集有力的数据和资料,对教学方案做进一步修正。教学设计方案的形成性评价和修改,一般需要以下几个步骤。

1. 设计审查

每个设计阶段的结果都指向教学总目标。学生特征的分析、学习内容的组织、教学策略的制定在阶段性完工之后都要进行审查。这些审查可在每个设计阶段完成之后进行,对于专家级教学设计人员也可以安排在两三个阶段之后,比如,对学习者分析和学习内容分析两阶段进行联合审查,可以保证每个设计阶段之间的耦合性。正如熟练的厨师不需要在每加一种佐料之后都品尝一下味道浓淡一样。

在对每一个设计阶段进行评价时,设计人员应首先制定一套评价标准。这套标准可以同专家审查的标准一样,也可存在差别,但应尽可能涵盖所有教学过程中教师和学生会关注的所有项目,以及设计人员需要解决的所有设计问题。其次,设计人员应注意将阶段性设计成果搁置几天,以便于形成结果与意图的距离,使设计人员更容易发现之前设计的不足或不明之处。很多教师在教学实践中会发现,之前用过的教案或者PPT有一些内容自己都不太明白,只能删去重新加入新的内容,这就是形成性评价要搁置几天的原因。教学设计人员和授课教师分别尝试提出并回答以下问题,见表7-1。

表 7-1 设计人员和授课教师分别尝试提出并回答的问题

设计人员	授课教师
本阶段的目标是什么?	教学目标是否满足需要分析中确定的问题?

续表

设计人员	授课教师
在实现本阶段目标时遇到的问题是什么？	对学生入门能力的测定是否准确？
如何解决上述问题？	任务分析中是否包括了完成教学目标所需的所有先决知识和技能？
是否因为问题而改动过原定目标？	测试题目以及最后的测试卷是否可靠、有效地反映了目标？
前一个阶段的目标是否合理？	评定工具以及相关的掌握标准是否可以区分出有能力和无能力的学生？

2. 专家审查

专家审查，即把教学方案的某个部分包括教学分析、教学目标、教学过程、教学策略、测验题等，在完成以后呈送给学科专家、教学设计专家、教育专家、有经验的教师进行审查。一般而言，教学方案的产生有三种方式：①教学设计人员研究教学主题，结合参考资料、其他教科书或技术手册的信息，写出教学方案草稿；②参与项目的学科专家根据教学设计人员的建议，编写出教学方案；③学科专家和教学设计者合作，收集教学内容信息，协同写出教学方案。在我国的教育实践中，教学设计人员和学科专家的身份并不十分明确，更多的是教研员和任课教师协作，完成教学设计过程。

当教学设计者完全负责产生方案时，把教学方案送给多名学科专家审查十分必要。即使学科专家参与创作内容，把所产生的教学方案让其他学科专家审查，也是有好处的。不同的学科专家，在内容的深度和广度，以及如何呈现内容上会有不同的见解，有时这种分歧纯粹是风格上的，有时可能是某位学科专家理解上的偏差。分歧也可能出现在知识点顺序、相对侧重点、隐喻的适当性等方面。作为教学设计人员一定要注意，在有些情况下，分歧可能是实质性的，这时候务必要注意教学方案当中的科学性、教育性和现实局限性方面的问题。一名学科专家存在错误或忽略的地方，可能被另一名学科专家注意到。因此，如果条件允许，让多名学科专家审查将会增加教学方案的准确性。

专家审查通常要在教学方案的草稿或者至少部分内容完成之后尽快进行。对课堂教学这一层次设计成果的专家审查，往往采用说课的方式；对其他方案或成果的专家审查，通常采用专家审查会的方式。教学设计人员要认真记录每位专家的详细意见，并对这些审查结论进行"再检查"，从中找出真实存在的问题，在进行下一步的教学方案评价之前，对方案进行修改。对于审查专家的选定，需根据设计方案中包括的信息的复杂性来决定邀请什么专家、多少位专家。对审查专家可以咨询以下问题，见表7-2。

表 7-2　对审查专家咨询的问题

教学设计专家	学科专家	资深任课教师	教育管理专家
内容的组织和教学指导是否最佳?	前后内容的内在逻辑是否合理?	教学方案的可操作性如何?	内容是否准确并且符合现时代的需要?
设计策略和当前教学理念一致吗?	目标是否恰当、全面,有无遗漏?	目标是否恰当、全面,有无遗漏?	设计策略和当前教学理念一致吗?
教学策略适合于施教对象吗?	教学内容是否有助于教学目标的实现?	教学策略适合于施教对象吗?	教学方案适合什么风格的教师使用?
教学策略符合教学理论的原则吗?	测验题目和测验情境的清晰性和适宜性如何?	测验题目和测验情境的清晰性和适宜性如何?	方案中的教学策略能吸引学生的兴趣吗?

注:学科专家和资深任课教师可以是同一个角色。即便不是同一个角色,也可以咨询相同的问题。

3. 试运行

试运行也可以称为对教学方案的诊断性评价。在这个阶段中,选取具有代表性的学生,通过实操教学方案,从学生方面获得他们对设计结果的最初反应,从学习者身上采集数据并修正教学方案,对鉴别和纠正那些隐性的错误是非常有效的。这一步骤是通过教师与个别学生直接接触、相互作用完成的,参加的学生应具有代表性,除了要考虑学习者知识和能力的水平,也要关心其他与学习者学习状态密切相关的特征,例如学习态度、学习经验、学习风格等,选取的学习者的学习能力中等最佳。当然,根据教学设计的原始出发点,对学习能力低于正常水平的学习者的关注也是必要的。这一步骤也是设计人员首次从学习者的角度出发,对设计过程中所做的决策进行审视,验证设计人员的预判是否正确,是否存在对目标学习者的误解。

在此过程中,应把学生视为教学设计的参与者,应当向学生说明,学习中出现的任何问题都可能是由于教学设计方案本身的缺陷,而不在于学生。教师应鼓励学生大胆发表自己的意见,倾听学生的想法和感受,然后对学生进行相应的测验,并将测验结果反馈给学生,让学生回忆学习时对内容所做的加工,以及测验时遇到的问题和采用的解决策略。

用同样的方法对多个学生进行试用,从而发现设计当中的问题。值得注意的是:在试用方案的过程中,设计人员和学生既是伙伴关系又是研究者与被研究者的关系,设计人员要参与学习者的学习过程,观察学习者的参与情况,并依照预先设计的方案与学习者讨论教学材料中呈现的内容。在每次试运行之前,设计人员应该制订一套计划,决定交互如何进行、如何向学习者说明、如何让学习者知道什么时候可以和设计人员讨论、如何鼓励学习者放松地谈论设计方案和教学材料等。这就要求设计人员有较强的交流能力,能够与学习者建立起良好的相互作用关系，并进行有效的交流。试运行过程中，教师始终要记住一个基本的前提：我们是测试方案，不是测试学生。

在试运行中收集数据的途径有观察记录、学习者讨论的记录、教学完成后的问卷和测验。在交流和记录的过程中，设计人员不仅要知道问题所在，还要了解问题的具体内容、学习者为何会出现这种反应，以及专家对此做出的解释，这样才更能提供改进教学设计方案的有用信息。这个步骤的目的是确定并纠正教学过程中出现的问题。在这一阶段，尝试追问以下问题，见表7-3。

表 7-3 试运行阶段主要考查的问题

任课教师	学生
学生理解教学内容吗？	能完全理解课上老师所教的内容吗？
在练习和测试中学生知道做什么吗？	完成老师所布置的作业有困难吗？
学生不太能理解的教学内容是哪一部分？	练习题的量适中吗？
学生能解释教材中的图表吗？	对学习经历是否感到有趣并满意？
测验是否真的测出了目标中规定的行为？	任课教师的人格魅力如何？

4. 修改

根据对以上几个问题的反复回答，对照教学方案进行一一验证，并对获得的各种信息进行分析，从而发现教学方案中的问题，并做相应的修改。有些时候，修改之后仍需要进一步验证和修改，直到满意为止，以形成教学设计的最终产品。

对于任课教师，教学设计工作主要针对自己熟悉的课程，参考优秀任课教师和教学设计专家的建议，工作重点是对现有教材内容进行重构，对教学媒体材料进行加工美化，对教学策略进行优化。形成性评价过程可以更简单一些，但如果条件允许，从以上几个方面进行评价工作，可以比较准确地获得有关教学材料适合性的信息。通过以上几个步骤，教学方案基本成形。

（二）总结性评价

教学方案设计完成之后，整体地呈送给相关专家，在专家的指导下进行运行实践，并对运行过程的数据进行收集、分析和总结，判断教学的效果、效率以及对学生的影响程度。这个判断结果可能会影响是否继续使用这一教学方案的决策。

总结性评价的数据主要来自对学生的评定，以及对教学过程的实地观察。其中，学生在教学之后是否达到学习目标，是总结性评价的主要评价标准，也是评价教学方案质量的最终标准。为了实施总结性评价，评价者必须有标准参照工具，按照参照标准所包含的指标，运用合适的测验工具，对教学方案进行分析。教学方案运行时，评价者参与并观察教学过程，以确定教学方案是否按预期的方式运行。教学结束后，进行后测以确定学生达到各种学习目标的程度。如果需要，还要实施态度调查问卷，以把握学生对教学内容和教学方式的反应情况。

以上所说的程序实际上与形成性评价中的测试是相似的。区别在于，形成性评价中测试的目的是为诊断并调整提供依据，而总结性评价的目的则是确定设计方案价值的大小。理论上而言，使用对比控制实验对设计方案进行评价是有效的，通过使用和不使用设计方案两种结果的对比，回答以下几个方面的问题，见表 7-4。

表 7-4　总结性评价主要考查的问题

任课教师	学生
学生学习花费的时间改变了吗，变多了还是变少了？	和之前相比，最近的学习体验怎么样？
学生整体的成绩提高了吗？	自己的学习成绩提高了吗？
学生继续学习的意愿提高了吗？	学习方面的兴趣提高了吗？
效果的稳定性如何？效果主要来自哪个方面，是方案的优化还是教师的教学技能？	你感觉周围的同学有什么改变？
是否有深层的隐性作用，作用是正面的还是负面的？	老师的教学在哪些方面有变化？
使用该方案的教师是否需要培训？	希望老师的教学在哪些方面继续改进？

以上均是评价者在总结性评价时需要考虑的问题。现实中，进行教育对比实验是非常难的，干扰因素太多，无法精准控制。教学活动是一个动态的过程，无法确定教学效果的产生是由某个因素作用的结果。同一个教学方案，不同的教师施教并不会产生相同的结果。但是，这并不能作为教学不需要科学设计的理由。

第二节　学生行为的评定

教学设计的最终目的是使学生更好地学习，即在特定的时间内获得最佳的学习效果，所以对教学设计的评价最终要落实到对学生行为的评定上面。学校教育中，学习成绩是学生行为的重要表征。通过对学生的考核，确定学生的能力水平，鉴别学生的学习差距，从而达到对教学设计成果进行修正的目的。为此，常采用两种评定方法，即标准参照评定和常模参照评定。

一、标准参照评定

在标准参照评定中，学生行为表现的标准在测量之前就设置好了。在测量之前，教学设计人员可以事先将可接受的行为表现标准告知学生，如果一个班级的所有学生都达到了标准，我们就可以说教学取得了成功，进而也可评价教学设计是成功的。标准参照的行为表现的目的只是看学生是否达到了标准，对于没有达到标准的学习者，也可知晓他们达到了哪种水平。

标准参照评定工具是以既定目标为标准设定的，是一种绝对评价的方法。比如，将教学大纲或者本单位对学生的培养目标作为参考评定系统，对每一个学生进行测量，根据达标的情况来说明教学设计的成功程度。采用标准参照评定方法，首先需要确定每种学习目标的掌握标准，决定每一学习领域掌握标准的程序。

（一）言语信息目标

言语信息领域中要掌握的概念是与一系列预先确定的事实、概括化命题或观点相联系的，学生必须能完全准确地陈述它们。标准参照评定的根本目的在于确定学生是否识别、记住并在合适的时候或特定的情境下说、写、背、填出来一定数量的知识点。言语信息领域的标准参照评定是通过确定学生对要习得的名称、事实和概括化命题的准确陈述而实现的。需要注意的是，在划分信息领域的目标时，不要划分得过于详细，以防止未能给其他领域的相关目标留有足够的时间。

评定言语信息学习意味着测量数量，如测量学生对某些事件或自然现象知道多少。对量化问题的判定需要对内容进行良好界定，可以准确地界定，也可以宽泛地界定。将复杂文本解析出知识点，是一个由较多主观因素参与的过程，不同学科专家会有不同的标准。这时知识点的"质量"会成为一个新问题，原本识记层次的教学目标，有可能直达对言语信息的"更深层次的理解"而与智慧技能贯通起来。在开展言语信息的质量或深度方面的测量之前，查阅以往重要考试资料，分析其中涉及的知识点，是较为有效的途径。

言语信息的标准参照评定要求学习者能准确识别将要学习或记忆的信息。如果要学习的是列举名称或日期，则名称必须准确没有歧义，所列日期应标明所用的纪年历法。而如果要学习某些实质内容，就应让学生明确认识到事件的背景，这样不容易忘记和混淆。在这些过程中，还要保证学习者记忆这些知识是必要的和可行的。例如我国小学阶段，要求学生的识字量为2400字，并且要做到会读、会写、会用。

（二）智慧技能目标

1. 问题解决

对问题解决目标完成度的判断，不可采用逐字逐句的计量方法，机械计数的方法也不适合言语信息之外的其他学习目标。测量问题解决目标的行为表现标准，其性质通常既是定性的也是定量的，教学设计人员对学生行为表现进行评分时是需要判断的，不能仅仅是简单机械地把学生行为和标准进行核对，因为其中质性的成分比重较大。学生解一道应用题，其思路、技巧、所用工具、用时及题目本身的质量都需要考量。在如何测验及评分标准方面的意见上，多名学科专家意见的一致程度是决定测验信度的关键。因此，在实际教学工作中，多名教师组成教研组，通过共同研讨确定测量标准是非常必要的。

2. 规则学习

规则学习目标评定标准的确定比较特殊，本质上是智慧技能目标的亚类，但却有类似言语信息目标的特点，所以在实际的教学工作中，常常有教师要求学生"背公式"。因此，在规则学习目标的评定之前，首先要做出更为完整的扩展，这样有助于更加充分地编制测验项目。其次，为了能真实地测量学生学习到的内容，还要考虑设计多个测验项目从多个方面考察同一问题，保证规则学习达到理解、运用甚至创新的层次，而不是停留在"背"的水平。

规则通常可以应用于多种情景，在测量规则学习的效果时，需要使用多个测验项目。这么做的目的主要是避免测量中有可能出现的偶然性。这些偶然性是由某个单一项目的一个或多个不需要的特殊特征导致的。

3. 定义性概念

评定定义性概念的学习效果时，对定义性概念学习目标完成的参照标准的确定，常采用言语陈述的方式。学生的言语陈述有时候可能会被认为是记忆的结果，因此这里学生的言语陈述最好是用学生自己的话来表述。对于定义性概念，用自己的语言复述比机械背诵定义更能说明学生的掌握水平。

评定标准可以通过具体情景，让学生表达出概念指涉事物的本质，据此确信学生已经掌握了某种定义性概念。表达比例的百分数，就是定义性概念，评定学生对此概念的掌握情况，可以提供以下的情景：电视里关于天气预报的节目中，预报明天白天的降水概率是20%，这个数不能大于100%，据报道某一年微信使用的增长率达203%，这个数却可以大于100%，为什么？像勇敢、正义、美、政治等等都是定义性概念，适合编制开放式的题目去评定。

4. 具体概念

要测量学生对具体概念目标的掌握，其标准可以是学生能够根据事物的表象准确无误地说出一些对应的概念名称，也可以是学生能够阅读放置在物质旁边的对应的标签，还可以是学生能够根据学到的概念指出符合该概念特征的对应物质。例如，给出五株常见植物的图片，要求学生说出这五株植物的主要部分的名称，在这个过程中帮助学生识别每株植物的根、茎、叶，这时的测量标准就是学生能够准确指出并说出每株植物的根、茎、叶。

5. 辨别

测量辨别需要呈现一些刺激，要求学生指出刺激是相同的还是不同的。辨别任务完全是知觉性的，不要求学习者命名刺激或识别其特征，所测量的只是学习者是否察觉到差异。例如，要通过比较来区分两个汉语拼音的读法，需要给学习者呈现一些与这两个拼音对应的汉字，要求学生指出这些汉字相同还是不同。这个层次目标的评定标准比较明确，只有对和错两种情况。至于合格率定为60%还是100%，由任课教师或所在的组织来规定。

（三）认知策略目标

与智慧技能目标的评定技术相比，认知策略的评定较为间接，无法直接测量，常常要求更多的推断，因为学生的行为表现本身并不能直观表明采纳和使用了某一具体策略。要想确定学生使用了哪种认知策略，教师需要观察并探究学生行为表现的顺序或特点。

詹姆斯·格林诺（James G. Greeno）研究解几何题的几种不同策略，这些策略涉及复杂图形各角之间的关系。他发现，这些策略无法仅通过几何问题的成功破解而得以揭示。他改进了研究方法，要求学生在解决问题的同时，将自己是怎么想的进行言语报告，进而揭示出学生的认知策略。也就是说，对这些被测量的学生，要求他们在解决问题时进行"出声思维"。出声思维这个概念是德国心理学家卡尔·邓克尔（Karl Danker）在1945年提出的，被试利用外部言语进行思考，将自己的思维过程外显化，使之得以在一定程度上被直接研究。

不管策略控制的过程是注意、编码、提取还是问题解决，要测量的都是心理过程的质量而不只是其存在与否。新颖问题通常有多种解决方法而不仅是一种，在这种情况下，不管认知策略是什么，它们都是被用来获得解题方法的。相应地，测量也就变成判断解题方法良好程度的问题，而不是成功与否的决断。例如，对硕士、博士研究生的教育来说，采用原创性或创造性的标准来测量他们的论文。他们的论文除了完整、技术正确之外，还应对某一系统知识领域有"创造性的发现或贡献"，或者让其说明是如何想到那些创造性内容的。这里所考察的不是其知识的深度和广度，而是其认知策略方面的特点。

斯宾塞·约翰逊（Spencer Johnson）在大学心理学课上研究了如何测量创造性思维及这一思维背后的认知策略，他要求学生对超出教科书和演讲信息的问题进行陈述，提出新的假设、问题及答案。其中用到的问题包括：预测不寻常的心理事件的后果；用新习得的几个概念写一句有想象力的句子；陈述一个与所描述的情境有关的新颖假设；为一个包含行为资料的表格写一个标题；从图表中得出结论。当把这些问题组织成包含 10~15 个项目的测验时，就得到了足够合理的原创分数的信度。创造性思维的测量是通过对学生的答案、作品和设计的分析得出的。由教师所做的这些判断通常是偶然的或非正式的，关注学生解决的多种项目和问题。

在学校教育的实践中，对认知策略的养成和测量并不容易实现，各类考核与选拔都是以分数为凭据，而不去考察分数是通过时间积累获得的还是通过高效的学习方法即认知策略得来的。因此，这部分的评价无论在实践中还是在理论研究中都是比较薄弱的环节。

（四）态度目标

在评定态度目标时，可通过计算个体在给定的测量情境中以某种方式做出的反应次数来进行。例如，测量学生对使用公共交通工具的态度，可以通过观察学生在各种不同的情境中选择各种形式的公共交通工具的可能性来加以测量。观察到的事件是推论个体倾向于使用或不使用公共交通工具的基础。测量学生对某门课程的态度，可以通过统计学生提前到教室的次数或者在上课中举手回答问题的次数等方式来实现。

在测量诸如"关心他人"的态度时，教师可以建立如下目标：在一学年中，所教班级的学生在关心他人的态度上将有所改善。在开学之初，可以设置"关心他人的态度标准"，并标明考察的方式，如以言语方式或以实际行动关心他人。学生同伴之间相互记录关心他人的行为方式和次数，到学年结束时，可以据此做出"提高"或"未提高"的判断。

态度的测量也可以采用行为可能性的自我报告，自我报告的前提假设是学生都能如实地反映自己的情况。这种方式在涉及荣誉、竞争的情况下有可能出现偏差，而偏差源于学生在回答问题时，存在为了赢得赞许或高测评分而不准确反映自己的真实情况的情况。虽然人们已做了许多研究，但还没有找到能解决从自我报告中获得真实准确的信息这一问题的简单办法。当评定人员向学生保证，测量并非为了竞争，并且学生不会因为他们的答案而受到批评或夸赞时，测量可以得到最好的结果。同时，当在团体中施行测量时，如果保证学生测量的答案是匿名呈现的，测量也能得到最好的结果。

（五）动作技能目标

评价学龄儿童的动作技能是通过将其行为表现与某些经核准的标准相比较的方法来进行的。评定动作技能学习的标准通常是指行为的精确性、速度、连贯性、力量和技巧。由于动作技能在大量练习后会得到改善，因而判断学龄儿童是否"习得"规定的动作技能是比较容易的，只需用一种行为表现的标准来确定是否已经达到目标程度即可。

二、常模参照评定

常模参照评定是一种相对评价方法，以集体的平均水平为标准，评定学生在一个集体中的等级，供比较、排序使用。评定标准是一个经验值，可以从过去经验中获得，也可以从其他同类学校中获得，或者在测量班级行为表现之后权衡而设置。目的在于根据学生的平均表现对学生个体进行考量，即一名学生的行为表现等级是通过与其他学生的比较来决定的。因此，在常模参照评定中，不会出现所有学生都得到最优等级的情况。

这种方法没有标准参照评定那么严格，但在实际的教学工作中应用却十分广泛，特别是在高等教育系统，因为高等教育系统的许多学科基本上没有统编教学大纲，也没有国家或区域层面的具体培养目标，教师往往根据自己对本学科的理解和自己认定的教学目标开展教学，最终的考核也由教师本人操作。

与标准参照评定相比，常模参照评定通常用于对知识累积程度的测量，起到督促和激励的作用，不适宜用作先决技能的诊断性测验。由于类似的原因，当所习得的性能被看作是一个或多个明确的目标时，常模参照评定通常无法提供直接而清晰的测量。常模参照评定可被用于测量一个班级在智慧技能、言语信息和认知策略上的相对达成度，测量的是学生的整体水平而不是具体的可识别的目标。

三、两种评定模式的比较

在设计评定工具时，可能同时持有两种目的，以其中一种目的为主。由于这两种目的评定工具的设计方法不同，对教师来说，应该在头脑中有一个清晰的框架。在大多数情况下，要比较学生或对学生进行排名，使用常模参照评定模式，而要确定学生的能力，往往使用标准参照评定模式。在基础教育系统中，教学的目的是使学生达到预先设定好的知识或技能水平，所以教师应当将标准参照评定模式作为学生行为的主要评定方式。按照标准参照评定模式设计评定工具，使用教学目标指导选择要评定的知识和技能，这样就可以仔细确定测试题目类型的领域和范围。

常模参照测验在确定评定工具材料的范围上要更广，题目类型、范围和难易程度的确定比较自由。在确定评定测试题时，常模参照评定遵循这样的程序：先对代表将要被测试的学生的样本学生进行一个测试的试验，测验之后，看每个测试题目的难度水平，去掉太容易的题目和太难的题目。这样，就得到了比较标准的常模参照评定的测试题，用于所有的学生。得出的成绩可以表明个体学生的成绩在群体学生中的位置。可以说，常模参照评定测试是以学生的平均水平为标准设计和选择评定题目的。

相比较而言，标准参照评定模式测试题是按照预定教学目标编写的，以教学目标为标准，测试题要涵盖目标的所有范围和难度水平。在测试试验进行之后，考查题目的测试分数时，不能去掉那些被大多数学生答对的题目，因为这正是期望的结果，它表明了教学是有效的。更进一步，要查看那些多数学生答错的题目，看看这些题目的编写是否合适，接着，还要检查教学中与这些题目对应的目标策略是否要改正。常模参照评定测试，得到的常常是一个比较分散的分数集。从标准参照评定测试中得到的分数，可能会比较集中：如果教学有效，那么大多数的学生得到高分；如果教学无效，大多数学生得到低分。

四、常见的三类学生测试

对学生的学习情况进行评定，一般要进行三种测试：初始技能测试、前置测试和后置测试。

（一）初始技能测试

在学生初始技能分析的部分，我们曾经谈到过，学生在开始学习特定学习内容时必须具有一些相关的知识和技能。比如，我们常常希望学生在学习统计学知识之前必须要具备加、减、乘、除等数学知识和计算技能。

在教学之前，检查一下学生是否具备新的学习所要求的先决知识和技能，可以避免很多教学资源的浪费，提高教学的效果和效率，还可以提高教学的针对性。在实际的教学实践当中，往往因此认为学生已经掌握了先决知识和技能，从而忽略初始技能的评定。

在学校教育当中，课程体系及其所包含的知识和技能，都是经过教材专家精心组织编排的，故而教师常常认为，学生已经学过新课或新的教学内容的先决知识和技能。但必须注意的是，学生之间是有差异的，客观地说，存在着部分"基础比较差"的学生个体，学生以前可能在所需要的先决知识和技能的测验中成绩并不理想，或者即使成绩很好，但随着时间的推移，这些知识很可能被遗忘了。因此，在新的教学开始之前，进行初始技能测试，既可以帮助教师了解学生，也可以帮助学生回忆先前学过的知识。

实践中，一些有经验的教师，经常对学生进行篇章技能的测试，以了解学生对之前学过知识的掌握情况。根据实际掌握情况，采取补课或删掉已会的内容的方式，使大家共同站在学新知识的起点上。这种测试在学生初始技能的分析中我们已经讨论过。它可以在教学之前进行，也可以和前置评定结合进行，或者可以作为一种对先决知识和技能的复习方式。

在实际的教学实践当中，如果学生刚刚进行的后置考试中确实包含了新的教学所需的入门知识和技能，那么我们可以不再进行初始技能评定，而以这次考试的结果为参考，确定教学的起点。对于学生的先决知识和技能中还没有掌握的部分，需要进行补救性教学，并要求学生达到。

（二）前置测试

我们常常希望知道学生对新的教学到底知道多少，前置测试就是用来确定学生对于要到达的目标已经知道什么。前置测试可以在教学开始之前进行，或者也可以作为引起学生注意和告诉学生学习目标的一种方式。通过前置测试，教师可以确定学生需要学习什么，为学习内容的选择提供依据。然后，教师可以帮助学生把注意力重点放在以前没有学过的部分。这就是我们在学生初始技能分析中讨论的课前测验。

如果教师确知要施教的内容对学生而言是全新的，那么教师可以忽略前置测试。另外，在前置测试中，教师一定要把测验的目的告诉学生，否则学生会因为在测验中成绩低而沮丧，反而影响学生对新内容的学习积极性。将前置测试和后置测试相比较，可以确定学生的进步程度和教学效果。

（三）后置测试

学生学习之后或教师教学之后，对学生学习行为的评定就是后置测试。一个理想的后置测试是测定学生是否达到了教学的终极目标。对终极目标进行评定比较浪费时间，就教育价值而言，理论上并不再是为了促进学生的学习，但是，这种评定却可以提供大量的有用信息。实践中还真的可以极大地促进学习，因为学生为通过评定，得到高分，会非常用心并花费大量的时间去复习。

如果我们只评定终极目标，而学生在这些题目上完成得不好，我们就得不到学生学习中的详细信息，不知道学习问题到底出现在哪里，无法给学生提供适当的补救教学。此时就会看到过程性评价的意义所在了。后置测试是教学设计成果评价的一个主要信息来源，对学生的后置测试的结果直接确定了教学方案成功与否，对后置测试的结果进行分析，从而为教学方案的下一轮修订提供信息。

第三节　成果评价的具体方法

为了在教学实践中有效地对教学设计的成果进行评价和考察，了解所设计的教学方案是否具有科学性、教育性和实用性，除需掌握前面介绍的有关教学评价的一般理论之外，还要熟练地掌握评价的具体方法和手段，以便解决教学设计成果评价的实际问题。

一、观察法

观察法是指为了达到某种评价的目标，教师专注于学生的行为和所处环境，记录观察的内容，以获得必要资料的方法。观察法是教师在教学过程中常用的一种收集反馈信息的方法。如果连续地对学生作观察记录，就会得到像医生记录的病历那样珍贵的教学信息，从而发现教学方案的不足之处，进而加以修改。

观察法所获得的信息比较全面，比如包括教学现场气氛、偶发事件、师生的面部微表情等隐性的、非典型性的教学现象和问题。它可以不依赖被观察者的语言能力，比较客观地了解各类学生的反应。另外，它也可以创造性地处理、分析从教学现场中获得的各种信息，可以把无规律不成体系的大量信息按照一定的规律和顺序加以分类和整理，找出问题的原因和对策。观察法的基本操作过程如表 7-5 所示。

表 7-5　观察法的基本操作过程

阶段	工作内容
准备阶段	研究评价的主题，形成总体意向；基本确定主要的观察点、记录方法、分析方法、可能的现象及其所包含的意义
	准备记录材料：小卡片、熟练使用的电子文档或摄影、摄像、录音设备
记录阶段	到达现场，选择合适的位置，尽量做到不影响师生的自然状态
	将观察到的信息尽量记录下来，或者录音录像
初步处理阶段	把内容相似的卡或词条汇集在一起
	对录音录像资料进行分类、编码，做标记或编名称
	若资料不饱和，准备进一步补充观察
分析处理阶段	"清洗"资料，去除冗余，降低分析的复杂性
	研究资料之间的关系，从原因和结果、顺序性关系、相互矛盾三个方面去分析
	用抽象度较高的概念加以综合，得出结论

技术条件允许的情况下，在观察时使用录像、录音设备把现场的情况实录下来，可以事后反复观看，补充遗漏的信息。因为这种记录是客观的，当观察者们的记忆或评价表发生问题时，录像、录音资料就可以提供很好的佐证，反复地观看和监听可以使分析更加准确、深入。教学设计人员和教师在日常工作中，注意养成观察教育现象和问题的习惯，提高自我的观察灵敏性和深刻性。观察之前制定好观察提纲是非常必要的，观察提纲只供自己使用，所以可以非常简单，只需列出观察要点、时间、地点和观察对象即可。

二、调查法

调查法包括问卷调查和访谈两个部分。作为评价数据的收集方法，问卷法更为常用，即通过书面形式向学生提出问题，从他们的回答中获取信息的方法。问卷法没有预先确定的标准答案或正确答案，一般采用无记名式。在保证符合研究伦理的前提下，比较容易实施，在短时间内可获得较大的信息量，并且比较容易处理，信度比较高。

问卷法的回答式一般有三种：单选题、多选题和简要记述题。比如，可以问学生这样的一些问题：本课程你有过迟到或早退吗？你一般会提前几分钟到教室吗？你有过主动回答提问吗？本课程学习过程中你被提问过几次？你对教学内容有兴趣吗？你做预习和复习吗？

将问卷收回后，对所得数据进行处理和分析。首先应做一张数据分布表，然后算出每个问题项的平均数，以便了解学生整体的情况。同时，可用数据分布表很容易地比较某一学生与平均值的差别，也可以比较某一学生与学生平均水平的差别。这里需要注意的是，调查结果最终不应是数字的简单罗列，应该用容易理解的表示方式加以描述，这样有亲切、易懂和易记的优点。现在有多种计算机统计软件和专门的问卷处理平台，可以很轻松地画出十分直观且科学准确的图表。

调查法的关键在于问题的设计，一般而言，问卷中题目有三种主要的用途。

第一种，用于察觉问题。这种问卷的问题一般都比较短，数量也不需要太多，有关教学与内容的问题不多于三个。虽然它们并不能为具体教学设计修改的形成性反馈提供足够的信息，但它们确实可以指出何时存在应彻底调查的问题。例如：根据学生提前到教室的时间，可以判断出教学对学生的吸引力；根据学生主动回答问题的次数，可以判断学生对课程的投入度。

第二种，用于形成性反馈。这类问题的题干信息更具体直接，对问题的回答能指出教学设计的哪一部分需要进行修改。例如：教师在上课开始时说明本节课的学习目标吗？每节课的内容与目标相匹配吗？教师表现出对所教课程的热情了吗？教师的言语举止符合你对教师的认知吗？课程中所使用的讨论法，你觉得效果如何？教师的展示文档视觉效果如何？为能用作形成性反馈，这种问卷评价必须尽可能早地做出以方便做必要的修正。高等学校有些教师比较注重过程性评价，每周都会进行单元测试，获得学生的平时成绩，同时及时发现可能存在的教学问题。

第三种，用于对教学方案可接受性的总结性决策。这种功用可以从前面两种问题中推演而来，也可以追问一些开放性问题：你认为该课程是否值得花费时间来学习？对继续深造是否具备支持作用？是否值得向其他人推荐？当然，这类问题对被问及学生的甄别能力有一定的要求。大部分学生可能并不会反思所学的课程，只是被动地学习以获得课程分数。因此，根据调查的目的选择特定的学生作为调查对象非常重要。

三、测验法

测验法是最为常用的评价方法，可以用来评定学生的学业成绩，当然可以以此来反映教学设计成果的效能。通过测验，有计划地对教学方案、教学过程进行检查和研究，这是教师改善教学方案的重要依据。应该注意的是，测验的题目应充分反映出教学目标的要求，并根据评价的目的，确定测验哪些内容。同时，应区分用于评价学生和用于评价教师的测验。此外，还应该注意测验的时间和次数，合理地安排和确定什么时候测验以及测验几次。

在教学设计过程中应准备好测验，用来判断教学方案能否使学习者达到学习目标。当学习者没有达到预定的具体目标时，需要找出学生没有达标的原因，并修改教学设计的相应部分以使其达标。这时，测验在这一情境中的主要用途是形成性评价，其目的是检验教学设计方案。在某个教学方案设计完成之后，测验主要用于测量学习者的学习成果。这时，测验就成了总结性的而不是形成性的工具。

作为评价学习者成果的总结性工具，测验有两种作用：一是对学习者的学习效果做出判断。学习者的学习效果通常是根据常模或标准参照评定方式来确定的，采用常模参照评定模式意味着某个学习者的成功是相对于其他学习者的成绩而言的。这是根据分布曲线评定等级的基础，即只有一定比例的学生能获得优，一定比例的学生获得良。对于同样的实际成绩，在指定班级中其他学习者的得分大都低于该分数时，则该学生可以获得"优"，如果指定班级中有大量高于该分数的分数，则该学生只能获得"良"。标准参照评定系统界定了每一种等级水平的标准，对获得具体等级的学习者的比例没有具体规定，如果学习者达到了一定的等级标准，他们就能得到这一等级。二是确定教学设计是否达到预定目标。如果班级平均分太低，就会进行额外的评价，以确定教学设计的某些部分是否不适宜，或没有正确地被实施，或者被使用班级是否有太多学习基础较差的学生。如果有证据表明现有教学设计存在缺陷，那么将不得不运用形成性评价进行识别，并判断应做出什么样的修改。如果是因为班级有太多学习基础较差的学生，就需要从招生政策和管理层面做出改变，这已经不是教学设计所能解决的问题了。

四、学习评定材料的编制

学习评定的方法多种多样，在教学实践中教师自编的成就测验、非测验评定和调查问卷这三类评定材料最为常用。

（一）教师自编的成就测验

教师自编的成就测验，也称为自命题试卷，是教师根据自己在教学各个阶段的需要，自行设计与编制的测验，在教学实践中应用得最为广泛。当然，也有一些学校使用购买的测验材料。

题目可分为客观题和主观题。客观题是在试题中提供正确和错误的答案，由学生选择或填写，评分标准客观准确，试题取样较广，试题数量较大，一般包括选择题、填充题、是非题、配对题等。但是无法考查学生的组织能力、创造能力和文字表达能力。主观题要求学生自己组织材料，采用合适的方式表达答案，特点是正确的答案可能不止一个，允许学生自由发挥，一般包括问答题、论述题、作文题、材料分析题等。评分依靠教师的主观判断，可以考查学生的组织、创造与文字表达等高级能力；试题容易编写，省时省力；能促使学习方法向理解、探究的方向发展，但是评分带有主观性。

1. 选择题

选择题的结构由题干和选择项组成。题干可由直接提问或不完整的句子构成；选项则提供可选择的答案，包括一个或若干个正确答案和若干个干扰性的错误答案，学生从中选择最正确的答案。

编写选择题时应注意的是：错误答案应该具有迷惑性；题目不应模棱两可；题干应简明，只围绕一个中心问题；尽量避免在干扰项中使用"全部""任何""绝对"等词；每题任选项目一般不少于四个；正确答案位置的变化应是随机的。

2. 是非题

是非题也称正误题或判断题，要求学生从对和错两个答案中做出选择，确定正确答案。主要用于评定学生对一些重要概念和原理是不是真正理解和掌握了，常用的形式是提出一句话要求学生判断对错。

编写是非题时应注意的是：每题只包含一个观点，避免使用具有暗示性的词；尽量不要使用否定句，特别是双重否定句，不搞文字游戏；句子不能从教材上照搬，形式要有所改变；是与非的题数大致相等，且应随机排列。

3. 配对题

配对题是选择题的一种变化。它将试题分为前提项和选择项两组，要求学生按照它们的对应关系，用线条连接起来。它主要考查学生对知识联系的掌握情况，其形式简单，易于评分，对较低水平的学习内容比较适宜。

编写配对题时应注意：题目应由同一类型的项目组成，详细说明配对方法；题目只能有一种正确的配对方法，避免出现前提项与选择项多对一的情况；配对项目不宜过多或过少，最好控制在5项左右。

4. 填充题

在句子中间留有一处或几处空格，要求学生把空白补上，使文意连贯完整。编写填充题时应注意：空格处应是关键字句，每题的空格不能太多，可以照搬教材原文；教师事先准备可能出现的回答；为学生留足作答空间。

5. 应用题

应用题一般是向学生提供一定的问题情境，要求学生通过对知识进行组织、选择和运用等复杂的程序来解决问题。这种题型是用语言或文字叙述有关事实，反映某种数学关系，并求解未知数量。每个应用题都包括已知条件和所求问题，教师应注意学生的解题过程，既要考查学生运算的准确性，又要考查学生解决问题的逻辑能力。

6. 阅读理解

阅读理解，题材涉及很广，包括自然科学、生活常识、国内外的风土人情、历史背景等。主要考查学生的词汇量、语言知识，可以从文本的主旨、细节、词义、含义、作者态度、事物发展趋势等多维度进行考察。学生通常需要采用快读方法，先从头到尾把文章浏览一遍，首先把握文章的整体，了解何人、何事、何处、何时、何故，尽量注意细节，并注意要点之间的联系，特别要注意仔细阅读开头段和结尾段。

在测验中，阅读理解题占比较大，是学生最为熟悉的题型。从命题的角度而言，这种题型比较容易控制难度。

7. 作文

在基础教育阶段，作文是语文考试中常用的一类测验题，一般分为有限制条件的作文和开放式作文。有限制条件的作文是指对作文的题材、内容和长度都有规定，以"提示语+命题"的形式出现，通过导语或提示语，为学生在审题和选材上作出了一定的引导，开放性和自由度相对较小。开放式作文单纯以"命题"的形式出现，前后没有提示语或导语，允许学生在内容上自由选材。这种形式从字面上看限制较少，审题上没有障碍，让学生有相当宽泛的选材范围。

对作文式测验的编制应注意以下几点：题目中应写明条件和要求，避免学生对题目本身产生误解；一般不设任选题目，因题目很难做到等值；事先制定标准答案，列出答案的主要论点，规定得分，力求达到评分客观。在评分时应注意：不应关心答题人是谁；采用逐题评分的方法，而不是逐卷评分，评分前先回顾一下教材中的有关内容；采用二次阅卷法，一次评分后，另一位教师再次评分。

8. 简答题

简答题主要评价受测者对基本知识的掌握情况，一般只要求受测者回答问题的要点，回答要简明扼要、突出重点，无须展开阐述。简答题答案比较明确，不利于受测者创造性思维的发挥，因而主要考查受测者对基本概念、专业名称等知识的掌握，不适用于测量更加复杂的内容。

9. 论述题

论述题是主观题的一种，学生根据题目的要求和自己对问题的理解，用自己的语言清晰而全面地阐述观点。这类题目重在考查学生对问题的理解深度、逻辑思维、文字表达等多种高级能力，没有统一的评分标准，易受阅卷老师主观因素的影响。这类测验题多用在高等教育阶段。

（二）非测验评定

测验不是收集学生学习信息的唯一途径，在教学实践中还存在其他非测验性的评定方法。这是因为教学目标是多样化的，不仅有知识和能力的认知目标，还有态度、情感等目标。因此，反映学生学习水平的信息也就自然呈多样化的状态。例如，学生上课的纪律情况、举手发言的次数、学习的习惯、对学科的兴趣等都是评定的重要信息，而这些信息仅靠测验的方法是无法获取的。

非测验的评定方法有很多，如在高等学校中，教师常用期终考试成绩和平时成绩加权得到学生的最终学业成绩。其中，平时成绩主要来自非测验评定，包括观察到的学生出勤、学习态度、回答课堂提问的频次与质量、作业完成情况、在线互动反馈情况等。为了促使学生提高课堂学习注意力，上课时教师要注意考查学生的行为，并以特定的标记记录下所观察的内容，从而获得关于学生的一些真实状态。

（三）调查问卷

作为教学数据的收集方法，调查问卷是非常有效的工具。问卷以书面形式向回答者提出问题，从答案中获取数据，尤其是对态度类学习目标的评定。问卷法的回答形式通常比较简单：单选、多选和简要记述法。

调查问卷一般包括标题、前言、指导语、个人资料、正文和结语等几个部分。标题是对整个问卷的概括性表述，要用精练准确的语言反映问卷的内容。前言主要说明调查的目的和价值。指导语用于告诉被调查者如何回答问题，提出回答问题的基本要求；并要做出某些必要的说明，对学生承诺保密，以解除他们的思想顾虑。个人资料部分包括被调查者性别、年龄、所学专业、受教育程度、从事的职业等，该部分数据主要用于分类统计和归因分析。

正文是问卷的中心部分，一般包括事实性问题和态度性问题两部分，有的问卷最后还增加一项就问卷本身征询受调查者意见的内容。其中，事实性问题主要指调查了解客观存在或已经发生的行为事实，它包括存在性事实和行为性事实两个方面；态度性问题主要包括情感、评价、认同、认识等。问卷的设计根据评价的目的和假设，列举所要收集的资料，并考虑如何对数据进行统计分析；考虑被评价学生的特点，以明确问题的表述语气方式，形成最初的问卷样稿；用问卷样稿进行小范围的试调查，以征求意见并进行试测；根据试调查所得数据进行问卷样稿的修改，完成调查问卷。这里需要注意的是，调查结果最终不应是数字的简单罗列，应该对调查结果进行仔细分析，作为学习评价的客观依据。

结语，作为调查问卷最后一部分，可以交代本次调查的一些基本信息，如调查范围、调查员姓名和联系方式、被调查者的联系方式等，做出一些学术伦理方面的承诺，不损害被调查者的利益，还要对被调查者的配合给予感谢。

本 章 习 题

一、简述题

1. 简述教学评价在教学设计过程中的地位和作用。
2. 教学方案的评价维度有哪些？
3. 形成性评价和总结性评价的一般步骤有哪些？
4. 分析比较标准参照评定和常模参照评定的特点。
5. 常见的几类学生测试有哪些？
6. 常用的教学成果评价方法有哪些？
7. 如何编制学习评定材料？

二、思考题

1. 有人认为过分强调教学评价有应试教育的导向,你是如何理解这个问题的?
2. 对于态度类学习目标,如何评定才能做到客观真实?

参 考 文 献

巴巴拉·希尔斯,丽塔·里齐. 1999. 教学技术:领域的定义和范畴[M]. 乌美娜,刘雍潜译. 北京: 中央广播电视大学出版社.
陈琦,刘儒德. 1997. 当代教育心理学[M]. 北京: 北京师范大学出版社.
陈时见. 1999. 课程与教学理论和课程与教学改革[M]. 桂林: 广西师范大学出版社.
丛立新. 2000. 课程论问题[M]. 北京: 教育科学出版社.
顾明远. 1999. 教育技术[M]. 北京: 高等教育出版社.
国际21世纪教育委员会. 1998. 学习——内在的财富[M]. 北京: 教育科学出版社.
何克抗. 1998. 教学设计理论与方法研究评论(中)[J]. 电化教育研究, (3): 19-26.
何克抗,吴娟. 2007. 信息技术与课程整合[M]. 北京: 高等教育出版社.
何克抗,林君芬,张文兰. 2016. 教学系统设计[M]. 2版. 北京: 高等教育出版社.
黄荣怀,沙景荣,彭绍东. 2006. 教育技术学导论[M]. 北京: 高等教育出版社.
加涅,布里格斯,韦杰. 1999. 教学设计原理[M]. 皮连生,庞维国译. 上海: 华东师范大学出版社.
加涅,韦杰,戈勒斯,等. 2018. 教学设计原理[M]. 王小明,庞维国,陈保华,等译. 上海: 华东师范大学出版社.
雷体南. 2001. 现代教育技术教程[M]. 武汉: 华中师范大学出版社.
李克东,谢幼如. 1992. 多媒体组合教学设计[M]. 北京: 科学出版社.
李龙. 2010. 教学设计[M]. 北京: 高等教育出版社.
李芒. 2002. 教育技术与教学设计[J]. 北京教育(普教版), (5): 38-39.
李芒,徐晓东,朱京曦. 2007. 学与教的理论[M]. 北京: 高等教育出版社.
刘雍潜. 2011. 学与教的理论与方式[M]. 北京: 北京大学出版社.
莫雷. 2002. 教育心理学[M]. 广州: 广东高等教育出版社.
南国农. 2004. 信息化教育概论[M]. 北京: 高等教育出版社.
南国农,李运林. 2005. 教育传播学[M]. 2版. 北京: 高等教育出版社.
庞维国. 2003. 自主学习: 学与教的原理和策略[M]. 上海: 华东师范大学出版社.
皮连生. 2000. 教学设计: 心理学的理论与技术[M]. 北京: 高等教育出版社.
瞿葆奎. 1991. 教育学文集(第11卷): 课外校外活动[M]. 北京: 人民教育出版社.
任长松. 2002. 课程的反思与重建: 我们需要什么样的课程观[M]. 北京: 北京大学出版社.
瑞泽,邓普西. 2008. 教学设计和技术的趋势与问题[M]. 2版. 王为杰等译. 上海: 华东师范大学出版社.
盛群力,李志强. 1998. 现代教学设计论[M]. 杭州: 浙江教育出版社.
施良方. 1994. 学习论: 学习心理学的理论与原理[M]. 北京: 人民教育出版社.
施良方,崔允漷. 1999. 教学理论: 课堂教学的原理、策略与研究[M]. 上海: 华东师范大学出版社.

王炳照. 1994. 简明中国教育史[M]. 2 版. 北京: 北京师范大学出版社.
王策三. 2005. 教学论稿[M]. 2 版. 北京: 人民教育出版社.
王逢贤. 2000. 学与教的原理[M]. 北京: 高等教育出版社.
王洪录. 2004. 现代教育技术[M]. 北京: 高等教育出版社.
乌美娜. 1994. 教学设计[M]. 北京: 高等教育出版社.
徐英俊. 2001. 教学设计[M]. 北京: 教育科学出版社.
尹俊华, 庄榕霞, 戴正南. 2002. 教育技术学导论[M]. 2 版. 北京: 高等教育出版社.
有宝华. 2002. 综合课程论[M]. 上海: 上海教育出版社.